Rainer Hattenhauer

KI für Senioren

Vierfarben

Liebe Leserin, lieber Leser,

schön, dass Sie dieses Buch in den Händen halten und sich auf das Abenteuer »künstliche Intelligenz« einlassen möchten! Vielleicht haben Sie in letzter Zeit immer häufiger von KI gehört: in den Nachrichten, im Gespräch mit Familie oder Freunden, vielleicht sogar beim Arzt oder bei der Bank. Und vielleicht haben Sie sich dabei gefragt: *Was steckt eigentlich dahinter? Und kann auch mir das nützen?* Genau darum geht es in diesem Buch. Sie werden eine Menge über künstliche Intelligenz lernen und erleben, wie sie Ihr Leben in vielen Situationen bereichern kann.

Schritt für Schritt und ohne komplizierte Fachbegriffe zeigt Ihnen Rainer Hattenhauer, wie KI funktioniert und wie sie Ihnen im Alltag helfen kann. Viele Abbildungen und praktische Tipps unterstützen Sie dabei, KI sicher zu nutzen: beim Schreiben von Texten, beim Finden von Informationen, beim Verstehen wichtiger Unterlagen, bei der Urlaubsplanung, bei Fragen rund um Gesundheit und bei vielen weiteren Aufgaben.

So wird KI zu einer hilfreichen Begleiterin in Ihrem Alltag. Und das Beste ist: Vorkenntnisse brauchen Sie keine, nur ein wenig Neugier!

Dieses Buch wurde mit größter Sorgfalt geschrieben und hergestellt. Sollten Sie dennoch einmal einen Fehler bemerken oder eine Information vermissen, freue ich mich, wenn Sie mit mir in Kontakt treten. Für Kritik bin ich dabei ebenso offen wie für lobende Worte. Doch zunächst einmal wünsche ich Ihnen viel Freude beim Lesen, Entdecken und Ausprobieren!

Ihre Ariane Podacker
Lektorat Vierfarben

ariane.podacker@rheinwerk-verlag.de

Auf einen Blick

Wir hoffen, dass Sie Freude an diesem Buch haben und sich Ihre Erwartungen erfüllen. Falls Sie Anregungen, Wünsche und Kommentare haben, lassen Sie es uns wissen: **service@rheinwerk-verlag.de**.

Informationen zu unserem Verlag und Kontaktmöglichkeiten finden Sie auf unserer Verlagswebsite **www.rheinwerk-verlag.de**. Dort können Sie sich auch umfassend über unser aktuelles Programm informieren und unsere Bücher und E-Books bestellen.

Autor Rainer Hattenhauer
Lektorat Ariane Podacker
Copy-Editing Petra Bromand, Düsseldorf
Typografie & Layout Vera Brauner
Satz heise medienwerk eine Marke von heise & dumrath medien gmbh & co. kg, www.heise-medienwerk.de
Herstellung Vera Brauner
Covergestaltung Bastian Illerhaus
Coverbild shutterstock: 522523660 © slawomir.gawryluk
Druck mediaprint solutions, Paderborn

PEFC
PEFC/04-31-0810

Dieses Buch wurde auf PEFC©-zertifiziertem Papier gedruckt.
Hergestellt in Deutschland.

Bibliografische Information der Deutschen Nationalbibliothek:
Die Deutsche Nationalbibliothek verzeichnet diese Publikation in der Deutschen Nationalbibliografie; detaillierte bibliografische Daten sind im Internet über *http://dnb.dnb.de* abrufbar.

ISBN 978-3-8421-1165-3

1. Auflage 2026
Vierfarben ist eine Marke des Rheinwerk Verlags.

Rheinwerk Verlag GmbH • Rheinwerkallee 4 • 53227 Bonn
service@rheinwerk-verlag.de

Inhaltsverzeichnis

Kapitel 1
Willkommen in der Welt der KI

Vielleicht haben Sie in letzter Zeit von ChatGPT, künstlicher Intelligenz oder kurz »KI« gehört. Vielleicht haben Sie sich dann auch gefragt: Was ist das eigentlich? Ist das etwas für mich? Oder ist das nur etwas für Jugendliche und Technikprofis?

Ich kann Sie beruhigen: KI ist für alle da. Und sie ist viel weniger kompliziert, als es auf den ersten Blick scheint. Dieses Kapitel nimmt Ihnen die Scheu vor der neuen Technik und zeigt Ihnen, dass KI längst Teil Ihres Alltags ist. Dabei erkläre ich Ihnen Schritt für Schritt, was künstliche Intelligenz eigentlich ist und warum sie gerade für Menschen mit Lebenserfahrung ein wertvoller Helfer sein kann. Sie lernen die wichtigsten Begriffe kennen, die Ihnen im weiteren Verlauf des Buches immer wieder begegnen werden. Und ich räume mit den häufigsten Ängsten und Missverständnissen auf, denn eines kann ich Ihnen jetzt schon versprechen: Sie können nichts kaputt machen, und zu alt sind Sie dafür auch nicht.

Außerdem erfahren Sie, welchen KI-Diensten Sie vertrauen können, worauf Sie beim Datenschutz achten sollten und welches Werkzeug für welchen Zweck geeignet ist. Am Ende des Kapitels wissen Sie genau, was Sie brauchen, um loszulegen. Und das ist weniger, als Sie vielleicht denken.

Was ist künstliche Intelligenz?

Künstliche Intelligenz. Kaum ein Begriff wird derzeit so häufig verwendet. In den Nachrichten, in der Werbung, am Stammtisch. Alle reden davon. Aber was steckt wirklich dahinter?

KI ist allgegenwärtig

Vielleicht denken Sie jetzt: »KI? Das ist doch etwas für Technikprofis und Wissenschaftler.« Weit gefehlt! Künstliche Intelligenz ist Ihnen vermutlich schon oft in Ihrem Alltag begegnet, ohne dass Sie es bemerkt haben.

Haben Sie ein Smartphone? Dann kennen Sie vielleicht Siri von Apple, den Google-Sprachassistenten oder Alexa von Amazon. Sie sagen: »Hey Siri, wie wird das Wetter morgen?«, und bekommen eine Antwort. Das ist KI in Aktion! Nutzen Sie ein Navigationsgerät im Auto? Das Navi berechnet nicht einfach nur den kürzesten Weg. Es lernt aus den aktuellen Verkehrsdaten und schlägt Ihnen Alternativrouten vor, wenn irgendwo Stau ist. Auch das ist KI. Und der Spam-Filter in Ihrem E-Mail-Postfach? Der sortiert unerwünschte Werbung aus, bevor Sie sie überhaupt sehen. Ebenfalls KI.

Sie sehen: Künstliche Intelligenz ist keine ferne Zukunftsmusik. Sie ist längst da, und sie erleichtert Ihnen das Leben bereits ein Stück weit.

Abbildung 1.1 *Viele KI-Werkzeuge sind längst in unseren Alltag vorgedrungen. Auch dieses Bild wurde – wie viele andere Abbildungen im vorliegenden Buch – mit KI-Hilfe erstellt.*

KI – der fleißige Praktikant

Wie funktioniert eigentlich künstliche Intelligenz? Ich erkläre es Ihnen mit einem Bild, das mir selbst sehr geholfen hat.

Stellen Sie sich vor, Sie bekommen einen Praktikanten. Einen ganz besonderen Praktikanten. Er ist unglaublich fleißig, arbeitet rund um die Uhr und beschwert sich nie. Er hat Millionen von Büchern gelesen: Zeitungsartikel, Kochrezepte, Gebrauchsanweisungen. Auf fast jede Frage weiß er eine Antwort. Klingt fantastisch, oder?

Aber, und das ist wichtig: Dieser Praktikant hat keinen eigenen Verstand. Er kann nicht wirklich denken. Er hat kein Bewusstsein, keine Gefühle, keine eigene Meinung. Was er richtig gut kann: Er erkennt Muster. Auf die Frage »Was passt gut zu Spargel?« kramt er blitzschnell alles zusammen, was er über Spargel gelernt hat. Und antwortet: »Kartoffeln, Schinken und Sauce Hollandaise.« Nicht, weil er selbst gerne Spargel isst. Sondern weil diese Kombination in den Texten, die er gelesen hat, besonders häufig vorkam.

Abbildung 1.2 *Der KI-Assistent »Botti« hilft gerne beim Kochen. Sie werden Botti in Zukunft öfter als Begleiter im Buch finden. Die Abbildungen wurden mit der Google-Gemini-Bild-KI erstellt.*

So funktioniert eine KI. Extrem belesen, aber auch ein wenig naiv. Unendlich fleißig, aber abhängig von Ihren klaren Anweisungen.

KI hat keine Gefühle

Eine KI denkt nicht wie ein Mensch. Sie hat weder Bewusstsein noch Gefühle. Was sie kann: große Mengen an Informationen durchsuchen und Muster erkennen. Dazu braucht es aber klare Anweisungen von Ihnen. Auch wenn eine KI manchmal sehr menschlich klingt und freundlich antwortet: Sie meint es nicht so. Sie imitiert menschliche Sprache, weil sie aus menschlichen Texten gelernt hat. Hinter der höflichen Formulierung steckt keine Absicht, kein Mitgefühl und kein Urteilsvermögen, sondern Mustererkennung.

Wichtige KI-Begriffe kurz erklärt

Bevor wir weitermachen, möchte ich Ihnen noch ein paar wichtige Begriffe vorstellen, die Ihnen in diesem Buch immer wieder begegnen werden.

- **Künstliche Intelligenz (KI):** Dies ist der Oberbegriff für Computerprogramme, die Aufgaben erledigen können, für die normalerweise menschliche Intelligenz erforderlich ist, zum Beispiel Texte verstehen, Bilder erkennen oder Fragen beantworten. Im Englischen spricht man von »Artificial Intelligence«, abgekürzt AI.
- **Chatbot:** Ein Computerprogramm, mit dem man sich unterhalten kann. Man tippt eine Frage ein, und der Chatbot antwortet. Die bekanntesten Chatbots sind ChatGPT, Claude und Gemini. Wir werden in diesem Buch viel mit ihnen arbeiten.
- **Prompt:** Das ist das englische Wort für »Aufforderung«. Wenn Sie einem Chatbot eine Frage stellen oder einen Auftrag erteilen, ist dies Ihr *Prompt*. Stellen Sie sich den Prompt wie einen Einkaufszettel vor, den Sie Ihrem Partner für einen Einkauf geben: Steht nur »Brot« drauf, kann vieles zurückkommen. Steht aber »Roggenmischbrot, geschnitten« drauf, wissen Sie genau, was Sie erwarten können.

Abbildung 1.3 *Stellen Sie sich einen Chatbot wie einen Bibliothekar vor, der Zugriff auf das gesamte Wissen der Welt hat und dieses darüber hinaus intelligent vernetzen kann.*

Wichtige Begriffe finden Sie im Glossar
Sollten Sie auf weitere Begriffe stoßen, die Ihnen noch nicht bekannt sind, können Sie diese im Glossar am Ende des Buches nachschlagen. Begriffe, die im Glossar enthalten sind, werden im Buch *besonders* gekennzeichnet.

Was KI kann und was nicht

Wir räumen noch mit einigen Missverständnissen auf. In Filmen wird KI oft als allwissende Superintelligenz dargestellt. Das führt einerseits zu überzogenen Erwartungen, andererseits zu unnötigen Ängsten.

Eine KI kann Texte schreiben, zusammenfassen und übersetzen. Sie kann Fragen beantworten, bei der Reiseplanung helfen und sogar Bilder, Videos und Musik erstellen. Aber die KI kann nicht wirklich verstehen, was sie sagt. Sie kann sich keine eigene Meinung bilden und macht manchmal

Fehler. Am besten stellt man sich die KI als Schauspielerin vor, die ihre Rolle perfekt beherrscht. Aber Sie würden sich nicht von einer Schauspielerin behandeln lassen, die eine Ärztin spielt, oder? Das Wissen, das Ihnen der Chatbot vermittelt, gibt Ihnen jedoch eine ungefähre Vorstellung davon, in welche Richtung die Diagnose oder Behandlung bei den Fachleuten gehen könnte.

Achtung Halluzinationen

KI-Systeme erfinden manchmal Dinge, die einfach falsch sind. Das nennt man *Halluzinationen*. Deshalb gilt: Vertrauen ist gut, Kontrolle ist besser!

Den Begriff *künstliche Intelligenz* gibt es übrigens schon seit 1956. Als erster Chatbot gilt das Programm ELIZA, eine digitale Psychotherapeutin, die von Joseph Weizenbaum zwischen 1964 und 1966 entwickelt wurde und schon damals ihre Umgebung in Erstaunen versetzte. Aber erst im November 2022, als die Firma OpenAI den Chatbot ChatGPT veröffentlichte, wurde KI für alle zugänglich. Plötzlich konnte jeder mit einer KI sprechen, kostenlos und von zu Hause aus. Der Siegeszug von ChatGPT war phänomenal: Innerhalb weniger Wochen nutzten Millionen von Menschen dieses neue Tool.

Und hier beginnt Ihre Reise. Sie müssen nicht verstehen, wie ein *Sprachmodell* im Detail funktioniert. Genauso wenig, wie man wissen muss, wie ein Motor funktioniert, um ein Auto zu fahren. Wichtig ist: Sie wissen jetzt, was KI ist. Und Sie brauchen keine Angst davor zu haben.

Warum KI gerade für Senioren nützlich ist

Hand aufs Herz: Haben Sie manchmal das Gefühl, dass die digitale Welt an Ihnen vorbeirauscht? Dass Ihre Kinder oder Enkel von *Apps* und Tools sprechen, Begriffe, die Ihnen völlig fremd sind? Dann geht es Ihnen wie vielen Menschen Ihrer Generation. Die gute Nachricht: Gerade für Sie kann künstliche Intelligenz ein echter Gewinn sein.

Ein Helfer, der nie genervt ist

Kennen Sie das? Sie fragen Ihre Enkelin, wie man etwas am Computer macht. Sie erklärt es Ihnen. Schnell. Zu schnell. Und wenn man sie fragt, seufzt sie vielleicht ein wenig. Nicht böse gemeint. Aber man spürt: Sie hat eigentlich keine Zeit, zu sehr ins Detail zu gehen.

Eine KI hat immer Zeit. Sie können die gleiche Frage zehnmal stellen. Auf zehn verschiedene Arten. Die KI wird jedes Mal geduldig antworten. Sie wird nie genervt sein, nie mit den Augen rollen, nie auf die Uhr schauen. Das ist einer der größten Vorteile für Menschen, die sich in Ruhe mit einer neuen Technik vertraut machen wollen.

Und falls Sie etwas nicht verstanden haben? Dann sagen Sie einfach: »Kannst du das noch einmal einfacher erklären?« Die KI macht das. Ohne Murren.

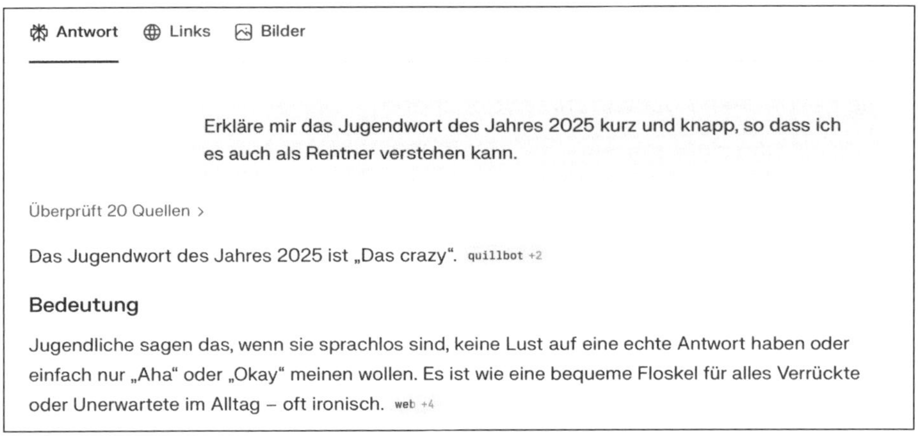

Abbildung 1.4 *KI-Chatbots – hier: Perplexity – erklären Ihnen geduldig die Welt der Jugend.*

Abbildung 1.5 *Der gärtnernde Roboter ist zwar noch Zukunftsmusik, aber KI kann durch Expertentipps bei der Beetpflege helfen.*

Praktische Hilfe im Alltag

Was kann KI nun konkret für Sie tun? Hier ein paar Beispiele aus dem echten Leben:

- Sie bekommen Post von Ihrer Versicherung. Der Brief steckt voller Fachbegriffe und Paragraphen. Sie verstehen nur Bahnhof. Kein Problem: Fotografieren Sie den Brief mit dem Smartphone ab, laden Sie ihn in eine KI hoch, und bitten Sie: »Erkläre mir diesen Brief in einfachen Worten.« Die KI fasst zusammen, worum es geht. Ohne Juristendeutsch. Wie das genau funktioniert, erfahren Sie in Kapitel 4 und Kapitel 10.
- Ihr Enkel hat bald Geburtstag. Was schenkt man einem Zwölfjährigen, der sich für Dinosaurier und Videospiele interessiert? Fragen Sie die KI. Sie schlägt Ihnen passende Geschenke vor, sogar mit Erklärungen, warum sie passen könnten.
- Sie möchten einen Kuchen backen, haben aber keine Eier im Haus. Die KI verrät Ihnen, wie Sie Eier ersetzen können. Oder sie schlägt Ihnen gleich ein Rezept vor, das ohne Eier auskommt.

- Sie planen eine Reise an die Ostsee und möchten wissen, welche Sehenswürdigkeiten es dort gibt. Die KI erstellt eine Liste. Auf Wunsch sogar mit Öffnungszeiten und Tipps für gutes Essen in der Nähe.
- Sie entdecken neuerdings die Gartenarbeit für sich, haben aber nicht die geringste Ahnung, welches die beste Pflanzzeit für Geranien und Stockrosen ist. Fragen Sie den KI-Assistenten, er gibt Ihnen Auskunft!

Tipp
Sie müssen nicht alle beschriebenen Fälle auf einmal angehen. Probieren Sie zunächst eine einzige Anwendung aus, die Ihnen im Alltag hilft. Der Rest bzw. die Routine kommt dann von ganz allein.

Die KI als Hilfsmittel bei Handicaps

Vielleicht fällt Ihnen das Lesen kleiner Schrift schwer, oder das Tippen auf einer Tastatur ist mühsam geworden. Auch hier kann KI helfen.

Viele KI-Systeme können Ihnen Texte vorlesen. Sie müssen also nicht alles selbst lesen. Und umgekehrt: Sie können der KI Ihre Fragen auch einfach diktieren, und zwar per Spracheingabe, wie bei Siri oder Amazons Alexa. Dann müssen Sie gar nicht tippen.

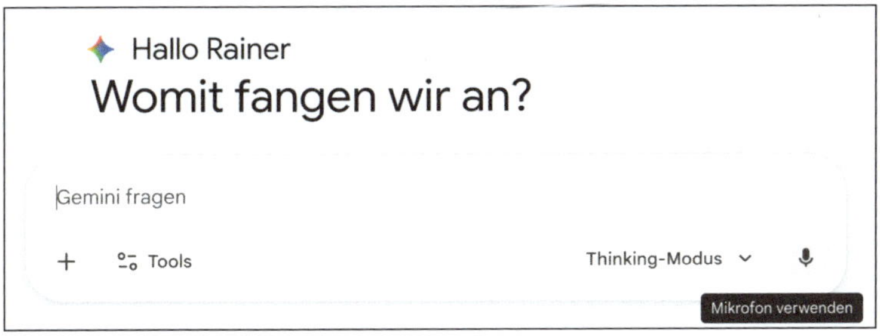

Abbildung 1.6 *Die meisten Chatbots beherrschen die Eingabe von Prompts auch per Sprache. Dazu klicken oder tippen Sie einfach auf das Mikrofonsymbol. Umgekehrt können Sie sich auch die Ergebnisse Ihrer Prompts vorlesen lassen.*

Das bedeutet: Auch wenn Augen oder Finger nicht mehr ganz so wollen wie früher, bleiben Ihnen die Möglichkeiten der KI offen. Sie passen sich Ihren Bedürfnissen an, nicht umgekehrt.

Viele Menschen in dieser Lebensphase wünschen sich vor allem eines: niemandem zur Last zu fallen, unabhängig zu bleiben und viele Dinge selbst erledigen zu können. KI kann dabei helfen. Sie müssen nicht mehr warten, bis jemand Zeit hat, Ihnen etwas zu erklären. Sie müssen nicht mehr fragen, ob jemand kurz vorbeikommen kann. Viele Fragen kann man sich jetzt selbst beantworten. Das gibt ein gutes Gefühl – Unabhängigkeit.

Und noch etwas: Wenn alle um einen herum über ChatGPT und KI reden, kann man bald mitreden und nicht nur zuhören, sondern selbst erzählen, was man damit gemacht hat.

KI als Hilfe im Alltag
KI ersetzt keine Menschen. Aber sie kann Ihnen helfen, im Alltag unabhängiger zu bleiben und den Anschluss an die digitale Welt zu behalten.

Keine Angst vor der Technik: häufige Bedenken ausgeräumt

Wenn ich mit Menschen über künstliche Intelligenz spreche, höre ich oft Bedenken, und die gleichen Sorgen tauchen immer wieder auf. Das ist völlig verständlich, denn neue Technik kann einschüchternd wirken. Lassen Sie uns deshalb die häufigsten Ängste gemeinsam anschauen und ausräumen.

Bin ich zu alt für KI?

»Ich bin zu alt« und »Das ist zu kompliziert« – diese beiden Bedenken höre ich oft von älteren Menschen, und ich widerspreche ihnen jedes Mal, denn Sie haben einen entscheidenden Vorteil: Ihre Lebenserfahrung. Sie haben in Ihrem Leben so viel gelernt, vom ersten Fernseher über die Waschmaschine mit zwanzig Programmen bis zum Videorekorder. Erinnern Sie sich noch, wie kompliziert Ihnen das damals vorkam? Heute denken Sie gar nicht mehr daran, weil es zur Routine geworden ist. So wird es Ihnen auch mit der KI gehen, denn am Anfang fühlt es sich vielleicht seltsam an, aber nach ein paar Versuchen werden Sie merken, dass es gar nicht so schwer ist.

Und was die Fachbegriffe angeht, die in Zeitungsartikeln über KI auftauchen: neuronale Netze, Algorithmen, Machine Learning. Das klingt, als bräuchte man ein Informatikstudium, aber in Wahrheit müssen Sie davon nichts verstehen. Was Sie benötigen, ist einzig die Bereitschaft, neugierig zu sein und Fragen zu stellen.

KI ist für alle da

Es gibt kein »zu alt« für KI. Wenn Sie einen Fernseher bedienen können, dann können Sie auch mit einer KI sprechen, denn Sie brauchen keine Knöpfe zu drücken, sondern lediglich Fragen zu stellen.

Es kann nichts kaputt gehen ...

Schließlich hört man oft den Satz: »Ich mache bestimmt etwas kaputt!« Diese Sorge kann ich Ihnen sofort nehmen, denn Sie können nichts kaputt machen. Eine KI ist kein empfindliches Gerät, das bei falscher Bedienung den Geist aufgibt. Wenn Sie etwas Falsches eintippen, passiert nichts Schlimmes. Im schlimmsten Fall bekommen Sie eine unbrauchbare Antwort, und dann formulieren Sie Ihre Frage eben neu.

Auch diese Sorge hört man oft: »Die KI ist schlauer als ich.« Dieser Gedanke ist durchaus nachvollziehbar, beruht aber auf einem Missverständnis. Ja, eine KI weiß sehr viele Dinge, weil sie Millionen von Texten gelesen hat. Aber schlau im menschlichen Sinne ist sie nicht, denn sie kann weder fühlen noch urteilen noch wirklich verstehen. Sie hingegen haben etwas, das keine KI besitzt: Lebenserfahrung, Menschenkenntnis und gesunden Menschenverstand. Die KI liefert Material, aber Sie entscheiden, was Sie damit anfangen. Denken Sie an unseren Praktikanten aus dem vorigen Abschnitt: Er ist fleißig und belesen, aber die Chefin oder der Chef sind immer noch Sie.

Und noch etwas Wichtiges: Niemand erwartet, dass Sie alles sofort richtig machen. Auch ich habe am Anfang Fehler gemacht, Fragen falsch formuliert und Antworten bekommen, die völlig am Thema vorbeigingen. Das gehört zum Lernen dazu, und der große Unterschied zum Lernen in Schule, Studium und Beruf ist, dass Fehler hier keine Konsequenzen haben. Sie können höchstens eine seltsame Antwort bekommen, und dann lachen Sie kurz und versuchen es noch einmal.

Kann ich der KI trauen? Fake News, Wahrheit und gesunder Menschenverstand

Vertrauen in die moderne Technik ist gut, aber wie sieht es mit künstlicher Intelligenz aus? Können wir uns auf ihre Antworten völlig verlassen? Die ehrliche Antwort lautet: nein. Eine KI ist ein mächtiges Werkzeug, aber eben nur ein Werkzeug. Und wie bei jedem Werkzeug muss man dessen Grenzen kennen.

Wenn die KI Dinge erfindet

Manchmal passiert etwas Merkwürdiges: Sie stellen der KI eine Frage, bekommen eine Antwort, die sehr überzeugend klingt, und stellen später fest, dass sie schlicht falsch war. Vielleicht hat die KI ein Buch zitiert, das gar nicht existiert, oder einen Fachbegriff verwendet, den es nicht gibt. In der Fachsprache nennt man dieses Phänomen »Halluzinieren«, und es gehört zu den größten Schwächen aktueller KI-Systeme. Es gibt wissenschaftliche Studien, die zeigen, dass es nie möglich sein wird, einer KI zu 100 % die Halluzinationen auszutreiben.

Warum passiert das? Erinnern Sie sich an unseren fleißigen Praktikanten? Er hat zwar Millionen von Texten gelesen, aber er versteht nicht wirklich, was er da gelesen hat. Er erkennt Muster und setzt Wörter zusammen, die statistisch gut zueinanderpassen. Meistens funktioniert das erstaunlich gut, aber manchmal eben auch nicht. Die KI merkt nicht, wenn sie Unsinn erzählt, weil sie keine Vorstellung von Wahrheit hat.

Informationen immer überprüfen
Eine KI kann Dinge erfinden, die überzeugend klingen, aber völlig falsch sind. Das nennt man »Halluzinieren«. Deshalb sollten Sie wichtige Informationen immer überprüfen. Wie das geht, zeigt der folgende Abschnitt.

Wie Sie KI-Antworten überprüfen können

Sie können sich vor Fehlern schützen, indem Sie einige einfache Gewohnheiten befolgen. Erstens können Sie die KI selbst fragen, woher sie eine Information hat. Zum Beispiel: »Kannst du mir sagen, woher du das weißt?« Manchmal gibt die KI in der Antwort Quellen an, die Sie nachschlagen oder anklicken können. Oft gibt die KI auch zu, dass sie sich nicht sicher ist.

Zweitens ist es sinnvoll, bei wichtigen Fragen eine zweite Quelle zu konsultieren. Wenn die KI Ihnen einen medizinischen Rat gibt, konsultieren Sie zusätzlich eine seriöse Gesundheitswebsite, oder fragen Sie Ihren Arzt oder Ihre Apothekerin. Wenn die KI Ihnen eine Rechtsauskunft gibt, überprüfen Sie diese bei einer offiziellen Stelle. Wenn Sie eine technische Frage haben, schauen Sie in Wikipedia nach, was dort zu dem Thema steht.

Drittens können Sie Ihren gesunden Menschenverstand einsetzen. Hört sich eine Antwort zu gut an, um wahr zu sein? Widerspricht sie dem, was

Sie aus Erfahrung wissen? Dann fragen Sie nach, oder recherchieren Sie selbst. Das Bauchgefühl ist oft ein guter Ratgeber.

KI fragen, ob Sie sicher ist

Fragen Sie die KI ruhig einmal: »Bist du sicher?«, oder »Woher weißt du das?«. Sie werden überrascht sein, wie oft sie zugibt, nur eine Vermutung geäußert zu haben.

Fake News erkennen

Neben den Schwächen der KI selbst gibt es ein weiteres Problem: Im Internet kursieren viele Falschmeldungen (engl. *Fake News*), die eine KI während ihres Trainings auch gelesen haben kann. Sie kann nicht immer unterscheiden, ob eine Quelle seriös ist oder nicht.

Abbildung 1.7 *Mit gefälschten Bildern des inzwischen verstorbenen Papstes Franziskus ging es los: KI-generierte Fake News eroberten das Internet. Bildquelle: Midjourney*

Deshalb ist es wichtig, bei sensiblen Themen besonders wachsam zu sein. Nachrichten über Gesundheit, Politik oder Finanzen sollten immer kritisch hinterfragt werden. Achten Sie darauf, dass die Informationen von bekannten und vertrauenswürdigen Quellen stammen. Seien Sie skeptisch bei reißerischen Überschriften oder Behauptungen, die starke Emotionen wecken sollen.

Interessanterweise kann Ihnen die KI sogar dabei helfen, Fake News zu erkennen. Wenn Sie einen verdächtigen Artikel oder eine verdächtige Nachricht erhalten, können Sie die KI fragen: »Ist diese Nachricht seriös?«, oder »Was sagen andere Quellen zu diesem Thema?«. Dies ersetzt zwar nicht Ihr Urteilsvermögen, kann aber hilfreich sein.

Achtung: KI ersetzt keine fachlichen Experten
Übernehmen Sie niemals medizinische, rechtliche oder finanzielle Ratschläge der KI ungeprüft. Bei solchen Themen sollten Sie immer einen Fachmann bzw. eine Fachfrau hinzuziehen.

Abbildung 1.8 *Diese Checkliste zum Prüfen von KI-Antworten sollten Sie stets vor Augen haben.*

Was darf ich tun – und was sollte ich lassen?

Wenn Sie anfangen, mit einer KI zu arbeiten, stellt sich früher oder später die Frage: Was ist eigentlich erlaubt? Darf ich einfach Texte oder Bilder verwenden, die eine KI geschrieben oder generiert hat? Und gibt es Dinge, die ich besser nicht tun sollte? Die gute Nachricht ist, dass Sie sich bei der privaten Nutzung von KI-generierten Inhalten kaum Sorgen machen müssen. Dennoch gibt es einige Grundregeln, die Sie kennen sollten.

Was Sie bedenkenlos tun können

Im privaten Bereich können Sie KI-Systeme für so ziemlich alles nutzen, was Ihnen einfällt. Sie können Briefe formulieren lassen, Rezepte erstellen, Reisepläne ausarbeiten oder Geschenkideen sammeln. Sie können Texte zusammenfassen, umformulieren oder in eine andere Sprache übersetzen lassen. All das ist völlig in Ordnung, und genau dafür sind diese Werkzeuge gedacht.

Auch wenn Sie einen Text für den Newsletter Ihres Vereins schreiben oder eine Rede für den Geburtstag Ihrer Schwester vorbereiten, spricht nichts dagegen, sich dabei von der KI unterstützen zu lassen. Sie nutzen die KI als eine Art Schreibassistentin, die Ihnen Arbeit abnimmt und Ihre Ideen in Worte fasst.

Wo Vorsicht geboten ist

Etwas komplizierter wird es, wenn Sie KI-generierte Inhalte veröffentlichen oder in einem offiziellen Kontext verwenden möchten. Hier gilt die Faustregel: Seien Sie transparent. Wenn Sie einen Artikel für eine Zeitung oder einen Bericht für Ihren Verein schreiben, der zu einem großen Teil von einer KI erstellt wurde, sollten Sie das erwähnen. Es muss keine große Sache sein, aber ein kurzer Hinweis wie »erstellt mithilfe einer KI« ist fair Ihren Leserinnen und Lesern gegenüber. Problematisch wird es insbesondere, wenn Sie:

- fremde Texte von einer KI nur umformulieren lassen und anschließend als Ihre eigenen ausgeben (das kann als Plagiat gewertet werden),
- Inhalte übernehmen, ohne die Quelle kenntlich zu machen,
- KI nutzen, um Bilder realer Personen zu erstellen, ohne deren Einverständnis – hier können Persönlichkeitsrechte verletzt werden.

Die folgenden Schritte sind jedoch kein Problem, wenn Sie KI für Ihre Publikationen nutzen möchten: Sie erstellen im KI-Dialog die Struktur Ihrer Dokumente und formulieren KI-generierte Texte in eigenen Worten um. Die KI fungiert dabei als Ideengeber. Auf diese Weise sind auch verschiedene Teile des vorliegenden Buches entstanden.

Abbildung 1.9 *Spicken erlaubt? Im privaten Bereich schon, bei Klausuren und Hausarbeiten an der Uni in der Regel nicht.*

KI einsetzen: Was Sie kennzeichnen sollten

Im privaten Bereich können Sie KI-Werkzeuge frei nutzen. Bei öffentlichen Publikationen gilt: Kennzeichnen Sie, dass KI beteiligt war, und geben Sie fremde Inhalte nicht als Ihre eigenen aus.

Abbildung 1.10 *Die KI-Ampel gibt Anhaltspunkte, was erlaubt ist und was nicht.*

Wem gehören KI-generierte Inhalte?

Diese Frage ist rechtlich noch nicht abschließend geklärt, und die Gesetzgebung hinkt der technischen Entwicklung hinterher. Derzeit gilt: Texte und Bilder, die eine KI für Sie erstellt, dürfen Sie in der Regel frei verwenden. Allerdings können Sie sich nicht auf das klassische *Urheberrecht* berufen, das nur von Menschen geschaffene Werke schützt.

Für den Alltag bedeutet das: Nutzen Sie die Ergebnisse für Ihre privaten Zwecke. Wenn Sie jedoch planen, mit KI-generierten Inhalten Geld zu verdienen oder sie in größerem Umfang zu veröffentlichen, sollten Sie sich vorher genauer informieren, da sich die Rechtslage in diesem Bereich schnell ändern kann. Auch die Nutzungsbedingungen der jeweiligen KI-Anbieter können eine Rolle spielen und festlegen, was Sie mit den erzeugten Inhalten tun dürfen. Ein Blick in diese Bedingungen lohnt sich daher, insbesondere bei kommerzieller Nutzung.

Abbildungen im Buch sind mithilfe von KI erstellt

Wer offen damit umgeht, dass er KI als Werkzeug einsetzt, ist auf der sicheren Seite. Als Autor gehe ich daher mit gutem Beispiel voran: Viele Abbildungen in diesem Buch sind KI-generiert, Themen und Kapitelstruktur wurden mithilfe verschiedener KI-Dienste entwickelt, und einzelne Textpassagen wurden von einer KI generiert und von mir in meinen eigenen Stil übertragen.

Was weiß die KI über mich?

Wenn Sie sich bei einem KI-Dienst anmelden und Fragen stellen, hinterlassen Sie Spuren. Das ist zunächst nicht anders als bei anderen Internetdiensten. Doch was genau wird gespeichert und wie kann man seine Daten schützen? Diese Fragen werden vor allem von der älteren Generation häufig gestellt und sind durchaus berechtigt.

Welche Daten werden gespeichert?

Wenn Sie sich bei einem KI-Chatbot anmelden, benötigen Sie eine E-Mail-Adresse, manchmal auch eine Telefonnummer. Diese Daten werden vom Anbieter gespeichert, damit Sie sich zu einem späteren Zeitpunkt erneut anmelden können.

Außerdem speichern die meisten KI-Dienste Ihre Konversationen, also die Fragen, die Sie stellen, und die Antworten, die Sie erhalten. So können Sie ältere Gespräche später wiederfinden und dort weitermachen, wo Sie aufgehört haben.

Wichtig zu wissen: Bei vielen Diensten werden Ihre Gespräche auch dazu verwendet, die KI weiterzuentwickeln, also zu trainieren. Das bedeutet, dass Mitarbeiter des Anbieters Ihre Eingaben lesen können, um das System zu verbessern. Bei den meisten Anbietern kann diese Funktion jedoch in den Einstellungen deaktiviert werden.

Was Sie nicht in Prompts eingeben sollten

Die wichtigste Regel zum Datenschutz im Umgang mit KI ist denkbar einfach: Geben Sie nichts in die Eingabeaufforderung ein, was Sie nicht auch einem Fremden auf der Straße sagen würden. Das mag übertrieben klingen, ist aber eine gute Orientierungshilfe.

Konkret bedeutet das: Geben Sie niemals Passwörter, Bankverbindungen, Kreditkartennummern oder Personalausweis- und Sozialversicherungsnummern an die KI weiter. Auch sehr persönliche Informationen über gesundheitliche oder familiäre Probleme sollten Sie nur eingeben, wenn Sie damit leben können, dass diese Daten irgendwo gespeichert werden.

Bei alltäglichen Anfragen wie Rezepten, Reisetipps oder Formulierungshilfen muss man sich hingegen keine Sorgen machen. Solche Informationen sind unkritisch und können bedenkenlos mit der KI geteilt werden.

Achtung mit sensiblen Daten

Geben Sie niemals Passwörter, Kontodaten, Kreditkartennummern oder Ausweisnummern in eine KI ein. Auch sensible Gesundheitsdaten gehören nicht in einen Chat.

Ihre Rechte: Daten löschen und Einstellungen anpassen

Sie haben mehr Kontrolle über Ihre Daten, als Sie denken. Bei den meisten KI-Anbietern können Sie Ihre Chatverläufe jederzeit löschen, entweder einzelne Gespräche oder alle auf einmal. Außerdem gibt es oft eine Einstellung, mit der Sie verhindern können, dass Ihre Eingaben zum Training der KI verwendet werden.

Wo genau Sie diese Optionen finden, ist von Anbieter zu Anbieter unterschiedlich. In Kapitel 2 zeige ich Ihnen Schritt für Schritt, wie Sie die wichtigsten Datenschutzeinstellungen bei ChatGPT und anderen Diensten vornehmen können.

Gesprächsaufzeichnung
Schauen Sie gleich nach der Anmeldung in die Einstellungen Ihres KI-Dienstes. Dort können Sie festlegen, ob Ihre Gespräche aufgezeichnet und für Trainingszwecke verwendet werden dürfen.

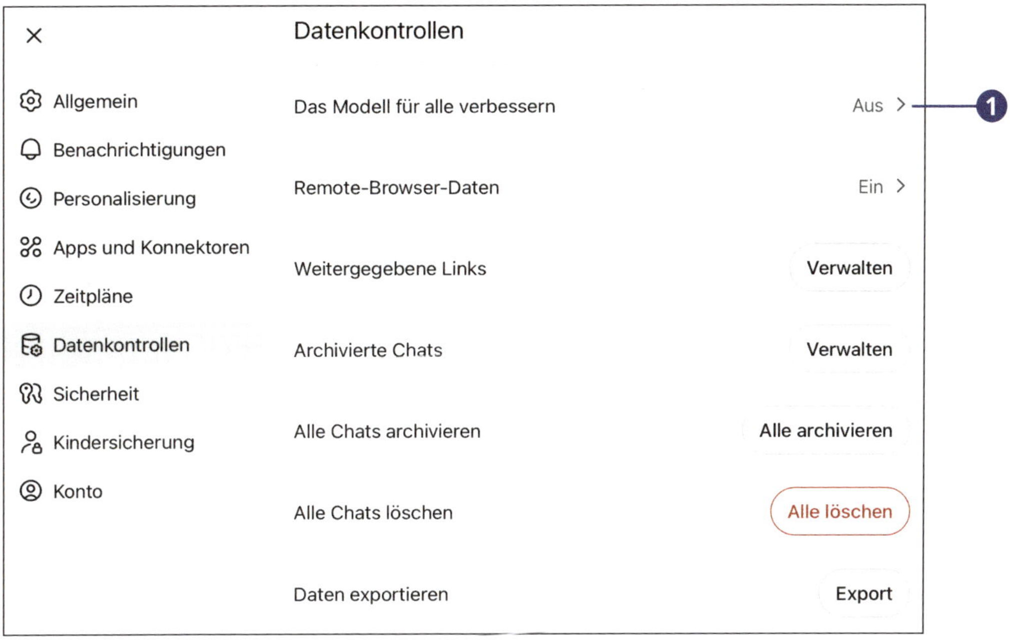

Abbildung 1.11 *Bei ChatGPT haben Sie die Möglichkeit, die Datenschutzeinstellungen im Bereich »Datenkontrollen« anzupassen. Wenn Sie zum Beispiel nicht möchten, dass Ihre Prompts und deren Ausgaben im ChatGPT-Trainingsmaterial auftauchen, deaktivieren Sie einfach die Option »Modell für alle verbessern«* 1.

Was wird gespeichert?
KI-Anbieter speichern Ihre Anmeldedaten und in der Regel auch Ihre Gespräche. Sie können diese jedoch löschen und oft auch das Training mit Ihren Daten deaktivieren.

Welche KI eignet sich für welchen Zweck? Ein Überblick

Inzwischen gibt es eine ganze Reihe von KI-Tools, und es kommen ständig neue hinzu. Das kann zunächst verwirrend sein, denn alle versprechen, das Leben leichter zu machen. Doch welches Tool ist das richtige für Sie? In diesem Abschnitt stelle ich Ihnen die fünf wichtigsten Dienste bzw. Anbieter vor, die sich besonders für Einsteigerinnen und Einsteiger eignen.

Die großen Fünf im Porträt

- **ChatGPT** ist der KI-Dienst, mit dem für viele alles begann. Er stammt von der Firma OpenAI und gilt als der weltweit bekannteste KI-Chatbot. ChatGPT ist ein echter Alleskönner: Er kann Texte schreiben, Fragen beantworten, beim Formulieren helfen, Ideen entwickeln und sogar Bilder erstellen. Die Basisversion ist kostenlos und funktioniert komplett auf Deutsch. Für die meisten alltäglichen Aufgaben ist ChatGPT eine ausgezeichnete Wahl.
- **Claude** wird von der Firma Anthropic vertrieben und hat sich in den letzten Jahren zu einer ernstzunehmenden Alternative zu ChatGPT entwickelt. Claude gilt als besonders gut darin, lange und komplexe Texte zu verstehen und zu verfassen. Wenn Sie zum Beispiel einen mehrseitigen Brief analysieren lassen wollen, eine ausführliche Zusammenfassung benötigen oder sogar ein Buch schreiben wollen, ist Claude oft die beste Wahl. Claude ist auch in einer kostenlosen Version erhältlich und versteht auch Deutsch sehr gut.
- **Mistral** ist ein französisches Unternehmen und damit der einzige große KI-Anbieter mit Sitz in Europa. Das ist nicht nur ein Detail, denn es bedeutet, dass Ihre Daten auf europäischen Servern verarbeitet werden und den strengen Regeln der europäischen *Datenschutz-Grundverordnung (DSGVO)* unterliegen. Wenn Sie also besonderen Wert auf Datenschutz legen, kann Mistral eine interessante Alternative sein. Der Chatbot »Le Chat« ist kostenlos nutzbar und versteht Deutsch, auch

wenn er bei manchen Aufgaben noch nicht ganz an ChatGPT oder Claude heranreicht.

- **Gemini** ist Googles Antwort auf ChatGPT und hat den Vorteil, dass es eng mit anderen Google-Diensten verknüpft ist. Wenn Sie bereits Gmail, Google Kalender oder Google Drive nutzen und/oder ein Android-Smartphone besitzen, kann Gemini besonders praktisch sein, da es auf Ihre Daten zugreifen und Ihnen bei der Organisation helfen kann. Gemini gibt es auch in einer kostenlosen Version. Ein spezielles KI-Tool von Google, das seine »Intelligenz« von Gemini geerbt hat, werden wir uns später noch etwas genauer ansehen. Es handelt sich um *NotebookLM*. Dieses Google-Produkt ist auf die Arbeit mit eigenen Dokumenten spezialisiert. Sie können beispielsweise *PDFs*, Artikel oder Notizen hochladen und die KI Fragen zu diesen Inhalten stellen lassen. Dies ist nützlich, wenn Sie einen langen Vertrag verstehen oder sich durch umfangreiche Dokumente arbeiten müssen.
- **Perplexity** unterscheidet sich von anderen Diensten, da es sich weniger um einen klassischen Chatbot als vielmehr um eine intelligente Suchmaschine handelt. Wenn Sie eine Frage stellen, durchsucht Perplexity das Internet und fasst die Ergebnisse für Sie zusammen, wobei die Quellen direkt angezeigt werden. Dies ist besonders nützlich, wenn Sie aktuelle Informationen benötigen oder wissen möchten, woher eine Aussage stammt.

Welches Tool für welche Aufgabe?

Bei so vielen Möglichkeiten stellt sich die Frage, wo man am besten anfängt. Meine Empfehlung für den Anfang: Gemini, wenn man sowieso schon im Google-Universum unterwegs ist, ansonsten ChatGPT oder Claude. Alle drei genannten KI-Dienste sind kostenlos, funktionieren zuverlässig auf Deutsch und eignen sich für eine Vielzahl von Aufgaben. Wenn Sie sich mit einem von ihnen vertraut gemacht haben, können Sie die anderen jederzeit ausprobieren.

Abbildung 1.12 *Im Reigen der Chatbots*

Als grobe Orientierung kann man sich das merken: Für allgemeine Fragen und Texte sind ChatGPT und Claude am besten geeignet. Für gezielte Recherchen im Internet ist Perplexity die richtige Wahl. Und wenn Sie Ihre eigenen Dokumente analysieren wollen, lohnt sich ein Blick auf NotebookLM.

Wichtig ist dabei: Sie müssen sich nicht sofort für »das beste« Tool entscheiden. Für den Einstieg reicht es völlig aus, mit einem Dienst zu beginnen und ein Gefühl dafür zu entwickeln, wie KI auf Ihre Eingaben reagiert. Mit der Zeit werden Sie automatisch merken, welches Tool Ihnen für bestimmte Aufgaben besser liegt. Probieren Sie dazu einfache Anwendungsfälle aus: Lassen Sie sich einen Text zusammenfassen, formulieren Sie eine E-Mail oder stellen Sie eine konkrete Frage zu einem Thema, das Sie interessiert. So erkennen Sie nach und nach, welche Stärken die einzelnen KI-Tools in der Praxis haben. Die folgende Vergleichstabelle zeigt noch einmal die Vorteile der einzelnen KI-Tools.

Werkzeug	Texte schreiben (Briefe, E-Mails, Geschichten)	Im Internet recherchieren	Dokumente verstehen (Verträge, Arztbriefe)	Für Einsteiger geeignet?
ChatGPT	★★★ Sehr vielseitig und kreativ. Ideal für Briefe, E-Mails, Glückwünsche und Alltagstexte.	★★ Kann im Internet suchen und Ergebnisse zusammenfassen.	★★ Versteht auch längere Texte gut, z. B. Versicherungsschreiben.	★★★ Sehr guter Einstieg, einfach zu bedienen, kostenlos verfügbar.
Claude	★★★ Besonders stark bei längeren, anspruchsvollen Texten.	★ Weniger geeignet bei tagesaktueller Recherche.	★★★ Hervorragend für lange Dokumente wie Verträge.	★★★ Sehr einsteigerfreundlich, kostenlos und auf Deutsch.
Gemini	★★★ Sehr gute Qualität, besonders bei Google-Diensten.	★★★ Sehr gut für Internetsuche durch Google-Anbindung.	★★ Gut mit Google-Drive-Dokumenten zu kombinieren.	★★ Gut geeignet für Google-Nutzer.
Perplexity	★★ Ordentlich, eher faktenbasiert.	★★ Beste Wahl für Recherche mit Quellenangaben.	★★ Gut für Zusammenfassungen.	★★ Ideal für Informationssuche.
NotebookLM	★ Weniger geeignet für kreatives Schreiben.	★★★ Aktive Internetsuche integriert	★★★ Spezialist für eigene Dokumente.	★★ Etwas spezieller, aber sehr nützlich.

Tabelle 1.1 *Vergleich der wichtigsten KI-Werkzeuge. So lesen Sie die Tabelle:*
★★★ = *besonders gut geeignet* | ★★ = *gut geeignet* |
★ = *geeignet, aber nicht die erste Wahl*

Sie können verschiedene KI-Dienste verwenden

Sie müssen sich nicht für ein einziges Tool entscheiden. Viele Menschen nutzen je nach Aufgabe unterschiedliche KI-Dienste, und das ist völlig in Ordnung.

Wie Sie dieses Buch am besten nutzen

Bevor Sie sich in die Welt der KI stürzen, möchte ich Ihnen noch ein paar Tipps geben, wie Sie das Beste aus diesem Buch herausholen können.

Der Aufbau des Buches

Obwohl die Kapitel aufeinander aufbauen, kann jedes Kapitel auch für sich allein gelesen werden. Wenn Sie zum Beispiel bereits wissen, wie man einen Zugang zu einem KI-Chatbot einrichtet und schon einige Schritte damit unternommen haben, können Sie das folgende Kapitel 2 überspringen und direkt mit Kapitel 3 beginnen. Nutzen Sie das Inhaltsverzeichnis am Anfang und den Index am Ende, um schnell zu finden, was Sie suchen.

Überall im Buch finden Sie zudem Kästen mit Tipps und wichtigen Hinweisen. Einige davon sind Ihnen bereits im ersten Kapitel begegnet.

Die Prompt und Ausgabe-Kästen in diese Buch

Die Prompt-Kästen in diesem Buch enthalten die bekannten Prompts, mit denen Sie KI-Tools auffordern, etwas für Sie zu tun. Ausgabe-Kästen enthalten die Antworten auf die Fragen. Hier habe ich die Ausgabetexte gekürzt, um nicht unnötig Seiten zu verschwenden. Alle Prompts finden Sie in den Begleitmaterialien auf der Webseite zum Buch unter *www.rheinwerk-verlag.de/6315*.

Wenn Ihnen ein Fachbegriff unklar ist, schauen Sie einfach im Glossar am Ende des Buches nach. Dort finden Sie alle wichtigen Begriffe kurz und verständlich erklärt, ohne lange suchen zu müssen.

Checkliste: Was Sie zum Start benötigen

Vielleicht fragen Sie sich, ob Sie bestimmte Geräte oder Programme benötigen, bevor Sie loslegen können. Ich kann Sie beruhigen: Die Anforderungen sind minimal. Hier ist alles, was Sie brauchen:

- **Ein Gerät mit Internetzugang:** Das kann ein Computer, ein Laptop, ein Tablet oder sogar ein Smartphone sein. Alle KI-Dienste bzw. Tools, die wir in diesem Buch besprechen, laufen im *Browser*, so dass Sie keine zusätzliche Software installieren müssen. Wenn Ihr Gerät WhatsApp-Nachrichten oder E-Mails empfangen kann, ist es auch für KI geeignet.
- **Eine E-Mail-Adresse:** Für die Anmeldung bei den meisten KI-Diensten benötigen Sie eine E-Mail-Adresse. Wenn Sie noch keine haben, zeige ich Ihnen in Kapitel 2, wie Sie eine einrichten können.
- **Ein bisschen Neugier:** Das ist vielleicht die wichtigste Zutat. Die Bereitschaft, etwas Neues auszuprobieren und sich nicht entmutigen zu lassen, wenn nicht alles gleich klappt.

Das ist alles. Sie brauchen kein teures Gerät, keine spezielle Software und keine technischen Vorkenntnisse. Wenn Sie diese drei Dinge haben, können Sie sofort loslegen.

Manche Menschen empfinden es als angenehm, sich während der ersten Versuche Notizen zu machen. Ein Notizbuch oder ein paar Zettel neben dem Computer können helfen, interessante Entdeckungen festzuhalten oder Fragen aufzuschreiben, die später beantwortet werden sollen.

Abbildung 1.13 *Die Checkliste für die Nutzung von KI-Tools ist kurz.*

Wenn das Lesen am Bildschirm anstrengend ist, denken Sie daran, die Schriftgröße in Ihrem Browser zu vergrößern. Bei den meisten Browsern geht das ganz einfach, indem Sie die `Strg`-Taste gedrückt halten und gleichzeitig das Mausrad drehen oder die `+`-Taste drücken.

Damit sind Sie bestens vorbereitet. Im nächsten Kapitel geht es dann auch gleich richtig los: Sie erstellen einen *Account* und führen Ihr erstes Gespräch mit einer KI.

Kapitel 2

Einstieg leicht gemacht – Ihr erster Kontakt mit der KI

Im ersten Kapitel haben Sie gelernt, was KI ist und welche Tools es gibt. Jetzt kommt der spannende Teil: In diesem Kapitel sprechen Sie zum ersten Mal mit einer künstlichen Intelligenz. Klingt aufregend? Ist es auch. Aber keine Sorge – ich begleite Sie Schritt für Schritt.

In diesem Kapitel zeige ich Ihnen ganz praktisch, wie Sie sich bei einem KI-Dienst anmelden. Sie erfahren, welche Unterschiede es zwischen kostenlosen und kostenpflichtigen Angeboten gibt und welche sich für den Einstieg am besten eignen. Wir schauen uns gemeinsam die Benutzeroberfläche an, damit Sie sich auf Anhieb zurechtfinden. Außerdem klären wir die Frage, welches Ihrer Geräte für die Bedienung dafür am besten eignet.

Besonders wichtig ist das Thema Prompts. Was ist eigentlich ein Prompt? Ganz einfach: Es ist die Art und Weise, wie Sie der KI mitteilen, was Sie wissen oder wissen möchten. An alltagsnahen Beispielen wie der Suche nach historischen Ereignissen in Ihrem Geburtsjahr, einem Kuchenrezept oder einer Anleitung zum Bau eines Hochbeets werden Sie sehen, wie schnell und einfach das funktioniert.

Am Ende dieses Kapitels werden Sie bereits erste eigene Fragen an eine KI gestellt haben und wissen, worauf es bei den Einstellungen zu Datenschutz und Sprache ankommt.

Bevor es losgeht: Eine E-Mail-Adresse für KI-Dienste einrichten

Um sich bei KI-Diensten wie ChatGPT, Claude oder Gemini anzumelden, benötigen Sie eine E-Mail-Adresse. Vielleicht haben Sie bereits eine, die Sie regelmäßig benutzen. Es lohnt sich jedoch eine eigene E-Mail-Adresse speziell für KI-Dienste einzurichten.

Warum eine eigene E-Mail-Adresse für KI-Dienste nutzen?

Vielleicht fragen Sie sich, warum Sie nicht einfach Ihre bestehende E-Mail-Adresse verwenden können. Natürlich können Sie das tun, und für die meisten Menschen ist das auch völlig in Ordnung. Es gibt jedoch einige Gründe, die für eine separate Adresse sprechen.

Zunächst einmal schützt eine eigene KI-Adresse Ihren Hauptposteingang vor zusätzlichen Nachrichten. KI-Anbieter versenden gelegentlich Newsletter, Produktankündigungen oder Sicherheitshinweise. Wenn diese in einem separaten Postfach landen, bleibt Ihre Hauptadresse übersichtlich. Zusätzlich behalten Sie so leichter den Überblick darüber, bei welchen KI-Diensten Sie registriert sind. Gerade wenn Sie verschiedene Angebote ausprobieren, hilft eine zentrale Adresse dabei, Ihre Konten strukturiert zu verwalten und später bei Bedarf auch wieder zu löschen.

Ein Postfach nur für die KI
Eine separate E-Mail-Adresse für KI-Dienste ist kein Muss, aber praktisch. Sie schützt Ihren Hauptposteingang und ermöglicht eine anonymere Nutzung.

Ein weiterer Vorteil liegt auch in der Anonymität. Wenn Sie bei der Anmeldung einen möglichst neutralen Benutzernamen wählen, also zum Beispiel *sonnenschein1962@gmail.com* statt *maria.mueller@gmail.com*, ist Ihre Identität für den KI-Dienst nicht sofort erkennbar. Das kann ein gutes

Gefühl geben, auch wenn die Anbieter versprechen, keine persönlichen Daten weiterzugeben. Falls Sie noch keine E-Mail-Adresse haben oder eine neue anlegen möchten, finden Sie eine Schritt-für-Schritt-Anleitung zur Einrichtung einer Google-Mail-Adresse im Zusatzmaterial auf der Webseite des Buches unter *www.rheinwerk-verlag.de/6315*. Klicken Sie auf **Materialien** und wählen Sie dort **Herunterladen**.

Google als digitaler Generalschlüssel
Mit einem Google-Konto erhalten Sie nicht nur eine E-Mail-Adresse, sondern auch Zugang zu praktischen Diensten wie Google Gemini (das ist die KI von Google), Drive und YouTube. Außerdem können Sie sich bei vielen anderen KI-Diensten besonders einfach »mit Google« anmelden.

Einen Account bei ChatGPT erstellen

Nun wird es Zeit, sich bei Ihrem ersten KI-Dienst anzumelden. Ich beginne mit ChatGPT, weil es der bekannteste und am weitesten verbreitete KI-Chatbot ist. Die Anmeldung bei anderen Diensten wie Claude oder Gemini funktioniert ganz ähnlich, darauf komme ich am Ende dieses Abschnitts noch kurz zu sprechen. Gut zu wissen: Die Anmeldung und Nutzung ist bei allen gängigen KI-Diensten kostenlos. Erst, wenn Sie in den Genuss der verbesserten Sprachmodelle kommen möchten, müssen Sie ein Abonnement beim jeweiligen Anbieter abschließen.

Bei ChatGPT anmelden

Bevor wir mit der Anmeldung beginnen, noch ein kurzer Hinweis: Sie können ChatGPT auch ganz ohne Anmeldung ausprobieren. Wenn Sie die Website *chatgpt.com* aufrufen, können Sie direkt eine Frage eingeben und eine Antwort erhalten. Das ist praktisch, um sich einen ersten Eindruck zu verschaffen.

Allerdings hat diese Variante einige Einschränkungen. Ohne Anmeldung werden Ihre Konversationen nicht gespeichert, das heißt, wenn Sie den Browser schließen, ist alles weg. Außerdem stehen Ihnen nicht alle Funktionen zur Verfügung, und bei hoher Auslastung werden registrierte Benutzer bevorzugt. Hinzu kommt, dass angemeldete Nutzer in der Regel früher Zugang zu neuen Funktionen und Verbesserungen bekommen als Gelegenheitsbesucher ohne Anmeldung. Wenn Sie also ernsthaft mit ChatGPT arbeiten wollen, kommen Sie um einen Account nicht herum. Die Anmeldung ist kostenlos und schnell erledigt.

SCHRITT FÜR SCHRITT

Anmeldung bei ChatGPT

1. Öffnen Sie Ihren Internetbrowser, und geben Sie *chatgpt.com* in die Adresszeile ein. Drücken Sie dann die Eingabetaste. Sie gelangen auf die Startseite von ChatGPT.

2. Auf der Startseite sehen Sie zwei Schaltflächen: **Anmelden** (1) und **Kostenlos registrieren** (2). Da Sie noch kein Konto haben, klicken Sie auf **Kostenlos registrieren**.
3. Nun haben Sie mehrere Möglichkeiten, sich zu registrieren. Die einfachste Variante ist die Anmeldung mit einem bestehenden Google-Konto. Eine Anleitung zur Erstellung einer Google-Mail-Adresse finden

Sie im Zusatzmaterial auf der Website zum Buch unter *www.rheinwerk-verlag.de/6315*.

Klicken Sie, wenn Sie bereits ein Google-Konto haben, auf die Schaltfläche **Mit Google fortsetzen** ❸. Alternativ können Sie einen anderen Anbieter auswählen oder eine andere E-Mail-Adresse ❹ eingeben. In dieser Schritt-für-Schritt-Anleitung zeige ich den Weg über ein bestehendes Google-Konto.

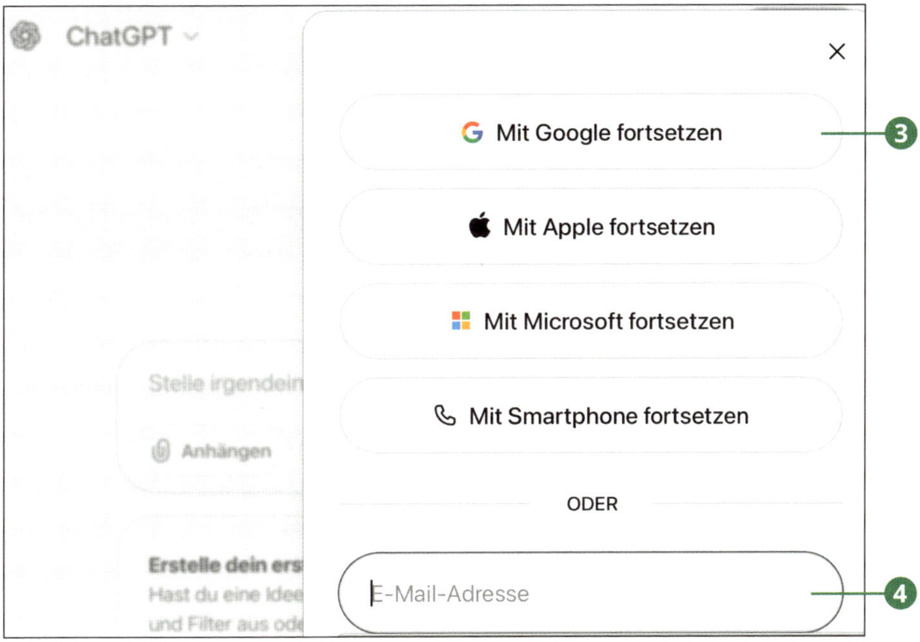

4. Haben Sie Anmeldung über Google gewählt, öffnet sich ein Fenster, in dem Sie Ihr Google-Konto auswählen können. Wenn Sie im Browser bereits bei Google angemeldet sind, wird Ihre E-Mail-Adresse angezeigt. Klicken Sie darauf. Falls mehrere Konten angezeigt werden, wählen Sie die E-Mail-Adresse, die Sie für KI-Dienste nutzen möchten.
5. Google fragt Sie, ob Sie der Verknüpfung mit ChatGPT zustimmen. Klicken Sie auf **Weiter**. Das war's im Grunde schon. Sie werden zurück zur ChatGPT-Seite geleitet.

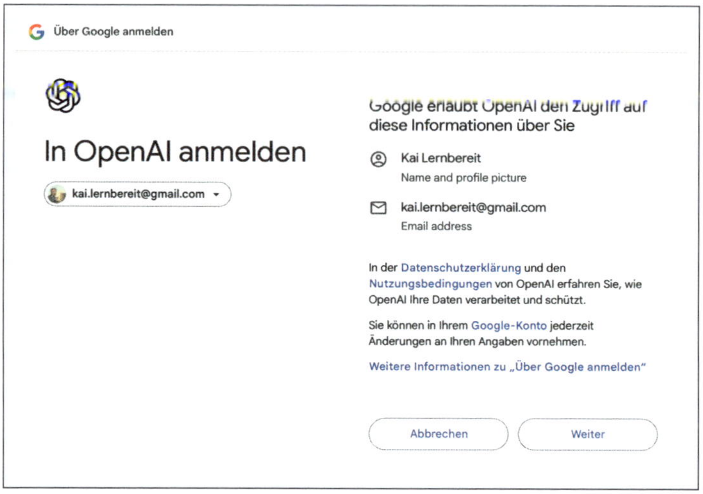

6. Bei der ersten Anmeldung fragt ChatGPT nach Ihrem Namen und Ihrem Geburtsdatum. Sie können hier einen beliebigen Namen eingeben, er muss nicht mit dem Namen in Ihrem Google-Konto übereinstimmen. Auch das Geburtsdatum ist frei wählbar. Der Name, den Sie hier eingeben, wird nur in der Anrede verwendet, zum Beispiel »Hallo Maria« oder »Hallo Gartenfreund«.
7. Im letzten Dialog können Sie die Nutzungsbedingungen einsehen. Mit der Schaltfläche **Weiter** akzeptieren Sie diese.

Abbildung 2.1 *Die ChatGPT-Oberfläche nach erfolgreicher Anmeldung*

Herzlichen Glückwunsch! Sie haben Ihr erstes KI-Konto erfolgreich eingerichtet und können ChatGPT ab sofort nutzen.

Anmeldung mit eigener E-Mail-Adresse

Falls Sie die Verknüpfung mit Google nicht möchten, können Sie sich auch klassisch mit Ihrer E-Mail-Adresse registrieren. Der Ablauf ist nur wenig anders: Statt auf **Mit Google fortsetzen** zu klicken, geben Sie Ihre E-Mail-Adresse in das Eingabefeld ein und klicken auf **Fortfahren**. ChatGPT schickt Ihnen dann eine E-Mail mit einem Bestätigungslink. Öffnen Sie Ihr E-Mail-Postfach, suchen Sie die Nachricht von OpenAI, und klicken Sie auf den Link in der E-Mail. Schauen Sie auch im Spam-Ordner nach, falls die Bestätigungs-E-Mail nicht innerhalb weniger Minuten ankommt. Manchmal landen solche Nachrichten versehentlich dort. Anschließend legen Sie ein Passwort fest und schließen die Registrierung ab.

Typische Stolpersteine bei der Registrierung

Bei der Anmeldung können manchmal kleine Probleme auftreten. Die häufigsten möchte ich Ihnen kurz nennen, damit Sie sich nicht unnötig ärgern müssen.

Manchmal erscheint die Meldung, dass die E-Mail-Adresse bereits registriert ist. Das passiert, wenn Sie oder jemand anderes diese Adresse schon einmal bei ChatGPT benutzt haben. Klicken Sie in diesem Fall auf **Anmelden** statt auf **Registrieren**, und versuchen Sie, sich mit dieser Adresse anzumelden. Wenn Sie Ihr Passwort vergessen haben, können Sie es über **Passwort vergessen** zurücksetzen.

Ein weiterer Stolperstein ist eine langsame Internetverbindung. Wenn die Seite nicht richtig geladen wird oder Sie lange warten müssen, nachdem Sie auf eine Schaltfläche geklickt haben, versuchen Sie es einfach noch einmal. Manchmal hilft es auch, die Seite neu zu laden, indem Sie die Taste [F5] drücken oder auf den kreisförmigen Pfeil in der Adresszeile klicken.

Schließlich kann es vorkommen, dass ChatGPT meldet, dass der Dienst gerade überlastet ist. Dies passiert vor allem zu Stoßzeiten, wenn viele Leute gleichzeitig auf ChatGPT zugreifen. Warten Sie in diesem Fall einfach ein paar Minuten, und versuchen Sie es dann erneut.

Neustart wirkt oft Wunder

Falls bei der Registrierung etwas nicht klappt, schließen Sie den Browser vollständig, und öffnen Sie ihn neu. Oft lösen sich kleine technische Probleme von selbst, wenn man noch einmal frisch beginnt.

Gemini, Claude und der Rest

Die Anmeldung bei anderen KI-Diensten funktioniert nach dem gleichen Prinzip. Bei Claude rufen Sie *claude.ai* im Browser auf und geben eine E-Mail-Adresse ein, auf die Sie Zugriff haben. Sie können sich auch bequem mit Ihrem Google-Konto anmelden. Wenn Sie sich für die Variante mit eigener E-Mail-Adresse entschieden haben, erhalten Sie an die angegebene Adresse einen Bestätigungslink mit einem Code. Dieser Link muss angeklickt bzw. der Code in einem entsprechenden Feld eingegeben werden.

Für Gemini, den KI-Dienst von Google, benötigen Sie nur Ihr Google-Konto, das Sie bereits haben. Rufen Sie *gemini.google.com* auf, und Sie können sofort loslegen, da Sie automatisch über Ihr Google-Konto eingeloggt werden.

Im weiteren Verlauf dieses Buches konzentriere ich mich hauptsächlich auf ChatGPT, weil es derzeit der bekannteste KI-Dienst ist und die Bedienung der anderen Tools sehr ähnlich ist. Was Sie mit ChatGPT lernen, können Sie leicht auf Claude, Gemini und andere KI-Chatbots übertragen.

Einmal gelernt, überall angewandt

Die Anmeldung bei KI-Diensten ist kostenlos und dauert nur wenige Minuten. Am schnellsten geht es mit der Option **Mit Google anmelden**. Was Sie bei ChatGPT lernen, gilt ähnlich auch für Claude und Gemini.

Kostenlos oder kostenpflichtig? Die KI-Dienste im Vergleich

Eine der häufigsten Fragen von Einsteigern lautet: Muss ich für die Nutzung von KI bezahlen? Die kurze Antwort: Nein, zunächst nicht. Alle großen KI-Chatbots bieten kostenlose Versionen an, mit denen man bereits viel anfangen kann. Ob sich ein kostenpflichtiges Upgrade lohnt, hängt davon ab, wie intensiv Sie die KI nutzen möchten.

Was bieten die kostenlosen Versionen, was nicht?

Die kostenlosen Versionen von ChatGPT, Claude, Gemini und Mistral sind erstaunlich leistungsfähig. Sie können Texte schreiben lassen, Fragen stellen, sich bei Formulierungen helfen lassen und vieles mehr. Für gelegentliche Nutzung, also wenn Sie ab und zu eine Frage haben oder einen Brief formulieren möchten, reichen die Gratisversionen völlig aus.

Der Haken bei den kostenlosen Versionen liegt in der Begrenzung. Wenn Sie viele Fragen hintereinander stellen, kann es passieren, dass der Dienst Sie ausbremst und Sie warten müssen, bevor Sie weitermachen können. Außerdem haben Sie bei manchen Anbietern keinen Zugriff auf die allerneuesten und leistungsfähigsten KI-Modelle. Bei ChatGPT Plus haben Sie beispielsweise Zugriff auf das aktuelle GPT-Modell ohne die Einschränkungen der kostenlosen Version. Ähnliches gilt für Claude Pro und Gemini Pro.

Ein weiterer Vorteil: Zahlende Kundinnen und Kunden werden bei hoher Auslastung bevorzugt behandelt und erhalten neue Funktionen oft früher als Nutzer der Gratisversion.

Die Preise im Überblick

Die folgende Tabelle zeigt die wichtigsten KI-Dienste mit ihren kostenlosen und kostenpflichtigen Angeboten. Neu hinzugekommen ist im Dezember 2025 das »abgespeckte« Angebot ChatGPT Go als Mittelweg zwischen der kostenlosen und der Plus-Version.

Anbieter	Kostenlose Version	Bezahlversion	Preis pro Monat
ChatGPT (OpenAI)	ja, mit Einschränkungen	ChatGPT Plus ChatGPT Go	ca. 23 € ca. 8 €
Claude Anthropic)	ja, mit Einschränkungen	Claude Pro	ca. 18 €
Gemini (Google)	ja, mit Einschränkungen	Gemini Pro	ca. 22 €
Le Chat Mistral)	ja, großzügig	Le Chat Pro	ca. 15 €

Tabelle 2.1 *Überblick der Preisstruktur verschiedener KI-Tools. Alle Preise beziehen sich auf den Stand Mai 2026 und können sich ändern.*

Preise immer aktuell prüfen
Die Preise werden direkt von den Anbietern meist in US-Dollar angegeben und können je nach Wechselkurs schwanken. Außerdem ändern die Anbieter regelmäßig ihre Preise und Leistungen. Prüfen Sie vor Vertragsabschluss immer die aktuelle Preisseite des jeweiligen Anbieters.

Für wen lohnt sich ein Upgrade?

Meine ehrliche Meinung: Für die allermeisten Einsteigerinnen und Einsteiger reicht die kostenlose Version völlig aus. Wer nur gelegentlich eine Frage hat, ein Rezept sucht oder sich beim Schreiben eines Briefes helfen lassen möchte, braucht kein Abo.

Ein Upgrade kann sich lohnen, wenn Sie die KI täglich intensiv nutzen, zum Beispiel um längere Texte zu schreiben, regelmäßig Dokumente zu analysieren oder komplexe Projekte zu bearbeiten. Auch wenn Sie mit der kostenlosen Version häufig an Nutzungsgrenzen stoßen, kann ein Abonnement die Arbeit deutlich angenehmer machen. Die meisten Dienste lassen sich monatlich kündigen, sodass Sie kein langfristiges Risiko eingehen. So können Sie in Ruhe ausprobieren, ob sich das Upgrade für Sie wirklich lohnt.

Mein Tipp: Beginnen Sie mit der kostenlosen Version, und schauen Sie, wie weit Sie damit kommen. Erst wenn Sie regelmäßig ausgebremst werden oder bestimmte Funktionen vermissen, ist es an der Zeit, über ein Upgrade nachzudenken.

Und noch etwas: Manche Nutzer befürchten, versehentlich in eine Kostenfalle zu tappen. Diese Sorge kann ich Ihnen nehmen. KI-Dienste machen sehr deutlich, wann etwas Geld kostet. Solange Sie keine Zahlungsdaten hinterlegen und kein Abonnement abschließen, ist alles kostenlos.

Wenn Sie auf einer Seite einen Button wie **Plus holen**, **Upgrade** oder **Pro-Version** sehen, können Sie diesen einfach ignorieren. Sie werden nicht plötzlich zur Kasse gebeten, nur weil Sie eine bestimmte Funktion nutzen. Die Trennung zwischen kostenlos und kostenpflichtig ist bei allen seriösen Anbietern klar erkennbar.

Schauen wir uns dennoch einmal an, wie man vorgehen muss, um zum Beispiel ein ChatGPT-Abo abzuschließen.

SCHRITT FÜR SCHRITT

Ein ChatGPT-Abo abschließen

1. Stellen Sie dazu zunächst sicher, dass Sie sich mit Ihrem Konto bei ChatGPT angemeldet haben. Neben Ihrem Kontosymbol unten links finden Sie eine Schaltfläche namens **Upgrade**. Klicken Sie diese an.
2. Wählen Sie aus der Übersicht einen Tarif, der zu Ihrem Nutzungsverhalten passt. Als aktiver Einsteiger sind Sie sicher mit dem Go-Tarif am besten bedient. Klicken Sie die entsprechende Schaltfläche (**Auf Go upgraden**) in der Übersicht an.

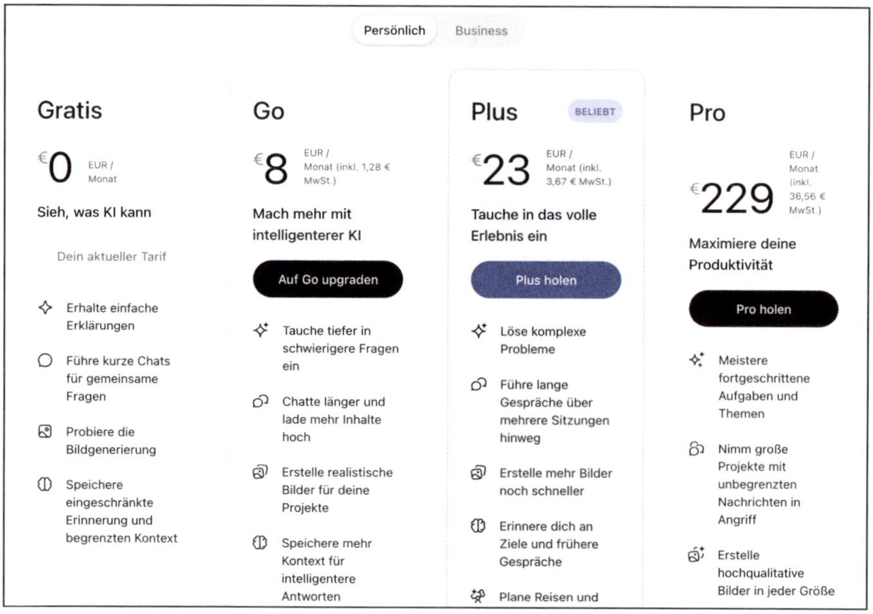

3. Im nächsten Schritt definieren Sie schließlich das Zahlungsmittel. Hier haben Sie die Auswahl zwischen der Zahlung per Kreditkarte oder der Zahlung per PayPal. Geben Sie dazu die entsprechenden Daten ein, und klicken Sie anschließend auf die Schaltfläche **Abonnieren**. Das war's auch schon.

Das Abschließen eines Abos gestaltet sich bei den anderen Anbietern ähnlich problemlos.

Die Benutzeroberfläche verstehen – wo ist was?

Nachdem Sie sich erfolgreich angemeldet haben, gelangen Sie auf die Benutzeroberfläche des KI-Chatbots. Das ist der Bildschirm, auf dem Sie mit der KI kommunizieren. Diese Oberfläche sieht bei allen großen Anbietern sehr ähnlich aus, da sie nach dem gleichen Prinzip aufgebaut ist.

Die Oberfläche im Browser

Betrachten wir die wichtigsten Bereiche am Beispiel von ChatGPT. Die anderen Dienste wie Claude und Gemini funktionieren fast identisch. Es gibt einen kleinen Unterschied im Aussehen und in der Funktionalität, wenn Sie sich für ein Abonnement entschieden haben. Im Folgenden werde ich mich auf die kostenlose Version konzentrieren.

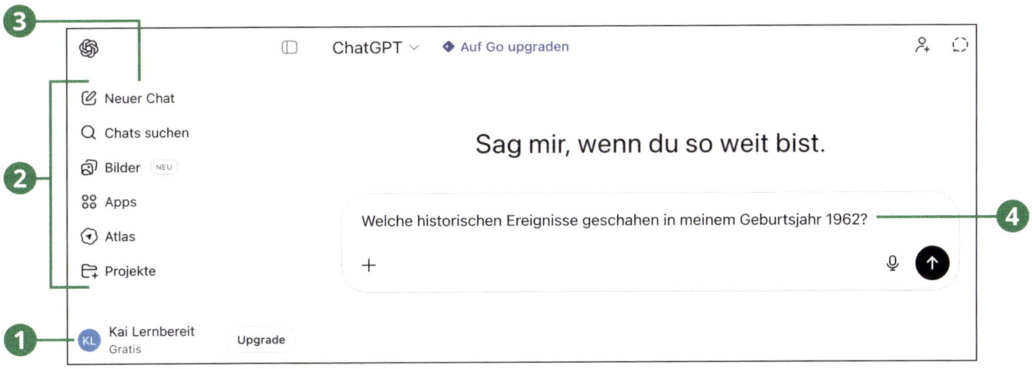

Abbildung 2.2 *Die Oberfläche der kostenlosen Version von ChatGPT direkt nach dem Einloggen*

1. Über ihr **Profilbild** oder ein **Zahnradsymbol**, das sich in der Regel in der linken unteren Ecke befindet, erreichen Sie die **Einstellungen**. Dort können Sie unter anderem die Sprache ändern, Ihre Daten verwalten und die Datenschutzeinstellungen anpassen. Auf die wichtigsten Einstellungen gehe ich später in diesem Kapitel näher ein.

2. Die **Seitenleiste** befindet sich am linken Bildschirmrand. Sie ist das Herzstück Ihrer Gesprächsorganisation und verdient besondere Auf-

merksamkeit. Hier werden alle bisherigen Konversationen mit der KI gespeichert, ähnlich wie in einem E-Mail-Programm alte Nachrichten aufbewahrt werden. Jedes Gespräch, das Sie mit der KI führen, wird automatisch als eigener *Chat* gespeichert und erhält einen Namen, der in der Regel aus den ersten Wörtern Ihrer Frage abgeleitet wird. Wenn Sie zum Beispiel nach einem Kuchenrezept fragen, könnte der Chat »Rezept für Apfelkuchen« heißen. Sie können diese Namen auch anpassen, indem Sie auf die drei Punkte neben dem Chatnamen klicken und **Umbenennen** wählen. Der große Vorteil der Seitenleiste: Sie können jederzeit zu einem früheren Gespräch zurückkehren und dort weitermachen, wo Sie aufgehört haben. Die KI erinnert sich an den Verlauf dieses Gesprächs. Wenn Sie also vor einer Woche nach Tipps für den Garten gefragt haben und heute eine Nachfrage dazu stellen möchten, klicken Sie einfach auf diesen alten Chat und schreiben weiter.

Nicht alles in einen Topf werfen

Benutzen Sie immer getrennte Chats für verschiedene Themen. Einen Chat für Rezepte, einen für Briefe, einen für die Reiseplanung. So behalten Sie den Überblick, und die KI kann sich besser auf das jeweilige Thema konzentrieren. Sobald Sie die Themen in einem Chat zu sehr vermischen, sinkt leider auch unweigerlich die Qualität der Ausgabe.

3. Die Schaltfläche bzw. der Link für einen neuen Chat befindet sich meist oben in der Seitenleiste, oft als **Plus**-Zeichen oder mit der Beschriftung **Neuer Chat**. Klicken Sie darauf, wenn Sie ein komplett neues Thema beginnen möchten. Die KI startet dann ohne Erinnerung an frühere Gespräche, was bei einem Themenwechsel sinnvoll sein kann.

4. Das **Eingabefeld** befindet sich in der Regel in der Mitte des Bildschirms. Hier geben Sie Ihre Fragen und Anweisungen, die Prompts,

ein. Wenn Sie fertig sind, drücken Sie die Eingabetaste, oder klicken Sie auf das **Senden**-Symbol, meist dargestellt durch einen kleinen Pfeil. Die Antwort der KI erscheint dann direkt im Chatbereich.

5 Der **Chatverlauf**: Nachdem Sie Ihre erste Frage gestellt und abgeschickt haben, finden Sie in der linken Seitenleiste einen entsprechenden Eintrag. Sie können die Seitenleiste auch auf- und zuklappen, indem Sie auf das entsprechende Symbol 6 klicken.

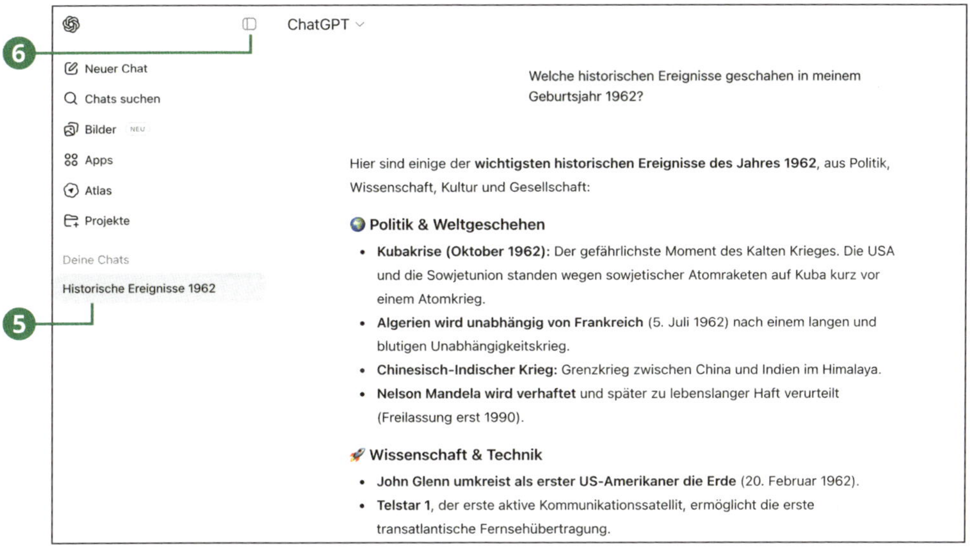

Abbildung 2.3 *Die Chats werden im linken Seitenbereich protokolliert.*

Spezialisierte Apps

Alle großen KI-Dienste bieten auch spezielle Apps für Smartphones und Tablets sowie für die gängigsten Computer-Betriebssysteme (Windows, macOS, Linux) an. Die grundlegende Bedienung ist dieselbe: Sie geben Ihre Frage ein und erhalten eine Antwort. Aufgrund des kleineren Bildschirms sind die Anwendungen für Smartphones und Tablets jedoch etwas anders aufgebaut.

Die Seitenleiste ist in den Apps meist versteckt und kann durch Wischen vom linken Bildschirmrand oder über ein Menüsymbol 1 (siehe Abbildung 2.4), oft drei waagerechte Striche, geöffnet werden. Am unteren Rand der Apps befindet sich das Prompt-Eingabefeld, und bei vielen Apps können Sie auch sprechen, statt zu tippen. Das Mikrofonsymbol **2** neben dem Eingabefeld aktiviert die Spracheingabe, was vor allem bei Smartphones sehr praktisch ist. Richtig interessant wird es, wenn Sie auf die Schaltfläche neben dem Mikrofonsymbol tippen. Dann startet der *Dialogmodus* von ChatGPT, und Sie können sich mit dem Chatbot wie mit einem menschlichen Gesprächspartner unterhalten.

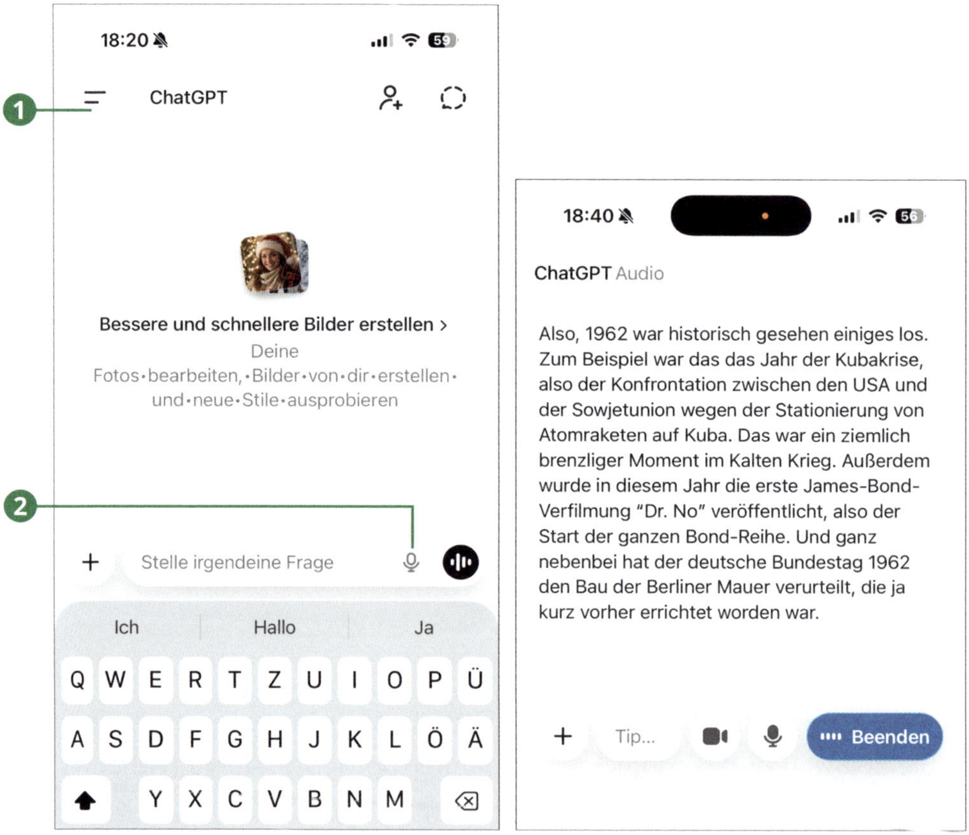

Abbildung 2.4 *Die ChatGPT-App auf dem iPhone, rechts im integrierten Dialog-Modus*

Ein wichtiger Hinweis zu den Apps: Die allerneuesten Funktionen erscheinen oft zuerst in der Browser-Version und werden erst später in die Apps übernommen. Wenn Sie also von einer brandneuen Funktion lesen und diese in Ihrer App nicht finden, probieren Sie es zunächst über den Browser auf Ihrem Computer.

Falls Sie sich nun fragen, ob Sie bei Claude oder Gemini komplett umlernen müssen: Nein. Die Grundprinzipien sind überall gleich. Bei Claude finden Sie die Seitenleiste ebenfalls links, das Eingabefeld im zentralen Bildschirmbereich, und zu den Einstellungen gelangen Sie durch Anklicken Ihres Profilsymbols. Bei Gemini ist es genauso, nur dass die Optik auf andere Art gestaltet ist, da Google ein eigenes Design verwendet.

Was Sie bei ChatGPT lernen, können Sie also problemlos auf die anderen Dienste übertragen. Wenn Sie später einmal einen anderen KI-Chatbot ausprobieren möchten, werden Sie sich sofort zurechtfinden.

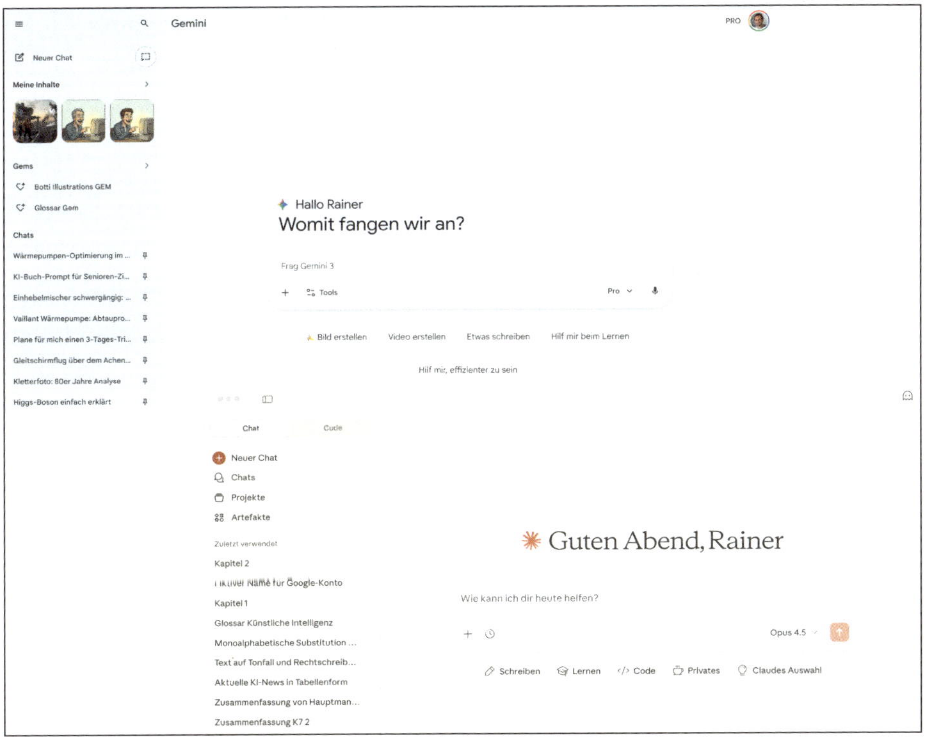

Abbildung 2.5 *Die Chatbots ähneln sich im Aussehen: oben Gemini, unten Claude.*

Kennst du einen, kennst du alle ...

Die Benutzeroberflächen aller KI-Chatbots sind ähnlich aufgebaut: Ein Eingabefeld für Ihre Fragen, ein Chatbereich für die Antworten und eine Seitenleiste für Ihre gespeicherten Gespräche. Neue Funktionen erscheinen oft zuerst im Browser, bevor sie in den Apps verfügbar werden.

Smartphone, Tablet oder Computer – welches Gerät passt zu Ihnen?

Brauche ich einen bestimmten Computer oder ein bestimmtes Gerät, um KI zu nutzen? Nein, Sie können mit praktisch jedem Gerät loslegen, das über einen Internetzugang verfügt! Ob Computer, Laptop, Tablet oder Smartphone – alle Varianten funktionieren einwandfrei.

Der *Computer* bietet den größten Bildschirm und ist ideal, um längere Texte zu schreiben oder umfangreiche Dokumente zu bearbeiten. Das *Tablet* verbindet einen angenehm großen Bildschirm mit Mobilität. Das *Smartphone* ist der flexibelste Begleiter für unterwegs und reicht für kurze Fragen völlig aus. Es ist wie ein zusätzliches Gehirn in der Hosentasche.

PC, Tablet oder Handy? Egal!

Es gibt kein »richtiges« Gerät für die KI-Nutzung. Verwenden Sie einfach das Gerät, mit dem Sie sich am wohlsten fühlen.

Für die mobile Nutzung empfehle ich die offiziellen Apps. Die ChatGPT-App finden Sie im App Store (für iPhone/iPad) oder Google Play Store (Android) unter dem Anbieter *OpenAI*. Für Claude gibt es eine App von *Anthropic*, für Gemini eine von *Google*, und Le Chat bietet *Mistral* ebenfalls als App an.

Abbildung 2.6 *Die offizielle ChatGPT-App von OpenAI*

Vorsicht vor falschen Apps
Achten Sie beim Download auf den richtigen Anbieter. Es gibt nachgeahmte Apps, die nicht von den offiziellen Herstellern stammen. Diese versuchen, durch überzogene Abogebühren das schnelle Geld zu machen.

Was ist ein Prompt? Ihre ersten Fragen an die KI

Jetzt wird es spannend: Sie haben einen Account für einen KI-Chatbot eingerichtet, kennen die Oberfläche und sind bereit für Ihr erstes Gespräch mit der KI. Doch bevor es losgeht, möchte ich Ihnen einen Begriff noch etwas genauer erklären, der Ihnen im Zusammenhang mit KI immer wieder begegnen wird: den Prompt.

Der Prompt – Ihr Auftrag an die KI

Das Wort »Prompt« kommt aus dem Englischen und bedeutet so viel wie »Aufforderung« oder »Eingabe«. Damit ist einfach das gemeint, was Sie in das Eingabefeld tippen, also Ihre Frage, Ihre Bitte oder Ihr Auftrag an die KI.

Stellen Sie sich die KI als freundlichen Assistenten vor, der darauf wartet, dass Sie ihm sagen, was er für Sie tun soll. Der Prompt ist Ihr Auftrag an den Assistenten. Je klarer und präziser Sie formulieren, was Sie möchten, desto besser kann Ihnen die KI helfen. Aber keine Sorge: Auch mit einfachen, kurzen Fragen kommen Sie mit den heutigen Sprachmodellen schon sehr weit.

Schreiben Sie, wie Sie sprechen
Ein Prompt ist nichts anderes als Ihre Eingabe an die KI – eine Frage, eine Bitte oder ein Befehl. Sie müssen dafür keine spezielle Sprache lernen, sondern können ganz normal schreiben, wie Sie es auch in einer E-Mail oder einer Nachricht tun würden.

Ihr erster Prompt: Einfach loslegen!

Das Schöne an KI-Chatbots ist, dass man nichts falsch machen kann. Geben Sie einfach eine Frage ein, und sehen Sie, was passiert. Die KI antwortet Ihnen, und wenn die Antwort nicht ganz passt, können Sie nachfragen oder Ihre Frage neu formulieren. Übrigens müssen Prompts nicht lang sein. Manchmal reicht ein einzelner Satz, manchmal hilft es, etwas mehr Kontext zu geben. Wenn Sie zum Beispiel ein Rezept suchen, reicht »Gib mir ein einfaches Rezept für Apfelkuchen« völlig aus. Möchten Sie etwas Persönlicheres, können Sie ergänzen: »ohne Nüsse, für vier Personen und möglichst schnell zuzubereiten.« Je mehr Details, desto passgenauer die Antwort.

Versuchen wir es gleich mit einem praktischen Beispiel, das Sie direkt nachmachen können.

Was geschah in meinem Geburtsjahr?

Vielleicht haben Sie sich schon einmal gefragt, welche historischen Ereignisse in Ihrem Geburtsjahr stattgefunden haben. Die KI kann Ihnen das in Sekundenschnelle sagen.

> Was waren die wichtigsten historischen Ereignisse im Jahr 1955?

Die KI gibt Ihnen dann einen Überblick über die wichtigsten Ereignisse wie politische Entwicklungen, wissenschaftliche Entdeckungen oder kulturelle Meilensteine. Eine verkürzte Antwort könnte so aussehen:

> Das Jahr 1955 war ein bewegtes Jahr mit vielen bedeutenden Ereignissen. In der Bundesrepublik Deutschland trat am 5. Mai die volle Souveränität in Kraft, und die Bundeswehr wurde gegründet. In den USA weigerte sich Rosa Parks, ihren Busplatz für einen weißen Fahrgast zu räumen – ein Moment, der die Bürgerrechtsbewegung entscheidend prägte. Albert Einstein verstarb im April in Princeton. Und in der Unterhaltung sorgte ein junger Sänger namens Elvis Presley für Aufsehen ...

Das Ergebnis, das die KI ausgibt, ist natürlich viel ausführlicher[1], aber Sie bekommen einen Eindruck davon, wie schnell die KI historische Zusammenhänge liefern kann. Ersetzen Sie einfach die Jahreszahl durch Ihr eigenes Geburtsjahr, und probieren Sie es aus. Beachten Sie, dass unterschiedliche KIs durchaus auch unterschiedliche Ergebnisse liefern können. Das ist ganz normal, denn jede KI setzt andere Schwerpunkte bei der Auswahl und Formulierung von Informationen. Gerade deshalb kann es spannend sein, dieselbe Frage einmal an verschiedene KI-Dienste zu stellen.

1 Im Buch werden die Prompt-Ausgaben meist stark gekürzt wiedergegeben. Die vollständigen Ausgaben, die mir zum Zeitpunkt der Drucklegung vorlagen, finden Sie im Zusatzmaterial auf der begleitenden Webseite zum Buch.

Was waren die wichtigsten historischen Ereignisse im Jahr 1955?

Hier ist eine **übersichtliche Auswahl der wichtigsten historischen Ereignisse des Jahres 1955**, geordnet nach Themenfeldern:

🌍 **Internationale Politik & Kalter Krieg**

- **Gründung des Warschauer Pakt (14. Mai)**
  Militärisches Bündnis der Ostblockstaaten als Reaktion auf die NATO.
- **Bandung-Konferenz (April)**
  Treffen asiatischer und afrikanischer Staaten; Beginn der Blockfreienbewegung.
- **Österreichischer Staatsvertrag (Mai)**
  Österreich erhält seine volle Souveränität zurück und erklärt dauerhafte Neutralität.

Abbildung 2.7 *ChatGPT illustriert die Rechercheergebnisse auch mit Bildmaterial.*

Du oder Sie?
Wundern Sie sich nicht, wenn Sie von der KI mal gesiezt und mal geduzt werden. Das ist dem Zufallsprinzip der Antworten geschuldet. Wenn Sie eine Anredeform bevorzugen, dann teilen Sie es dem Chatbot einfach mit, er wird es sich für zukünftige Antworten merken. Sagen Sie der KI einfach per Prompt: »Ich möchte, dass wir uns künftig duzen.«

Was macht die KI mit Ihrer Frage?

Vielleicht fragen Sie sich, wie KI es schafft, so schnell passende Antworten zu liefern. Ohne zu sehr ins Technische zu gehen: Die KI wurde mit riesigen Textmengen trainiert und hat so gelernt, Zusammenhänge zu erkennen und sinnvolle Antworten zu formulieren. Sie durchsucht das Internet nicht in Echtzeit, sondern greift auf ihr »Wissen« aus dem Training zurück.

Das bedeutet aber auch, dass KI nicht immer perfekt ist. Manchmal sind Antworten veraltet, manchmal macht die KI Fehler. Deshalb ist es immer sinnvoll, wichtige Informationen noch einmal zu überprüfen, insbesondere wenn es um Gesundheit, Recht oder Finanzen geht. Weitere Informationen finden Sie in Kapitel 3, in dem wir uns eingehend damit befassen, wie man KI am besten einsetzt und wo ihre Grenzen liegen.

Ein großer Vorteil von KI-Chatbots gegenüber einer einfachen Internetsuche: Sie können nachfragen. Wenn Ihnen eine Antwort zu lang ist, bitten Sie die KI um eine kürzere Version. Wenn etwas unklar ist, fragen Sie nach einer einfacheren Erklärung. Wenn Sie mehr Details möchten, sagen Sie daseinfach. Anders als eine Suchmaschine liefert die KI keine Liste von Links, die Sie selbst durchsuchen müssen. Sie fasst die relevanten Informationen direkt für Sie zusammen und antwortet in vollständigen Sätzen, so als würden Sie jemanden fragen, der sich auskennt. Das spart Zeit und ist besonders praktisch, wenn man nicht genau weiß, wonach man eigentlich suchen soll.

Die KI vergisst während eines Gesprächs nicht, worüber Sie gerade sprechen. Sie können also aufeinander aufbauende Fragen stellen, ohne jedes Mal von vorne anfangen zu müssen. Wie das genau funktioniert und wie Sie durch geschicktes Nachfragen noch bessere Ergebnisse erzielen, zeige ich Ihnen ebenfalls ausführlich in Kapitel 3.

Häufige Stolpersteine und wie Sie sie vermeiden

Bei den ersten Versuchen mit der KI läuft nicht immer alles glatt. Das ist ganz normal und kein Grund zur Sorge. Die meisten Probleme lassen sich mit einfachen Mitteln lösen. Hier sind die häufigsten Stolpersteine und wie man damit umgeht.

Stolperstein 1: Die KI antwortet auf Englisch

Obwohl Sie Ihre Frage auf Deutsch gestellt haben, antwortet die KI plötzlich auf Englisch. Das kommt vor allem dann vor, wenn Ihre Frage englische Begriffe enthält oder die KI das Thema hauptsächlich aus englischen Quellen kennt.

Lösung: Schreiben Sie einfach eine kurze Anfrage wie *»Bitte antworte auf Deutsch«* oder *»Kannst du das auf Deutsch wiederholen?«*. Die KI wird dann auf Deutsch antworten.

Stolperstein 2: Die Antwort ist zu lang oder zu kompliziert

Manchmal liefert die KI seitenlange Erklärungen, obwohl Sie nur eine kurze Antwort wollten. Oder sie verwendet Fachausdrücke, die Sie nicht verstehen.

Lösung: Bitten Sie die KI um eine andere Darstellung. Hilfreiche Bitten sind zum Beispiel *»Erkläre das bitte kürzer und einfacher«* oder *»Fasse das in drei Sätzen zusammen«*.

Die KI passt sich Ihren Wünschen an und liefert eine verständlichere Version. Sie können auch von vornherein angeben, wie Sie die Antwort haben möchten, zum Beispiel *»Erkläre mir in einfachen Worten, was …«* oder *»Gib mir eine kurze Antwort auf …«*.

Stolperstein 3: Die KI versteht die Frage falsch

Manchmal antwortet die KI auf etwas ganz anderes, als Sie gemeint haben. Das liegt meistens daran, dass Ihre Frage missverständlich war oder die KI einen Begriff auf andere Art interpretiert hat.

Lösung: Formulieren Sie Ihre Frage etwas anders, oder fügen Sie mehr Details hinzu. Wenn Sie zum Beispiel nach *»Golf«* fragen und die KI über den Sport schreibt, Sie aber das Auto meinen, präzisieren Sie: *»Ich meine den VW Golf.«* Je genauer Sie beschreiben, was Sie wissen möchten, desto genauer wird die Antwort ausfallen.

Stolperstein 4: Die KI scheint das Gespräch vergessen zu haben

Sie führen ein längeres Gespräch, und plötzlich scheint die KI nicht mehr zu wissen, worüber Sie gerade gesprochen haben. Sie wiederholt Dinge oder stellt Fragen, die Sie längst beantwortet haben.

Lösung: Dieses Problem tritt vor allem bei sehr langen Gesprächen auf. Die KI kann sich zwar an den Verlauf eines Chats erinnern, aber bei sehr umfangreichen Unterhaltungen kann diese Erinnerung nachlassen. Fachleute sprechen in diesem Fall von der Länge des *Kontextfensters*. Starten Sie in diesem Fall einen neuen Chat, und fassen Sie kurz zusammen, worum es geht. Zum Beispiel: *»Wir haben gerade über meine Gartenplanung gesprochen. Ich möchte ein Hochbeet bauen und brauche noch Tipps zur Erde.«* Idealerweise lassen Sie sich während eines erwartbar langen Chats gelegentlich Zusammenfassungen generieren, die Sie dann in einer Textverarbeitung abspeichern.

Stolperstein 5: Technische Probleme

Manchmal lädt die Seite eines KI-Anbieters nicht richtig, die Antwort bleibt mittendrin hängen, oder Sie erhalten eine Fehlermeldung wie *»Etwas ist schiefgelaufen«*.

Lösung: Meistens hilft es, die Seite neu zu laden. Drücken Sie dazu die Taste F5 auf Ihrer Tastatur, oder klicken Sie auf den kreisförmigen Pfeil in der Adresszeile Ihres Browsers. Wenn das Problem weiterhin besteht, schließen Sie den Browser, und öffnen Sie ihn erneut.

Wenn Sie die Meldung erhalten, dass der Dienst überlastet ist, haben Sie bitte etwas Geduld. Warten Sie einige Minuten, und versuchen Sie es dann erneut. Solche Überlastungen treten vor allem zu Stoßzeiten auf, wenn viele Menschen gleichzeitig die KI nutzen. Wenn der Chatbot ständig hängt, lohnt sich ein Blick auf die Statusseite von OpenAI, die Sie über den Link *https://status.openai.com* erreichen. Rote Balken zeigen an, dass die KI nicht rundläuft.

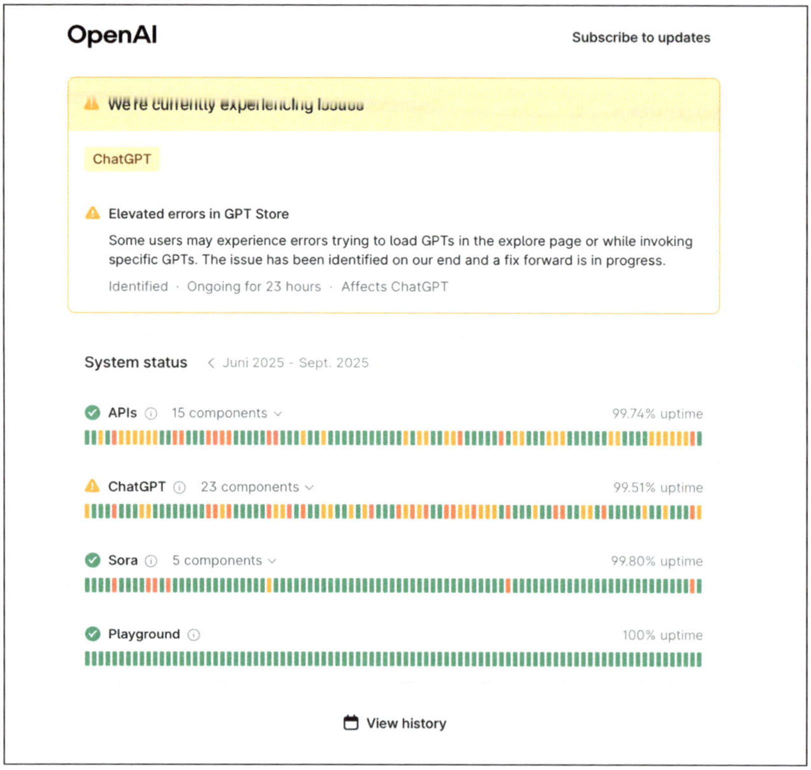

Abbildung 2.8 *Auf der Statusseite von OpenAI lässt sich die Auslastung der verschiedenen Dienste des Anbieters prüfen.*

Ohne Netz kein Chat

Wenn Sie ständig Probleme haben, überprüfen Sie Ihre Internetverbindung. KI-Chatbots brauchen eine stabile Verbindung. Ein kleiner Test: Wenn andere Webseiten problemlos geladen werden, liegt es nicht an Ihrer Verbindung.

Lassen Sie sich von anfänglichen Schwierigkeiten nicht entmutigen. Jeder, der heute routiniert mit KI arbeitet, hat am Anfang ähnliche Erfahrungen gemacht. Mit etwas Übung entwickelt man schnell ein Gefühl dafür, wie man Fragen am elegantesten formuliert und wie man mit unerwarteten Antworten umgeht.

Nachfragen, umformulieren, neu starten
Die meisten Probleme mit KI-Chatbots lassen sich durch Nachfragen, Umformulieren oder Neustarten des Chats lösen. Scheuen Sie sich nicht, der KI zu sagen, was Sie anders haben möchten. Sie wird nicht beleidigt sein. Und probieren Sie bei unbefriedigenden Antworten auch mal eine andere KI aus – vielleicht erhalten Sie dort sofort eine optimale Antwort, ohne lange nachfragen zu müssen.

Spracheinstellungen und Datenschutz richtig konfigurieren

Bevor wir mit den konkreten Beispielen beginnen, lohnt sich ein kurzer Blick in die Einstellungen Ihres KI-Dienstes. Dort können Sie festlegen, was mit Ihren Gesprächen passiert und wie die Oberfläche aussehen soll. Keine Sorge, es dauert nur ein paar Minuten und gibt Ihnen ein gutes Gefühl der Kontrolle.

Die Spracheinstellungen anpassen

Bei ChatGPT erreichen Sie die Einstellungen, indem Sie auf Ihr Profilbild oder Ihre Initialen klicken. Sie finden dieses Symbol in der unteren linken Ecke der Seitenleiste. Nach dem Klick öffnet sich ein kleines Menü, in dem Sie den Punkt **Einstellungen** auswählen.

Es öffnet sich ein Fenster mit verschiedenen Kategorien. Die wichtigsten für uns sind **Allgemein** und **Datenkontrollen**. Um die Spracheinstellungen anzupassen, begeben Sie sich zunächst in den Bereich **Allgemein** (1) (siehe Abbildung 2.9).

Bei den Spracheinstellungen sind zwei Dinge zu unterscheiden: die Sprache der Benutzeroberfläche und die Sprache, in der Sie mit der KI kommunizieren. In der Regel steht hier die Einstellung auf **Automatisch**

erkennen ❷. Das ist normalerweise auch in Ordnung. Sollte es dennoch zu Problemen kommen, können Sie auch Deutsch als Sprache wählen.

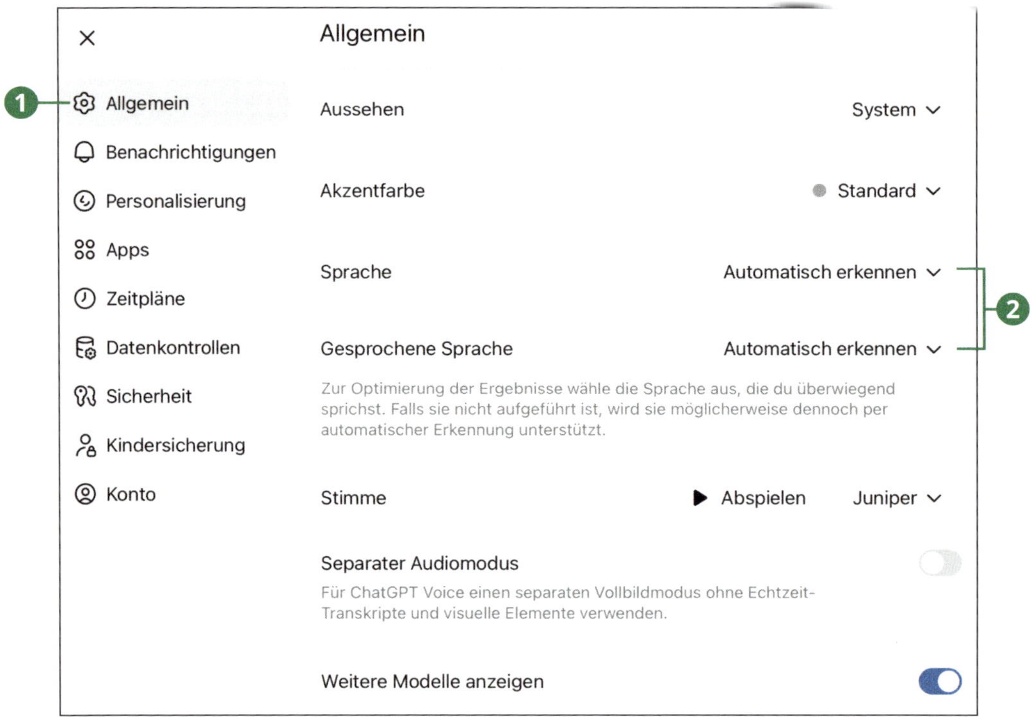

Abbildung 2.9 *Im Bereich »Allgemein« passen Sie unter anderem die Sprache von Oberfläche und Chat an.*

Die Sprache der Benutzeroberfläche (Menüpunkt **Sprache**) bezieht sich auf Menüs, Schaltflächen und Beschriftungen.

Die Sprache der Kommunikation im Chat (Menüpunkt **Sprache**) ist davon unabhängig. Die KI antwortet in der Regel in der Sprache, in der Sie Ihre Frage gestellt haben. Wenn Sie auf Deutsch fragen, erhalten Sie eine Antwort auf Deutsch. Sollte die KI dennoch einmal auf Englisch antworten, genügt der Hinweis »Bitte antworte auf Deutsch«, wie bereits etwas weiter vorne in diesem Kapitel beschrieben. Wenn Sie jedoch vorhaben, komplett auf Englisch zu kommunizieren, um Ihre Sprachkenntnisse in diesem Bereich zu verbessern, können Sie an dieser Stelle Englisch vorwählen.

Die KI an Ihre Wünsche anpassen

In den Einstellungen von ChatGPT gibt es auch einen Bereich namens **Personalisierung**. Hier können Sie der KI grundsätzliche Vorgaben machen, zum Beispiel dass sie immer auf Deutsch antworten oder Fachbegriffe vermeiden soll. Für den Anfang können Sie diesen Bereich ignorieren, aber es ist gut zu wissen, dass es ihn gibt.

Das Training mit Ihren Daten deaktivieren

Standardmäßig verwendet ChatGPT Ihre Konversationen, um sein eigenes KI-Modell zu entwickeln. Das bedeutet, dass OpenAI-Mitarbeiterinnen und -Mitarbeiter theoretisch Ihre Eingaben lesen könnten. Wenn Ihnen das unangenehm ist, können Sie diese Funktion wie folgt deaktivieren.

Keine Sorge: Das Deaktivieren dieser Funktion hat keinen Einfluss auf die Qualität der Antworten, die Sie erhalten. ChatGPT funktioniert genauso gut, egal ob Sie am Training teilnehmen oder nicht. Es ist lediglich eine persönliche Entscheidung, wie viel Sie von Ihren Daten weitergeben möchten.

SCHRITT FÜR SCHRITT

Training mit eigenen Daten deaktivieren

1. Klicken Sie in den Einstellungen auf den Bereich **Datenkontrollen** ❶ (siehe folgende Abbildung).
2. Suchen Sie die Option **Modell für alle verbessern** ❷.

3. Deaktivieren Sie diese Option. Dazu klicken Sie auf den Menüpunkt, um in das entsprechende Untermenü zu gelangen. Dort klicken Sie auf den Schalter, so dass er nicht mehr farbig hinterlegt ist.

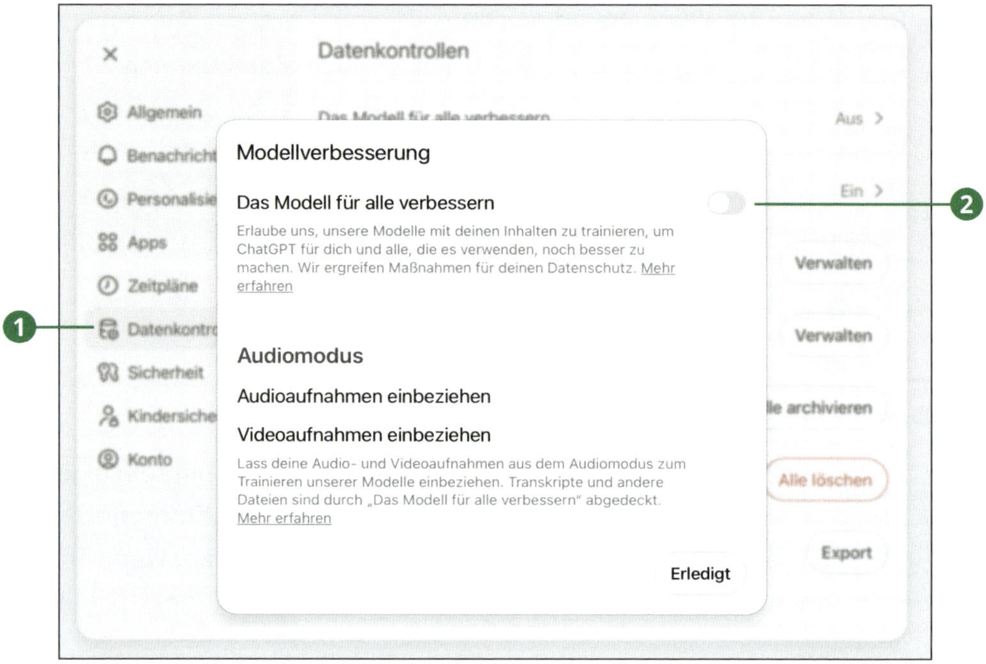

Ab jetzt werden Ihre Gespräche nicht mehr für das Training verwendet. Die KI funktioniert trotzdem genauso gut, Sie müssen also auf nichts verzichten.

Fünf Minuten, die sich lohnen

Nehmen Sie sich nach der ersten Anmeldung kurz Zeit für die Einstellungen. Die wichtigsten Optionen sind das Deaktivieren des Trainings mit Ihren Daten und die Sprachwahl. Diese Einstellungen müssen Sie nur einmal vornehmen. Es kann sich außerdem lohnen, einen kurzen Blick auf weitere Optionen wie Datenschutz, Verlaufsspeicherung oder Benachrichtigungen zu werfen. So stellen Sie sicher, dass der Dienst von Anfang an zu Ihren persönlichen Bedürfnissen passt.

Den Chatverlauf verwalten und löschen

Alle Ihre Chats mit ChatGPT werden in der Seitenleiste gespeichert. Das ist praktisch, um frühere Unterhaltungen wiederzufinden, aber Sie können auch ältere Chats löschen.

- **Einzelne Chats löschen:** Bewegen Sie den Mauszeiger über den Chat in der Seitenleiste, den Sie löschen möchten, und klicken Sie darauf. Rechts neben dem Chat erscheint ein Menü mit drei Punkten. Klicken Sie darauf, und wählen Sie den Menüpunkt **Löschen**. Bestätigen Sie die Aufforderung, und der Chat wird gelöscht.

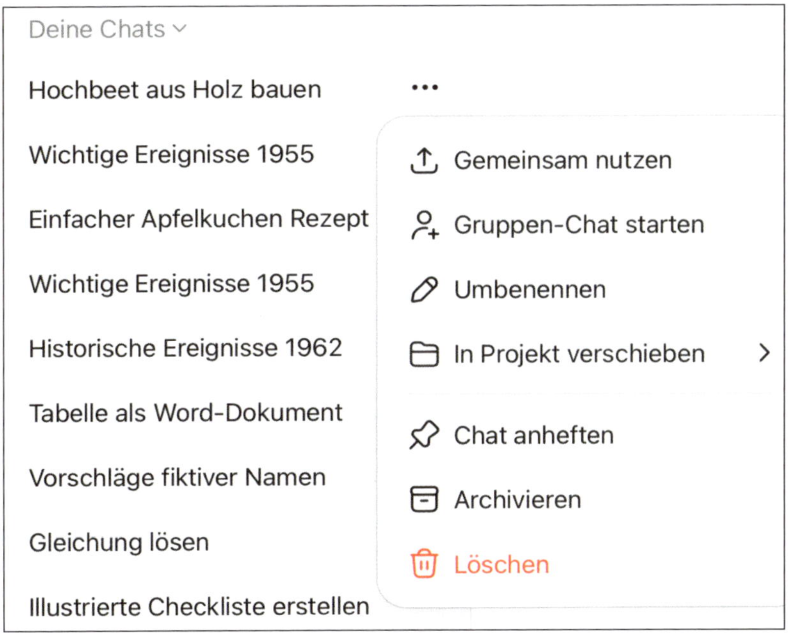

Abbildung 2.10 *Per Kontextmenü lassen sich einzelne Chats löschen.*

- **Alle Chats auf einmal löschen:** Gehen Sie in die Einstellungen, und suchen Sie unter **Datenkontrollen** die Option **Alle Chats löschen**. Nach einer Sicherheitsabfrage werden alle gespeicherten Chats gelöscht. Achtung: Diese Option sollte wirklich nur im Notfall verwendet werden.

Weg ist weg!

Gelöschte Chats können nicht wiederhergestellt werden. Überlegen Sie also vorher, ob Sie bestimmte Gespräche vielleicht noch einmal brauchen könnten.

Bei Claude, Gemini und Mistral finden Sie ähnliche Einstellungen, auch wenn sie etwas anders organisiert sind. Befragen Sie dazu am beten die entsprechende KI im Chat, wie dabei zu verfahren ist.

Kapitel 3
Richtig mit der KI sprechen

Wer die richtigen Fragen stellt, bekommt die richtigen Antworten. Das gilt im echten Leben genauso wie im Gespräch mit der KI. In diesem Kapitel erfahren Sie, wie Sie Ihre Wünsche so formulieren, dass die KI genau versteht, was Sie meinen.

Stellen Sie sich vor, Sie gehen in ein Restaurant und sagen zum Kellner nur: »Essen«. Was würde wohl passieren? Wahrscheinlich bekommen Sie etwas, aber nicht unbedingt das, worauf Sie Appetit haben. Wenn Sie aber sagen: »Ich hätte gerne die Tomatensuppe als Vorspeise und danach das Schnitzel mit Pommes, aber bitte ohne Zwiebeln«, dann weiß jeder, was zu tun ist. Genauso ist es mit der KI: Je klarer Sie formulieren, was Sie wollen, desto besser wird das Ergebnis.

In diesem Kapitel zeige ich Ihnen, wie Sie Ihre Fragen und Aufträge an die KI so formulieren, dass Sie genau die Antworten erhalten, die Sie sich wünschen. Sie erfahren, wie die KI eigentlich »denkt« und warum sie manchmal falschliegt. Sie erfahren, was einen guten Prompt von einem schlechten unterscheidet, und ich gebe Ihnen eine einfache Formel an die Hand, mit der Sie Ihre Anfragen systematisch verbessern können.

Sie werden auch entdecken, dass der Austausch mit der KI ein echtes Gespräch sein kann, in dem Sie nachfragen, korrigieren und Schritt für Schritt zum gewünschten Ergebnis kommen. Am Ende dieses Kapitels werden Sie mit der KI kommunizieren wie mit einem fleißigen Praktikanten, der nur darauf wartet, Ihnen zu helfen.

Wie KI denkt – und was sie (noch) nicht versteht

Bevor wir uns damit beschäftigen, wie man bessere Fragen stellt, lohnt sich ein kurzer Blick hinter die Kulissen. Keine Angst, ich werde Sie nicht mit technischen Details langweilen. Aber wenn Sie verstehen, wie eine KI grundsätzlich funktioniert, werden Sie auch besser verstehen, warum sie manchmal seltsame Antworten gibt.

Die KI als sprechender Papagei

Erinnern Sie sich an unseren fleißigen Praktikanten aus Kapitel 1? Dieses Bild möchte ich hier noch etwas vertiefen – mit einer Analogie aus dem Reich der Tiere. Stellen Sie sich einen sehr belesenen Papagei vor, der Millionen von Büchern, Zeitungsartikeln und Webseiten gelesen hat. Dieser Papagei hat gelernt, welche Wörter typischerweise aufeinander folgen und wie Sätze normalerweise aufgebaut sind. Wenn Sie ihm nun eine Frage stellen, sucht er in seinem riesigen Gedächtnis nach Mustern, die zu Ihrer Frage passen, und stellt daraus eine Antwort zusammen.

Das klingt erst einmal beeindruckend, und das ist es auch. Aber hier liegt auch der entscheidende Unterschied zu einem echten Experten: Der Papagei versteht nicht wirklich, was er sagt. Er erkennt Muster und setzt Wörter zusammen, die statistisch gut zueinander passen. Meistens funktioniert das erstaunlich gut, aber manchmal eben auch nicht.

In der Fachsprache nennt man die Textbausteine, mit denen eine KI arbeitet, übrigens *Token*. Das sind kleine Wortteile, aus denen die KI ihre Antworten Stück für Stück zusammensetzt. Dieses Detail müssen Sie sich nicht merken – wichtiger ist das Grundprinzip: Die KI rechnet mit Wahrscheinlichkeiten, sie denkt nicht wie ein Mensch.

Abbildung 3.1 *Die KI ist nichts anderes als ein sehr belesener Papagei.*

Was KI richtig gut kann

Trotz dieser Einschränkung ist KI für viele Aufgaben erstaunlich nützlich. Sie kann Texte verfassen, zusammenfassen und übersetzen. Sie kann komplizierte Sachverhalte in einfachen Worten erklären und bei der Planung von Reisen, Festen oder Wochenspeiseplänen helfen. Sie kann Briefe schreiben, Gedichte verfassen und sogar Geschichten erfinden.

Bei all diesen Aufgaben profitiert die KI davon, dass sie unzählige ähnliche Texte während ihrer Trainingsphase gelesen hat. Sie weiß, wie ein höflicher Brief an den Vermieter aussieht, weil sie tausende solcher Briefe kennt. Sie weiß, welche Zutaten typischerweise in einen Apfelkuchen gehören, weil sie unzählige Rezepte studiert hat. Dieses Musterwissen macht sie zu einer wertvollen Helferin im Alltag.

Was KI (noch) nicht kann

Jetzt wird es spannend, denn hier liegen die Stolpersteine, über die viele Nutzerinnen und Nutzer anfangs stolpern. Es gibt Dinge, die eine KI einfach nicht kann, auch wenn ihre Antworten manchmal so aussehen, als ob sie es könnte.

- **Echtes Verstehen fehlt:** Wenn Sie der KI sagen, dass Sie traurig sind, weil Ihr Hund gestorben ist, wird sie mitfühlende Worte finden. Aber sie versteht nicht wirklich, was Trauer bedeutet oder wie es sich anfühlt, ein geliebtes Tier zu verlieren. Sie hat gelernt, welche Worte Menschen in solchen Situationen trösten.
- **Logisches Schlussfolgern hat Grenzen:** Mit einfachen logischen Aufgaben kommt die KI gut zurecht. Aber bei komplexeren Denkaufgaben, die echtes Verständnis erfordern, kann sie ins Straucheln geraten. Ein Beispiel: Wenn Sie fragen: »Ich habe drei Äpfel und esse zwei. Wie viele habe ich noch?«, antwortet die KI korrekt mit »einen Apfel«. Bei verschachtelten Rätseln oder Aufgaben, die mehrere Denkschritte erfordern, kann sie jedoch durcheinanderkommen. Heutige Sprachmodelle mit sogenannten Reasoning-Funktionen, die menschliches Denken simulieren sollen, haben in diesem Bereich allerdings schon stark aufgeholt.
- **Aktuelle Ereignisse sind unbekannt:** Die KI wurde zu einem bestimmten Zeitpunkt trainiert (dem sogenannten *Cutoff-Datum*) und weiß nicht, was danach passiert ist. Wenn Sie sie nach den neuesten Nachrichten fragen, kann sie Ihnen nicht helfen, es sei denn, sie hat explizit Zugang zum Internet. Einige KI-Systeme wie Perplexity oder ChatGPT mit aktivierter Websuche können im Internet recherchieren, aber nicht alle. Außerdem sind die Daten aus der Internetsuche, die für die Antworten verwendet werden, nicht mit dem »Wissen« des Modells verknüpft, was ebenfalls zu Antworten von schlechterer Qualität führen kann.
- **Rechnen ist nicht immer ihre Stärke:** Überraschenderweise sind KI-Systeme oder Sprachmodelle in ihrer ursprünglichen Form keine guten Rechner. Bei einfachen Reproduktionsaufgaben funktioniert es meistens, aber bei komplexeren Berechnungen können Fehler auftreten. Führende KI-Systeme wie ChatGPT, Claude und Gemini umgehen dieses Problem, indem sie die Berechnungen an eine interne Program-

mierumgebung übergeben, die in der Regel auf der Programmiersprache Python basiert.

- **Die KI kann halluzinieren:** Das kennen Sie schon aus dem ersten Kapitel. Die KI erfindet bei der Bearbeitung eines Prompts zum Beispiel Buchtitel, die es gar nicht gibt, zitiert Studien, die nie durchgeführt wurden, oder nennt Öffnungszeiten von Geschäften, die völlig aus der Luft gegriffen sind. Sie tut dies nicht aus Bosheit, sondern weil sie Muster vervollständigt, ohne zu prüfen, ob das Ergebnis der Realität entspricht. Für die KI ist eine erfundene Antwort genauso »richtig« wie eine echte, denn sie hat keine Vorstellung von Wahrheit.

Vielleicht fragen Sie sich jetzt: Warum erzählt er mir das alles? Ganz einfach: Wenn man die Stärken und Schwächen der KI kennt, kann man sie viel besser nutzen. Sie wissen dann, dass Sie bei Sachfragen oder umfangreichen Berechnungen die Ergebnisse besser noch einmal überprüfen sollten. Sie verstehen, warum die KI manchmal das Thema verfehlt. Und Sie haben realistische Erwartungen, die Ihnen Enttäuschungen ersparen.

Denken Sie daran: KI ist ein Werkzeug, und wie bei jedem Werkzeug kommt es darauf an, wie man es benutzt. Ein Hammer eignet sich hervorragend zum Einschlagen von Nägeln, aber nicht so gut zum Eindrehen von Schrauben. Genauso eignet sich die KI für viele Aufgaben, aber nicht für alle. In den folgenden Abschnitten werde ich Ihnen zeigen, wie Sie das Beste aus diesem Werkzeug herausholen können.

Gute Fragen stellen – vom Einfachen zum Speziellen

Sie wissen jetzt, wie KI im Wesentlichen funktioniert und wo ihre Grenzen liegen. Nun wenden wir dieses Wissen in der Praxis an: Wie formulieren Sie Ihre Fragen so, dass die KI genau das liefert, was Sie brauchen? In diesem Abschnitt lernen Sie eine einfache Methode kennen, mit der Sie Ihre Prompts systematisch verbessern können.

Die RZH-Regel

In den letzten Kapiteln haben Sie den Begriff *Prompt* kennengelernt, und ich habe ihn mit einem Einkaufszettel verglichen. Lassen Sie uns dieses Beispiel noch einmal vertiefen.

Stellen Sie sich vor, Sie schicken Ihren Partner zum Einkaufen und geben ihm einen Zettel mit dem Wort »Brot«. Was wird er wohl mitbringen? Vielleicht ein Weißbrot, obwohl Sie Vollkornbrot wollten. Oder ein ganzes Brot, obwohl Sie geschnittenes Brot bevorzugen.

Schreiben Sie stattdessen »Roggenmischbrot, geschnitten, von Bäckerei Meyer«, dann wissen beide Seiten genau, was erwartet wird. Genauso verhält es sich mit der KI: Je präziser die Anfrage, desto passender die Antwort.

Abbildung 3.2 *Botti wird zum Einkaufen geschickt. Damit er das Richtige mitbringt, müssen Sie ihn gut instruieren.*

Es gibt eine bewährte Methode, mit der Sie Ihre Prompts systematisch aufbauen können. In der (englischen) Fachwelt spricht man von der **RGC-Regel** (**R**ole, **G**oal, **C**ontext); ich nenne sie auf Deutsch die **RZH-Formel**:

Rolle, **Z**iel, **H**intergrund. Diese drei Bausteine helfen Ihnen, vollständige und klare Anweisungen zu formulieren:

- **Rolle:** Sagen Sie der KI, aus welcher Perspektive sie antworten soll. Ist sie eine Reiseberaterin? Ein Ernährungsexperte? Eine geduldige Lehrerin? Durch die Rollenzuweisung bekommt die KI einen Rahmen, in dem sie sich bewegen kann, und passt ihre Antworten entsprechend an.
- **Ziel:** Beschreiben Sie klar, was Sie erreichen wollen. Was soll am Ende herauskommen? Ein Brief? Eine Liste? Eine Erklärung? Ein Rezept? Je klarer Sie Ihr Ziel beschreiben, desto zielgerichteter arbeitet die KI.
- **Hintergrund:** Geben Sie alle wichtigen Zusatzinformationen an. An wen richtet sich das Ergebnis? Gibt es besondere Einschränkungen? Welche Vorkenntnisse haben Sie oder die Person, für die Sie die Anfrage stellen? Dieser Kontext hilft der KI, ihre Antwort genau auf Ihre Situation zuzuschneiden.

Klein anfangen, bei Bedarf ergänzen

Es müssen nicht immer alle drei oben genannten Bausteine verwendet werden. Bei einfachen Fragen reicht oft das Ziel. Aber wenn Sie merken, dass die Antworten nicht wirklich passen, fügen Sie die Rolle und den Kontext hinzu. Sie werden den Unterschied sofort erkennen.

Sehen wir uns einmal an, wie die RZH-Formel in der Praxis funktioniert. Angenommen, Sie möchten sich auf einen Arzttermin vorbereiten und haben einige Fragen, die Sie nicht vergessen möchten.

> Woran muss ich denken, wenn ich nächste Woche zum Arzt gehe?

Die KI weiß nicht, um was für einen Arzt es sich handelt, welche Beschwerden Sie haben oder was genau Sie von ihm erwarten. Die Antwort wird daher allgemein sein.

Eine nach der RZH-Methode optimierte Eingabeaufforderung könnte folgendermaßen aussehen:

> Stell dir vor, du bist eine erfahrene Patientenberaterin **(Rolle)**. Ich habe nächste Woche einen Termin beim Orthopäden wegen meiner Knieschmerzen und möchte gut vorbereitet sein **(Ziel)**. Ich bin 68 Jahre alt, die Schmerzen treten vor allem beim Treppensteigen auf und bestehen seit etwa drei Monaten. Ich nehme bereits bei Bedarf Ibuprofen **(Hintergrund)**. Erstelle eine Liste mit Fragen, die ich dem Arzt stellen sollte.

Probieren Sie einfach beide Varianten mit Ihrer bevorzugten KI aus. Sie werden erstaunt sein, wie sehr sich die Qualität der Antworten unterscheidet.

Gerne – ich antworte dir in der Rolle einer **erfahrenen Patientenberaterin**.
Mit 68 Jahren, seit **3 Monaten anhaltenden Knieschmerzen** und Beschwerden **vor allem beim Treppensteigen** ist es sehr sinnvoll, gut vorbereitet in den Termin zu gehen. Eine strukturierte Fragenliste hilft dir, nichts Wichtiges zu vergessen und gemeinsam mit dem Orthopäden gute Entscheidungen zu treffen.

Fragen zur Ursache der Knieschmerzen

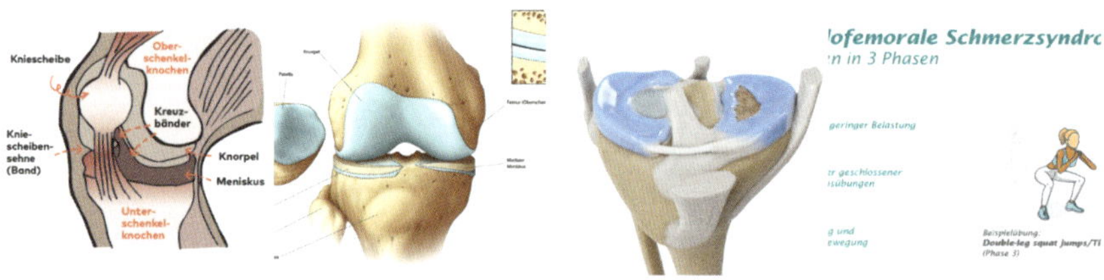

- Was könnte die **wahrscheinliche Ursache** meiner Knieschmerzen sein?
- Kommt bei mir eher **Arthrose**, ein **Meniskusproblem** oder eine **Überlastung** infrage?
- Sind die Schmerzen typisch für **altersbedingte Veränderungen** oder eher für eine konkrete Verletzung?
- Warum treten die Schmerzen besonders **beim Treppensteigen** auf?

Abbildung 3.3 *ChatGPT reichert seine Antworten nun auch mit Bildmaterial an, dessen Herkunft oft nicht ganz klar ist.*

Die fünf W-Fragen als Gedankenstütze

Wenn Ihnen die RZH-Formel zu abstrakt erscheint, können Sie auch die klassischen W-Fragen als Gedankenstütze verwenden, die in ganz ähnlicher Form bei der Meldung eines Notfalls an eine Notrufzentrale verwendet werden. Bevor Sie Ihre Meldung abschicken, gehen Sie diese Fragen kurz durch, und prüfen Sie, ob die entsprechenden Unterpunkte enthalten sind:

- **Wer?** Welcher Experte soll angesprochen werden oder aus welcher Perspektive soll geantwortet werden?
- **Was?** Was genau möchten Sie wissen oder erarbeitet haben?
- **Wann?** Gibt es einen zeitlichen Rahmen oder eine Frist?
- **Wo?** Gibt es einen lokalen Bezug, der relevant ist?
- **Warum?** Warum brauchen Sie die Information? Was ist der Zweck?

Nicht jede Frage ist für jede Aufforderung relevant, aber das Durchgehen dieser Liste wird Ihnen helfen, keine wichtigen Details zu vergessen.

Abbildung 3.4 *Die 5W-Prompt-Strategie als Grafik, veranschaulicht durch ChatGPT*

Länge und Format vorgeben

Noch ein Tipp für bessere Ergebnisse: Sagen Sie der KI, in welcher Form Sie die Antwort haben möchten. Hier sind einige Beispiele:

- Erkläre mir das in drei Sätzen.
- Gib mir eine Liste mit fünf Punkten.
- Schreibe einen kurzen Absatz, den ich in einer E-Mail verwenden kann.
- Fasse ihn auf einer halben Seite zusammen.
- Erstelle mir eine Tabelle dazu.

Ohne diese Vorgaben neigt die KI dazu, sehr ausführlich zu antworten. Sie können auch den Ton vorgeben: »Schreibe freundlich und locker«, oder: »Formuliere sachlich und formell«. Mit solchen kleinen Vorgaben sparen Sie oft Zeit, weil die Antwort von Anfang an besser zu Ihrem Zweck passt. Hier ein Beispiel:

> Ich möchte eine Zeitung abbestellen. Formuliere die Kündigung sachlich und formal in maximal drei Sätzen.

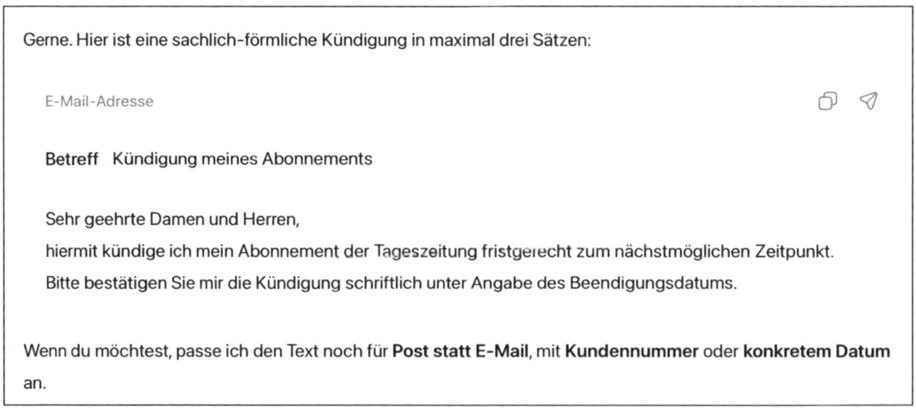
Gerne. Hier ist eine sachlich-förmliche Kündigung in maximal drei Sätzen:

E-Mail-Adresse

Betreff Kündigung meines Abonnements

Sehr geehrte Damen und Herren,
hiermit kündige ich mein Abonnement der Tageszeitung fristgerecht zum nächstmöglichen Zeitpunkt.
Bitte bestätigen Sie mir die Kündigung schriftlich unter Angabe des Beendigungsdatums.

Wenn du möchtest, passe ich den Text noch für **Post statt E-Mail**, mit **Kundennummer** oder **konkretem Datum** an.

Abbildung 3.5 *Mithilfe von ChatGPT und Co. ist die Kündigung eines Abonnements schnell und korrekt verfasst.*

Vergessen Sie nicht, anschließend Ihre persönlichen Daten wie Kundennummer, Vertragsnummer etc., die Sie hoffentlich nicht beim Prompt eingegeben haben, in die Vorlage der Chatbot-Ausgabe zu übertragen.

Von vagen Gedanken zu präzisen Prompts

Abschließend möchte ich Ihnen zeigen, wie Sie Schritt für Schritt von einer vagen Idee zu einer präzisen Frage kommen. Nehmen wir an, Sie denken: »Ich möchte mehr über die Blumen in meinem Garten wissen.« Das klingt zunächst zu allgemein, um eine wirklich hilfreiche Antwort zu bekommen. Aber genau das ist der Ausgangspunkt und mit ein paar kleinen Ergänzungen wird daraus ein Prompt, der der KI genau sagt, was Sie brauchen.

SCHRITT FÜR SCHRITT

Schritt für Schritt zum perfekten Prompt

1. **Die Idee konkretisieren:** Was interessiert Sie? Die Pflanzung? Die Pflege? Die Auswahl? Angenommen, Sie möchten Ihren Balkon bepflanzen.
2. **Rolle und Hintergrund hinzufügen:** Sie haben einen Nordbalkon mit wenig Sonne und möchten pflegeleichte Pflanzen. Sie sind Anfängerin im Gärtnern.
3. **Ziel und Format festlegen:** Sie möchten eine übersichtliche Liste mit Pflanzenvorschlägen.
4. Der fertige Prompt:

> Du bist eine geübte Gärtnerin. Ich möchte meinen Nordbalkon bepflanzen. Der Balkon hat wenig direkte Sonne und ich bin Anfängerin. Welche fünf pflegeleichten Blumen sind am besten geeignet? Nenne für jede Pflanze einen Satz zur Pflege.

Mit dieser Methode verwandeln Sie selbst vage Ideen in klare Anweisungen. Im nächsten Abschnitt zeige ich Ihnen ein weiteres Beispiel.

Wenn Sie die guten Prompts vergleichen, erkennen Sie ein Muster. Alle enthalten konkrete Angaben zu Zielgruppe oder Person, nennen Einschränkungen oder Vorlieben, geben einen Rahmen vor (Zeit, Budget, Umfang) und beschreiben das gewünschte Ergebnis. Sie müssen sich diese Punkte nicht merken, denn sie entsprechen der RZH-Formel aus dem vorigen Abschnitt: Rolle, Ziel und Hintergrund. Wenn Sie diese drei Bausteine im Kopf behalten, werden Ihre Prompts fast automatisch besser.

Gute und schlechte Prompts

Was unterscheidet gute von schlechten Prompts? Ich zeige Ihnen anhand eines weiteren Beispiels, wie Sie mit kleinen Änderungen an Ihren Fragen deutlich bessere Ergebnisse erzielen können. Achten Sie darauf, was den guten Prompt vom schlechten unterscheidet.

Beispiel: Rezeptsuche

Unscharfer Prompt
Rezept für Kuchen

Besserer Prompt
Gib mir ein einfaches Rezept für einen Apfelkuchen für 4 Personen. Ich bin Backanfänger und habe ca. 45 Minuten Zeit. Bitte ohne Nüsse, meine Frau hat eine Nussallergie.

Beim unscharfen Prompt liefert die KI vielleicht ein kompliziertes Rezept mit exotischen Zutaten, die man nicht beim Feinkosthändler um die Ecke bekommt, und außerdem dauert das Backen des Kuchens drei Stunden. Der bessere Prompt dagegen liefert genau das, was Sie brauchen: ein anfängerfreundliches Rezept in der richtigen Portionsgröße und ohne Allergene.

Der Fremden-Test für gute Prompts

Bevor Sie Ihren Prompt abschicken, fragen Sie sich kurz: Könnte ein Fremder mit diesen Informationen genau das liefern, was ich mir vorstelle? Wenn nicht, ergänzen Sie die fehlenden Details.

Schritt für Schritt zum besseren Ergebnis

Wenn die erste Antwort der KI nicht perfekt ist, bedeutet das nicht, dass Sie etwas falsch gemacht haben. Im Gegenteil: Schrittweise Verbesserungen beim Prompten gehören zum normalen Umgang mit KI. In der Fachsprache heißt dieser Prozess »Iteration« und ist weniger kompliziert, als er klingt.

Was bedeutet Iteration?

Iteration bedeutet nichts anderes als die Wiederholung oder Ergänzung eines Prompts mit eingearbeiteten Verbesserungen. Sie stellen eine Frage, lesen die Antwort, überlegen, was noch nicht passt, und stellen eine verfeinerte Frage. Diesen Kreislauf wiederholen Sie so lange, bis das Ergebnis Ihren Vorstellungen entspricht. Das Praktische daran ist, dass sich die KI merkt, worüber Sie in einem Chat gesprochen haben, so dass Sie nicht jedes Mal von vorn anfangen müssen.

Abbildung 3.6 *Der Kreislauf der Iteration zur Verbesserung eines Prompts*

Praktisches Beispiel: Einladung zum 60. Geburtstag

Angenommen, Sie möchten zu einer Geburtstagsfeier Ihres Mannes einladen und benötigen einen Einladungstext. Begleiten Sie mich durch den Verfeinerungsprozess:

SCHRITT FÜR SCHRITT

Wie Sie Ihre Anfrage an die KI nach und nach verfeinern

1. **Erster Prompt:** »Schreibe eine Einladung zum 60. Geburtstag meines Mannes.«

Die KI liefert einen brauchbaren Text, aber er ist sehr allgemein gehalten und klingt etwas steif. Sie möchten es persönlicher.

2. **Zweiter Prompt:** »Das ist ein guter Anfang, aber mach den Text bitte lockerer und humorvoller. Mein Mann heißt Klaus und liebt die Gartenarbeit.«

Jetzt wird der Text persönlicher, enthält vielleicht eine Garten-Anekdote, aber die praktischen Informationen fehlen noch.

3. **Dritter Prompt:** »Super, das gefällt mir! Füge bitte noch hinzu: Die Feier findet am 17. März um 15 Uhr in unserem Garten statt, falls das Wetter mitspielt, sonst im Wohnzimmer. Um Rückmeldung bis zum 1. März wird gebeten.«

Nun haben Sie einen maßgeschneiderten Einladungstext, der persönlich, humorvoll und informativ ist.

Wie Sie im Beispiel gesehen haben, funktioniert die Kommunikation mit der KI wie ein echtes Gespräch. Sie müssen nicht alles in eine einzige Nachricht packen, sondern können Schritt für Schritt aufbauen, ergänzen und korrigieren.

Hilfreiche Formulierungen für den Dialog sind zum Beispiel: »Das ist gut, aber ...«, »Kannst du den Teil mit ... ändern?«, »Mach es bitte kürzer/länger/formeller/lockerer« oder »Füge noch ... hinzu«. Die KI versteht solche Anweisungen und passt ihre Antwort entsprechend an. Sie verliert nicht den Faden, solange Sie im selben Chat bleiben.

Perfektion braucht mehr als einen Versuch

Perfektion auf Anhieb ist die Ausnahme, nicht die Regel. Betrachten Sie den Austausch mit der KI als ein Gespräch, in dem Sie gemeinsam das beste Ergebnis erzielen. Jede Anfrage bringt Sie einen Schritt näher zu dem, was Sie wirklich wollen.

Keine Scheu vor Nachfragen

Vielleicht kennen Sie das Gefühl: Man traut sich nicht, noch einmal nachzufragen, weil man nicht lästig sein will. Mit der KI können Sie diese Hemmung getrost ablegen. Die KI wird nicht ungeduldig, verdreht nicht die Augen und sagt nicht: »Das habe ich dir doch gerade erklärt.« Sie können so oft nachfragen, wie Sie möchten, und jede Nachfrage bringt Sie dem gewünschten Ergebnis näher. Hier sind einige typische Situationen, die im Chat mit der KI auftreten können, und wie Sie darauf mit Fragen oder Prompts reagieren sollten.

- **Die Antwort ist zu kompliziert:** »Kannst du das einfacher erklären, so dass es auch jemand ohne Vorkenntnisse versteht?«
- **Die Antwort ist am Thema vorbei:** »Das war nicht ganz das, was ich meinte. Ich wollte wissen, ob ...«
- **Die Antwort ist zu lang:** »Fasse das bitte in drei Sätzen zusammen« oder »Gib mir nur die wichtigsten Punkte«.
- **Die Antwort ist zu kurz:** »Kannst du das ausführlicher erklären?« oder »Gib mir mehr Details zu ...«.
- **Der Tonfall passt nicht:** »Schreibe das bitte lockerer/formeller/freundlicher.«

Apropos Tonfall: Muss man eigentlich zur KI »Bitte« und »Danke« sagen? Die Antwort: Nein, technisch gesehen macht es keinen Unterschied. Die KI hat keine Gefühle, die man verletzen könnte.

Aber wenn es sich für Sie natürlicher anfühlt, höflich zu formulieren, dann tun Sie das ruhig. Manche Menschen schreiben gerne: »Danke, das war hilfreich!«, und das ist völlig in Ordnung. Es schadet nicht und fühlt sich für viele einfach besser an. Und wer weiß, vielleicht kann Ihnen diese Form der Höflichkeit in der Zukunft auch einmal das Leben retten, siehe Abbildung 3.7. Für die Qualität der Antwort ist Höflichkeit jedoch nicht entscheidend – Klarheit schon. Je genauer Sie formulieren, was Sie möchten, desto besser kann die KI darauf eingehen.

Abbildung 3.7 *Ein nicht ganz ernst zu nehmendes bekanntes* ***Internet-Meme****: Wer höflich ist, überlebt in Zukunft vielleicht auch die Herrschaft der KI-Roboter.*

Korrigieren statt neu anfangen

Wenn Sie mit einer Antwort nicht zufrieden sind, müssen Sie nicht den ganzen Chat löschen und von vorne beginnen. Sagen Sie der KI einfach, was nicht stimmt. Sie korrigiert sich dann selbst, ohne dass Sie alle bisherigen Informationen erneut eingeben müssen.

Tipps zum Umgang mit längeren Antworten

Manchmal meint es die KI fast zu gut mit einem: Man stellt eine einfache Frage und erhält eine seitenlange Antwort mit mehr Details, als man jemals wissen wollte. Das kann überwältigend sein. Zum Glück gibt es einfache Strategien, um die Informationsflut in den Griff zu bekommen.

Zusammenfassen lassen

Der direkteste Weg ist, die KI um eine Zusammenfassung zu bitten. Das funktioniert auch nachträglich, wenn Sie bereits eine lange Antwort erhalten haben. Schreiben Sie einfach: »Fasse das bitte in drei Sätzen zusammen«, oder »Was sind die wichtigsten Punkte?«. Die KI filtert dann das Wesentliche für Sie heraus.

Häppchenweise vorgehen

Bei komplexen Themen können Sie die KI bitten, Ihnen die Informationen Schritt für Schritt zu geben. Statt alles auf einmal zu bekommen, sagen Sie zum Beispiel: »Erkläre mir erst den ersten Schritt«, oder »Gib mir erst einen kurzen Überblick, dann gehen wir ins Detail«. So behalten Sie die Kontrolle über den Informationsfluss und können bei jedem Schritt entscheiden, ob Sie mehr wissen möchten.

Ein Beispiel aus der Praxis

Angenommen, Sie planen einen Ausflug nach Dresden und fragen die KI nach den dortigen Sehenswürdigkeiten. Die Antwort ist fünf Bildschirmseiten lang und beschreibt zwanzig verschiedene Orte. Statt alles zu lesen, können Sie auch fragen: »Welche drei Sehenswürdigkeiten sind für jemanden mit einer Gehbehinderung am besten geeignet?«, oder »Nenne mir nur die Highlights, die ich an einem Tag schaffen kann«. So erhalten Sie genau die Informationen, die Sie wirklich brauchen.

Kurz oder lang? Sie haben die Wahl!
Sie können den Umfang auch von Anfang an steuern, indem Sie in Ihrem Prompt angeben, wie lang die Antwort sein soll. Formulierungen wie »Erkläre in maximal fünf Sätzen« oder »Gib mir eine kurze Antwort« wirken oft Wunder.

Der Canvas-Modus von ChatGPT – die Geheimwaffe für Fortgeschrittene

Für längere Texte bietet ChatGPT eine besonders praktische Funktion: den sogenannten *Canvas-Modus*. Dabei öffnet sich neben dem gewohnten Chatfenster ein separater Bearbeitungsbereich, in dem Ihr Text übersichtlich dargestellt wird. Der Vorteil: Sie können einzelne Passagen direkt markieren und gezielt bearbeiten lassen, ohne den gesamten Text neu generieren zu müssen.

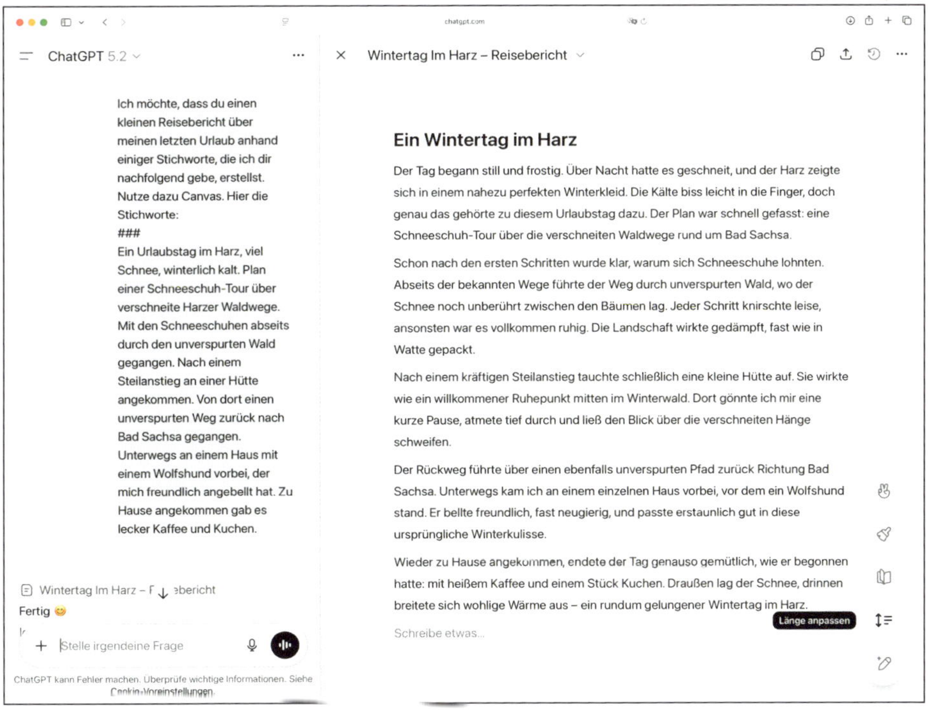

Abbildung 3.8 *Mit dem Canvas-Modus von ChatGPT wird das Kürzen und Bearbeiten von Texten zum Kinderspiel.*

Ein Beispiel: Sie haben sich von ChatGPT einen längeren Reisebericht über Ihren Urlaub anhand von vorgegebenen Stichworten erstellen lassen. Im Canvas können Sie nun einen einzelnen Absatz markieren und der KI sagen: »Kürze diesen Teil«, oder »Formuliere das humorvoller«.

Der Rest des Textes bleibt unverändert. Außerdem finden Sie am unteren Rand des Canvas hilfreiche Werkzeuge: Sie können damit das Leseniveau anpassen (von einfach bis anspruchsvoll), die Textlänge verändern oder einen Feinschliff für Grammatik und Stil anfordern.

Um den Canvas-Modus in ChatGPT zu starten, schreiben Sie einfach »Nutze Canvas« in Ihren Prompt, oder Sie wählen die Funktion aus dem Menü der Prompteingabezeile (**+ • … Mehr • Canvas**). Der Canvas eignet sich besonders gut, wenn Sie an einem längeren Projekt arbeiten, etwa einem Brief, einem Artikel oder einer Rede, und dabei die volle Kontrolle über jeden einzelnen Abschnitt behalten möchten.

Die KI als Gesprächspartner

Bisher haben wir KI vor allem als Werkzeug gesehen, das konkrete Aufgaben erledigt. Sie kann aber noch mehr: Sie ist auch eine geduldige Gesprächspartnerin, mit der Sie Ihre Gedanken sortieren, Ideen entwickeln oder einfach nur plaudern können. In Kapitel 7 werden wir dieses Thema ausführlich behandeln, aber ich möchte Ihnen an dieser Stelle bereits einen kleinen Vorgeschmack geben.

Gedanken sortieren und Ideen entwickeln

Kennen Sie das? Sie stehen vor einer wichtigen Entscheidung und wissen nicht so recht, was Sie tun sollen. Oder Sie haben eine Idee, die noch nicht ganz ausgereift ist. In solchen Situationen kann ein Gespräch mit der KI überraschend hilfreich sein. Sie können dem Chatbot Ihre Überlegungen schildern und ihn bitten, Ihnen die Vor- und Nachteile aufzuzeigen oder Fragen zu stellen, an die Sie vielleicht noch gar nicht gedacht haben.

Ein Beispiel: Sie überlegen, ob Sie Ihr Auto abschaffen und stattdessen auf Carsharing umsteigen sollen. Sie könnten der KI schreiben: »Ich bin unsicher, ob ich mein Auto verkaufen soll. Ich fahre etwa 5000 Kilometer im Jahr, wohne in einer Kleinstadt und brauche das Auto vor allem für Einkäufe und Arztbesuche. Hilf mir, die Vor- und Nachteile abzuwägen.« Die KI wird Ihnen daraufhin verschiedene Aspekte aufzeigen, die Sie vielleicht noch nicht bedacht haben.

Die Grenzen im Blick behalten

So praktisch die KI als Gesprächspartnerin auch sein mag, eines sollten Sie nicht vergessen: Sie ersetzt keinen echten Menschen. Die KI hat keine Gefühle, sie kennt Sie nicht wirklich und kann keine echte Beziehung zu Ihnen aufbauen. Für tiefgreifende persönliche Gespräche, bei seelischer Not oder in Krisensituationen sind Familie, Freunde oder professionelle Beratung immer die bessere Wahl.

Achten Sie auch darauf, welche Informationen Sie der KI anvertrauen. Geben Sie keine sensiblen persönlichen Daten wie Kontonummern, Passwörter oder Gesundheitsdaten ein. Die KI zeichnet Ihre Gespräche auf, und auch wenn die Anbieter Datenschutz versprechen, ist Vorsicht geboten. Mehr dazu erfahren Sie in Kapitel 11.

Hilfe mit klaren Grenzen
Die KI kann ein hilfreicher Sparringspartner sein, um Gedanken zu ordnen und Entscheidungen zu durchdenken. Aber sie ersetzt weder echte menschliche Beziehungen noch professionelle Beratung. Und bei sensiblen persönlichen Daten ist unbedingte Zurückhaltung angebracht.

Ergebnisse stets gegenchecken

In Kapitel 1 haben Sie bereits erfahren, dass KI-Systeme manchmal »halluzinieren«, also Dinge erfinden, die überzeugend klingen, aber falsch sind. Zum Abschluss dieses Kapitels möchte ich Ihnen daher noch einmal

Folgendes sehr ans Herz legen: Vertrauen Sie der KI, aber überprüfen Sie wichtige Informationen.

Wann ist Vorsicht besonders geboten?

Bei alltäglichen Fragen wie Rezeptideen oder Formulierungshilfen können Sie sich in der Regel auf die KI verlassen. Kritischer wird es, wenn es um Ihre Gesundheit, Ihre Finanzen oder rechtliche Fragen geht. Auch bei aktuellen Ereignissen oder historischen Fakten ist Vorsicht geboten, denn die KI kann veraltete oder schlicht falsche Informationen liefern.

So prüfen Sie KI-Antworten

Es gibt drei einfache Strategien, um sich vor Fehlinformationen zu schützen. Erstens kann man die KI selbst fragen: »Bist du sicher?«, oder »Woher weißt du das?«. Sie werden überrascht sein, wie oft sie zugibt, nur eine Vermutung geäußert zu haben. Zweitens lohnt es sich, bei wichtigen Themen eine zweite Quelle zu konsultieren, sei es eine seriöse Website, ein Fachbuch oder eine menschliche Expertin. Drittens: Benutzen Sie Ihren gesunden Menschenverstand: Hört sich eine Antwort zu gut an, um wahr zu sein? Widerspricht sie Ihren Erfahrungen? Dann haken Sie nach!

KI-Ratschläge ersetzen keine Fachberatung
Übernehmen Sie niemals medizinische, rechtliche oder finanzielle Ratschläge der KI ungeprüft. Bei solchen Themen sollten Sie immer eine Fachperson hinzuziehen.

Kapitel 4
Die KI so einrichten, wie Sie sie brauchen

Nicht jeder tippt gerne auf einer Tastatur, und nicht jeder liest gerne lange Texte am Bildschirm. In diesem Kapitel zeige ich Ihnen, wie Sie die KI an Ihre persönlichen Bedürfnisse anpassen können, damit die Technik für Sie arbeitet und nicht umgekehrt.

Sie werden lernen, wie Sie Ihre Fragen einfach ins Mikrofon sprechen, statt sie mühsam einzutippen. Ich zeige Ihnen, wie Sie sich die Antworten der KI vorlesen lassen können, so dass Sie Ihre Augen schonen. Wir schauen uns an, wie Sie die Darstellung am Bildschirm vergrößern und den Dunkelmodus aktivieren, der besonders am Abend angenehmer für die Augen ist.

Außerdem stelle ich Ihnen die Smartphone-Apps der großen KI-Anbieter vor. Mit diesen haben Sie Ihren digitalen Assistenten buchstäblich in der Hosentasche und können ihn überall nutzen, ob im Wartezimmer, beim Einkaufen oder auf Reisen. Zum Schluss entdecken Sie eine besonders spannende Funktion: Sie können der KI Fotos zeigen und sie bitten, Ihnen zu erklären, was darauf zu sehen ist. So wird aus dem unleserlichen Beipackzettel eine verständliche Erklärung, und die unbekannte Pflanze im Garten bekommt endlich einen Namen.

Sprechen statt Tippen – so aktivieren Sie die Spracheingabe

Kennen Sie das? Sie möchten der KI eine Frage stellen, aber das Tippen auf der Tastatur fällt Ihnen schwer. Vielleicht sind Ihre Finger nicht mehr so beweglich wie früher, vielleicht macht Ihnen Arthritis zu schaffen, oder Sie haben einfach keine Lust, sich mit der kleinen Schrift auf den Tasten herumzuschlagen, ganz zu schweigen von der Kunst, die winzigen Tasten Ihres Smartphones überhaupt zu treffen. Dann habe ich eine gute Nachricht für Sie: Sie können ganz bequem mit Ihrer KI sprechen!

Abbildung 4.1 *Die Spracheingabe bietet sich insbesondere bei der Nutzung von KI auf Smartphones an.*

Die Spracheingabe ist für viele Menschen – mich eingeschlossen – eine echte Erleichterung. Statt mühsam Buchstabe für Buchstabe einzutippen, diktieren Sie Ihre Frage einfach ins Mikrofon. Das geht schneller, ist bequemer, und es passieren weniger Tippfehler.

Die Spracheingabe bei ChatGPT, Claude und Gemini

Voraussetzung für die Nutzung der Spracheingabe ist zunächst, dass das Gerät, mit dem Sie mit der KI arbeiten, mit einem Mikrofon ausgestattet ist. Bei Smartphones und Laptops ist dies automatisch der Fall. Wenn Sie hingegen die Spracheingabe am PC nutzen möchten, müssen Sie ein zusätzliches Mikrofon oder Headset kaufen, idealerweise eines mit USB-Anschluss. Lassen Sie sich dazu am besten im Fachhandel beraten.

Bei allen großen KI-Diensten ist die Spracheingabefunktion direkt in die Oberfläche integriert. Im Browser finden Sie rechts neben dem Eingabefeld ein kleines Mikrofonsymbol. Klicken Sie darauf, und schon können Sie sprechen.

SCHRITT FÜR SCHRITT

Mit ChatGPT & Co. sprechen

1. Öffnen Sie den KI-Dienst Ihrer Wahl im Browser, und melden Sie sich an.
2. Schauen Sie auf das Eingabefeld am unteren Bildschirmrand. Rechts daneben sehen Sie ein Mikrofonsymbol.
3. Klicken Sie auf das Mikrofon. Beim ersten Mal fragt Ihr Browser möglicherweise, ob der Dienst auf Ihr Mikrofon zugreifen darf. Bestätigen Sie dies mit **Zulassen**.

Abbildung 4.2 *In ChatGPT gibt es zwei Symbole für die Spracheingabe. Durch Anklicken des linken Symbols wird die normale Spracheingabe aktiviert. Über das rechte Symbol gelangen Sie in den Dialogmodus.*

4. Sprechen Sie nun Ihre Frage in normaler Lautstärke und Geschwindigkeit.
5. Wenn Sie fertig sind, klicken Sie erneut auf das Mikrofonsymbol, oder warten Sie kurz. Manche KI-Werkzeuge erkennen automatisch, wenn Sie nicht mehr sprechen.
6. Ihr gesprochener Text erscheint dann im Eingabefeld. Sie können ihn noch über die Tastatur korrigieren oder direkt abschicken.
7. Anders verhält es sich, wenn Sie auf den Dialog-Button ganz rechts klicken. In diesem Fall können Sie in einen wechselseitigen Sprachdialog mit der KI eintreten, der anschließend im Chatfenster transkribiert (d. h. mitgeschrieben) wird.

Die Icons zur Aktivierung der Spracheingabe sehen bei anderen KI-Tools (Claude, Gemini …) sehr ähnlich aus.

Wo ist mein Mikrofon?
Wenn Sie das Mikrofonsymbol nicht sehen, überprüfen Sie, ob Ihr Computer über ein Mikrofon verfügt. Laptops haben fast immer ein eingebautes Mikrofon. Bei älteren Desktop-Computern benötigen Sie eventuell ein externes Mikrofon oder ein Headset.

Tipps für eine bessere Spracherkennung

Sprechen Sie in normaler Lautstärke und nicht zu schnell. Sie müssen weder besonders laut noch besonders langsam reden. Stellen Sie sich einfach vor, Sie unterhalten sich mit jemandem, der neben Ihnen sitzt. Machen Sie zwischen den Sätzen kurze Pausen, damit die KI erkennt, wo ein Gedanke endet und der nächste beginnt.

Achten Sie darüber hinaus auf Hintergrundgeräusche. Wenn der Fernseher läuft oder die Waschmaschine schleudert, kann das die Erkennung stören. Am besten funktioniert die Spracheingabe in einer ruhigen Umgebung.

Dialekte und Akzente – kein Problem!

Vielleicht fragen Sie sich: »Versteht mich die KI auch, wenn ich Dialekt spreche?« In den meisten Fällen lautet die Antwort »Ja«. Moderne Spracherkennungssysteme wurden mit Millionen von Sprachaufnahmen trainiert, darunter auch viele regionale Varianten der deutschen Sprache.

Natürlich gibt es Grenzen. Wenn Sie einen sehr breiten Dialekt sprechen, kann es sein, dass die KI Sie nicht immer richtig versteht. Ein leichter bis mittlerer Dialekt, sei es Bayerisch, Sächsisch, Schwäbisch oder Plattdeutsch, stellt in der Regel kein Hindernis dar. Auch wenn Deutsch nicht Ihre Muttersprache ist und Sie mit Akzent sprechen, ist das meist kein Problem.

Mein Tipp: Versuchen Sie es einfach. Sprechen Sie, wie Sie normalerweise sprechen. Wenn die KI Sie nicht versteht, können Sie sich immer noch etwas deutlicher ausdrücken.

Wenn die KI Sie nicht versteht

Falls die KI Sie wiederholt falsch versteht, liegt es meistens nicht an Ihrem Dialekt, sondern an der Tonqualität. Überprüfen Sie, ob Ihr Mikrofon richtig funktioniert und ob keine störenden Geräusche im Hintergrund sind.

Was tun, wenn die KI Sie falsch versteht?

Gelegentlich kommt es vor, dass die Spracherkennung einen Fehler macht. Vielleicht wird aus »Rezept« plötzlich »Respekt«, oder ein Eigenname wird völlig falsch geschrieben. Das ist normal und kein Grund zur Beunruhigung.

Praktisch: Bei den meisten KI-Tools landet Ihr gesprochener Text erst im Eingabefeld, bevor er abgeschickt wird. So können Sie den Text noch einmal durchlesen und eventuelle Fehler mit der Tastatur korrigieren.

Und selbst wenn Ihnen ein kleiner Fehler unterläuft: Die KI ist oft schlau genug, um aus dem Kontext zu verstehen, was Sie gemeint haben.

Beispiele aus der Praxis

Lassen Sie uns die Spracheingabe einmal konkret ausprobieren. Stellen Sie sich vor, Sie möchten die KI bitten, Ihnen bei einem Geburtstagsgruß zu helfen. Statt zu tippen, sprechen Sie einfach:

> Meine Enkelin Marie wird nächste Woche zwölf Jahre alt. Sie mag Pferde und liest gerne Bücher. Kannst du mir einen netten Geburtstagsgruß schreiben, den ich in eine Karte schreiben kann? Er sollte nicht zu lang sein, vielleicht vier oder fünf Sätze.

Merken Sie, wie natürlich das klingt? Genauso, wie Sie es einem Menschen erzählen würden. Die KI versteht diese Art von (gesprochener) Anfrage problemlos. Und keine Sorge: Es ist völlig in Ordnung, wenn Sie sich versprechen oder kleine Fehler machen. Die KI erkennt in der Regel, was gemeint ist, und gleicht solche Stellen automatisch aus.

Ein weiteres Beispiel für eine gesprochene Anfrage:

> Ich habe eine Zimmerpflanze mit großen grünen Blättern, die so ein bisschen wie ein Herz geformt sind. In letzter Zeit werden die Blätter gelb. Was könnte das sein und was kann ich dagegen tun?

Die Frage muss nicht perfekt formuliert sein. Beschreiben Sie einfach, was Sie wissen und was Sie wissen möchten. Und wenn Sie mit ChatGPT oder Gemini arbeiten: Probieren Sie den Dialogmodus aus, in dem Sie sich ganz natürlich mit der KI unterhalten können.

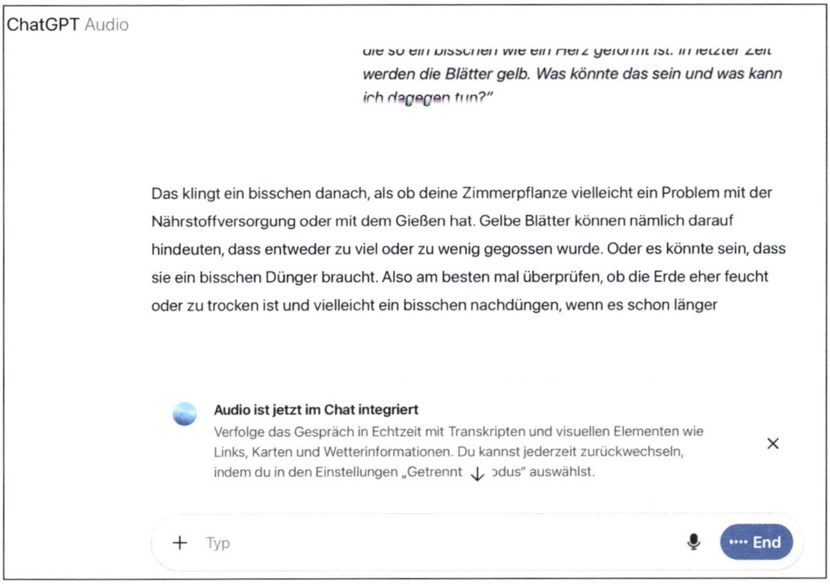

Abbildung 4.3 *Beispiel einer gesprochenen Anfrage im ChatGPT-Eingabefeld – der transkribierte Text ist sichtbar.*

Klicken, sprechen, fertig
Die Spracheingabe funktioniert bei allen großen KI-Diensten nach dem gleichen Prinzip: Mikrofonsymbol anklicken, sprechen, fertig.

Vorlesen lassen statt selbst lesen

Nach einem langen Tag vor dem Bildschirm brennen die Augen, die Buchstaben verschwimmen, und man möchte am liebsten die Augen schließen. Aber da ist ja noch die eine KI-Antwort, die Sie gerne hören würden. Oder der Arztbrief, den Sie endlich verstehen wollen. Kein Problem: Lassen Sie sich die Texte einfach vorlesen. Das funktioniert auch über die oft integrierten Vorlesefunktionen Ihres Betriebssystems hinaus.

Gerade wenn Sie viel am Bildschirm lesen, kennen Sie wahrscheinlich das Gefühl müder Augen. Oder vielleicht ist das Lesen generell anstrengender geworden, weil die Sehkraft nachgelassen hat. Dann ist die Vorlesefunktion mehr als nur ein nettes Extra. Sie ist eine echte Erleichterung, die es ermöglicht, Informationen aufzunehmen, ohne die Augen zu überanstrengen.

Die Vorlesefunktion bei ChatGPT

ChatGPT kann Ihnen jede Antwort vorlesen. Dazu müssen Sie nichts installieren oder konfigurieren. Die Funktion ist bereits eingebaut.

Sobald ChatGPT Ihnen in einem Chat geantwortet hat, sehen Sie unter dem Text mehrere kleine Symbole. Eines davon ist ein Lautsprecher. Wenn das Symbol nicht standardmäßig angezeigt wird, klicken Sie einfach auf das Drei-Punkte-Menü (1) unter dem Chat. Klicken Sie auf das Lautsprechersymbol oder den Menüpunkt **Vorlesen** (2), und ChatGPT beginnt, den Antworttext mit einer angenehmen Stimme vorzulesen.

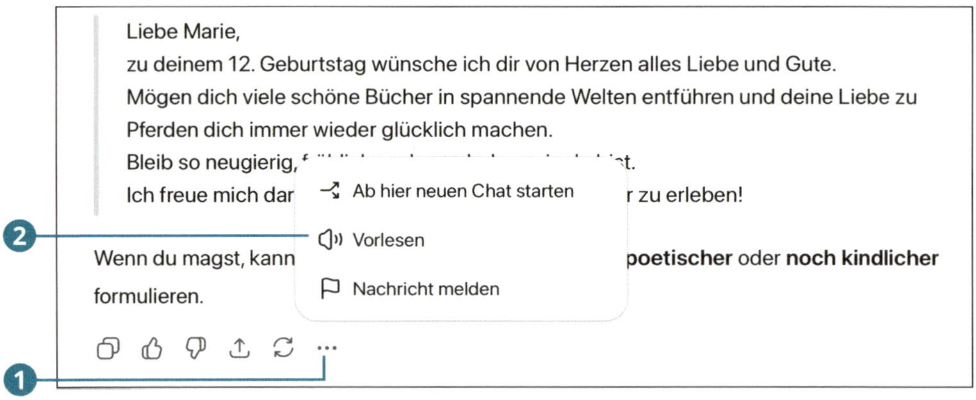

Abbildung 4.4 *Im vorliegenden Fall ist der Menüpunkt »Vorlesen« im Drei-Punkte-Menü versteckt.*

Während des Vorlesens können Sie die Wiedergabe jederzeit pausieren oder stoppen. Dazu klicken Sie einfach auf die Schaltfläche **Anhalten**, die sichtbar wird, wenn der Chatbot die Antwort vorliest.

Welche Stimme darf es sein?

Wenn Ihnen die Stimme des Vorlesers nicht gefällt, können Sie sie in den Einstellungen ändern. Klicken Sie dazu auf Ihr Profilbild, dann auf **Einstellungen**, und suchen Sie die Sprachoptionen. Dort können Sie zwischen verschiedenen Stimmen wählen. Die Vorlesefunktion kann den Umgang mit Texten deutlich erleichtern, etwa beim Multitasking oder unterwegs. Auch zur Überprüfung eigener Texte ist sie hilfreich, da Fehler beim Hören oft schneller auffallen. Da sich die Stimmen in Betonung und Tempo unterscheiden, lohnt sich ein kurzer Vergleich.

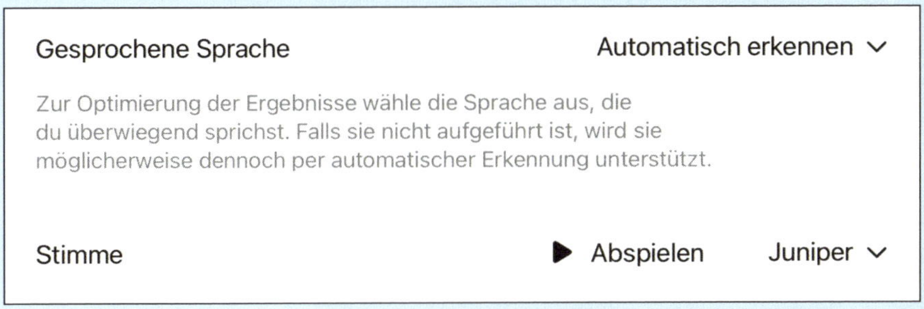

Abbildung 4.5 *Standardmäßig ist bei ChatGPT die Stimme »Juniper« voreingestellt.*

Vorlesen bei Claude und Gemini

Claude und Gemini verfügen ebenfalls über Vorlesefunktionen, die jedoch etwas anders umgesetzt sind.

Bei Claude gibt es auch ein Lautsprechersymbol unter den Antworten, allerdings nur in der mobilen Version für Smartphones. Die Funktion funktioniert ähnlich wie bei ChatGPT: Ein Klick auf das Vorlesezeichen, und der Text wird vorgelesen.

Bei Gemini ist die Vorlesefunktion besonders gut integriert, was angesichts der langjährigen Erfahrung von Google mit Sprachassistenten nicht verwundert. Auch hier genügt ein Klick auf das entsprechende Symbol.

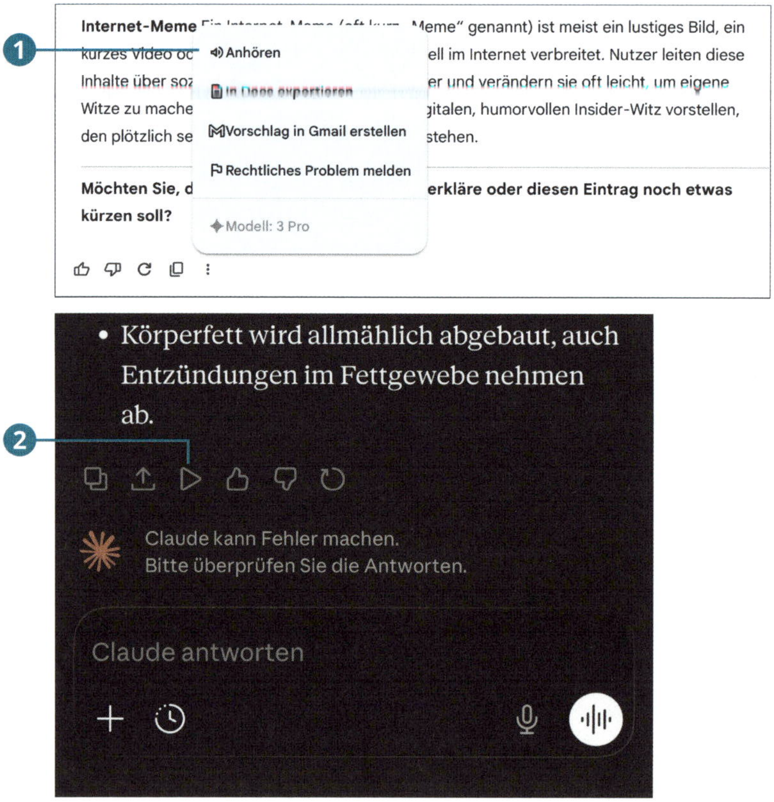

Abbildung 4.6 *Gemini* **1** *und Claude* **2** *bieten ebenfalls Vorlesefunktionen an, Claude allerdings nur in der mobilen App.*

> **Antworten zum Anhören**
> Alle großen KI-Dienste können ihre Antworten vorlesen. Achten Sie auf das Lautsprecher- oder Abspielsymbol unter der Antwort.

Vorlesen auf dem Smartphone

Auf dem Smartphone ist die Vorlesefunktion besonders praktisch. Man kann das Handy einfach hinlegen und zuhören, statt auf dem kleinen Display zu lesen. Gerade unterwegs oder wenn man nebenbei etwas anderes macht, ist das sehr angenehm.

In den Apps von ChatGPT, Claude und Gemini finden Sie die Vorlesefunktion an der gleichen Stelle wie im Browser: unter der jeweiligen Antwort als Lautsprechersymbol. Die Bedienung ist identisch.

Bei der ChatGPT-App gibt es zusätzlich den bereits erwähnten Dialogmodus, in dem die KI automatisch spricht und man ein echtes Gespräch führen kann. Darauf gehe ich später in diesem Kapitel näher ein.

Ein praktisches Beispiel: Den Arztbrief verstehen

Stellen Sie sich die folgende Situation vor: Sie haben einen Brief von Ihrem Arzt erhalten. Darin stehen Begriffe wie »Gonarthrose«, »degenerative Veränderungen« und »konservative Therapie«. Sie verstehen nur Bahnhof.

Hier kommt die KI doppelt ins Spiel. Zuerst bitten Sie die KI, den Brief in leichte Sprache zu übersetzen. Lassen Sie sich dann die verständliche Version vorlesen.

Persönliche Daten vorher entfernen
Bei solchen personenbezogenen Daten wie Diagnosen oder Befunden sollten Sie unbedingt darauf achten, dass Sie das entsprechende Schreiben vorher kopieren und die personenbezogenen Daten schwärzen. So können Sie sicher sein, dass Ihre Gesundheitsdaten nicht im Trainingsmaterial eines Sprachmodells landen.

> Ich habe einen Arztbrief bekommen und verstehe einige Begriffe nicht. Kannst du mir den folgenden Text in einfacher, verständlicher Sprache erklären? Hier ist der Text: [Arztbrief einfügen oder abfotografieren]

Die KI gibt Ihnen den Inhalt in klaren, verständlichen Worten wieder. Statt »Gonarthrose Grad II« lesen Sie in der Antwort des Chatbots dann zum

Beispiel: »Ihr Kniegelenk weist einen mittleren Verschleiß auf, wie er in Ihrem Alter häufig vorkommt.«

Und jetzt kommt der Clou: Klicken Sie auf das Lautsprechersymbol, und lehnen Sie sich zurück. Die KI liest Ihnen die Erklärung vor, während Sie Ihre Augen schonen.

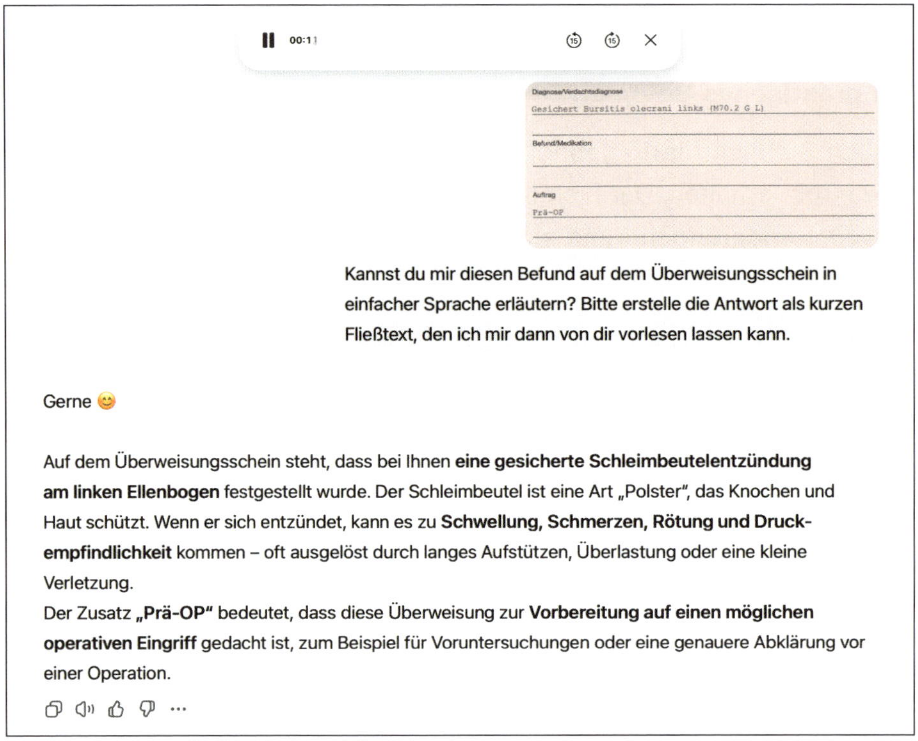

Abbildung 4.7 *ChatGPT erklärt einen Befund und liest diesen auch gleich vor.*

Ihr Arzt bleibt die erste Adresse

Die KI kann Ihnen helfen, medizinische Texte zu verstehen, aber sie ersetzt keine ärztliche Beratung. Wenn Sie Fragen zu Ihrer Diagnose oder Behandlung haben, wenden Sie sich immer persönlich an Ihren Arzt oder Ihre Ärztin.

Weitere Anwendungsmöglichkeiten

Die Vorlesefunktion eignet sich nicht nur für Arztbriefe. Auch in anderen Situationen kann diese Funktion hilfreich sein:

- Sie haben die KI gebeten, einen längeren Text zu schreiben, zum Beispiel einen Brief an die Versicherung. Anstatt den Text selbst zu lesen, lassen Sie ihn sich vorlesen. Dabei fallen Ihnen Unstimmigkeiten oft leichter auf, weil Sie den Text aus einer anderen Perspektive wahrnehmen.
- Sie haben eine komplizierte Frage gestellt, und die KI hat ausführlich geantwortet. Am Ende eines langen Tages haben Sie keine Lust mehr zu lesen. Lassen Sie sich einfach die Antwort vorlesen, während Sie eine Tasse Tee trinken.
- Sie möchten eine Zusammenfassung eines Nachrichtenartikels hören, anstatt ihn zu lesen. Kopieren Sie den Artikel in die KI, fordern Sie eine Zusammenfassung an, und klicken Sie auf den Lautsprecher.

Sprechen statt tippen, hören statt lesen

Kombinieren Sie die Spracheingabe mit der Vorlesefunktion: Sie sprechen Ihre Frage, und die KI liest Ihnen die Antwort vor. So müssen Sie weder tippen noch lesen, wie in einem echten Gespräch.

Besser lesen am Bildschirm – Schrift, Kontraste und Barrierefreiheit

Kommen wir zum alltäglichen Umgang mit ChatGPT & Co. Manchmal ist die Schrift auf dem Bildschirm einfach zu klein. Man rückt näher, kneift die Augen zusammen, und nach einer Weile schmerzt der Nacken vom Vorbeugen. Das muss nicht sein. Sowohl Ihr Browser als auch die KI-Dienste selbst bieten verschiedene Möglichkeiten, die Darstellung Ihren Bedürfnissen anzupassen.

Die Schrift im Browser vergrößern

Der einfachste Weg zu größerer Schrift führt über den Browser. Diese Methode funktioniert nicht nur bei KI-Chatbots, sondern auf jeder Internetseite.

Halten Sie die `Strg`-Taste gedrückt, und drehen Sie gleichzeitig am Mausrad. Drehen Sie das Rad von sich weg, wird alles größer. Drehen Sie es zu sich hin, wird alles kleiner. Das funktioniert in allen gängigen Browsern, egal ob Sie Chrome, Firefox, Edge oder Safari verwenden.

Alternativ können Sie auch die Tastenkombination `Strg` und die `+`-Taste verwenden, um die Ansicht zu vergrößern, oder `Strg` und die `-`-Taste, um sie zu verkleinern. Mit `Strg` und der Taste `0` (Null) setzen Sie die Ansicht auf die Standardgröße zurück. Wenn Sie einen Apple-Computer besitzen, verwenden Sie statt der `Strg`-Taste die `⌘`-Taste.

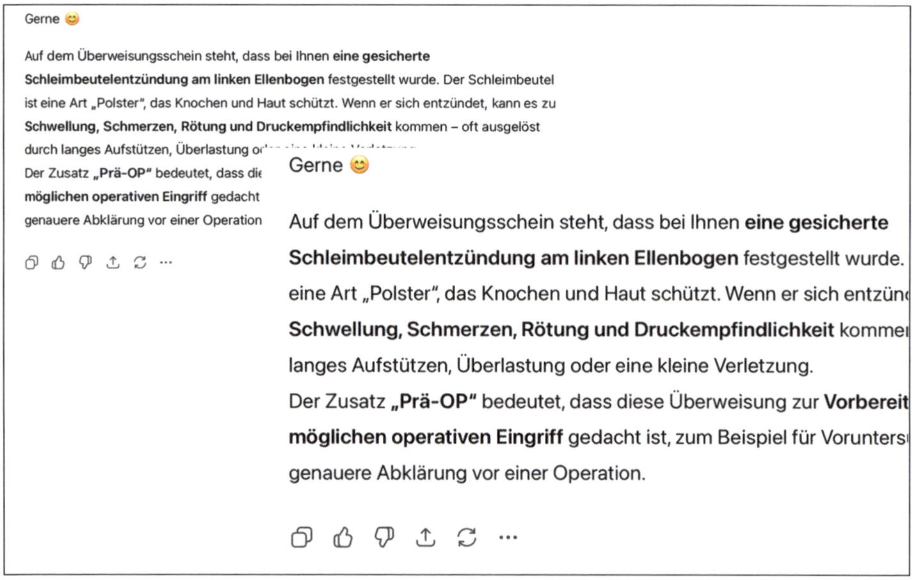

Abbildung 4.8 *Vergrößerte Darstellung im Browser*

Seitenleiste weg? Zoom prüfen!

Viele Browser merken sich die Zoom-Einstellung für einzelne Webseiten. Wenn Sie ChatGPT einmal auf 125 % vergrößert haben, wird diese Einstellung beim nächsten Besuch automatisch wiederverwendet. Dies kann manchmal auch zu seltsamen Effekten führen. Wenn Sie sich zum Beispiel wundern, dass die linke Seitenleiste in ChatGPT verschwunden ist, kann das daran liegen, dass Sie einen zu hohen Vergrößerungsfaktor eingestellt haben.

Der Dunkelmodus – Entlastung für die Augen

Haben Sie schon einmal abends vor dem Computer gesessen und das Gefühl gehabt, dass Sie der helle Bildschirm blendet? Dann könnte der Dunkelmodus etwas für Sie sein. Dabei werden die Farben umgekehrt: Statt schwarzer Schrift auf weißem Hintergrund sehen Sie helle Schrift auf dunklem Hintergrund.

Der dunkle Modus ist nicht nur angenehmer für die Augen bei schwachem Umgebungslicht, sondern spart bei manchen Bildschirmen auch Strom. Alle großen KI-Dienste bieten diese Option an.

SCHRITT FÜR SCHRITT

Dunkelmodus bei ChatGPT aktivieren

1. Klicken Sie auf Ihr Profilbild oder Ihre Initialen unten links.
2. Wählen Sie **Einstellungen**.
3. Suchen Sie im Bereich **Allgemein** nach **Aussehen**.

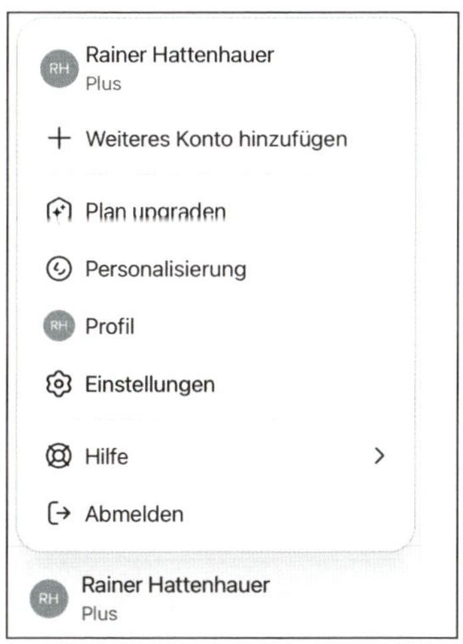

4. Wählen Sie **Dunkel** statt **Hell** oder **System**.

   Die Option **System** ist recht praktisch: Der Dienst passt sich dann an die Einstellungen Ihres Geräts an. Wenn Ihr Computer abends automatisch in den Dunkelmodus wechselt, macht die KI-Seite das dann ebenfalls.

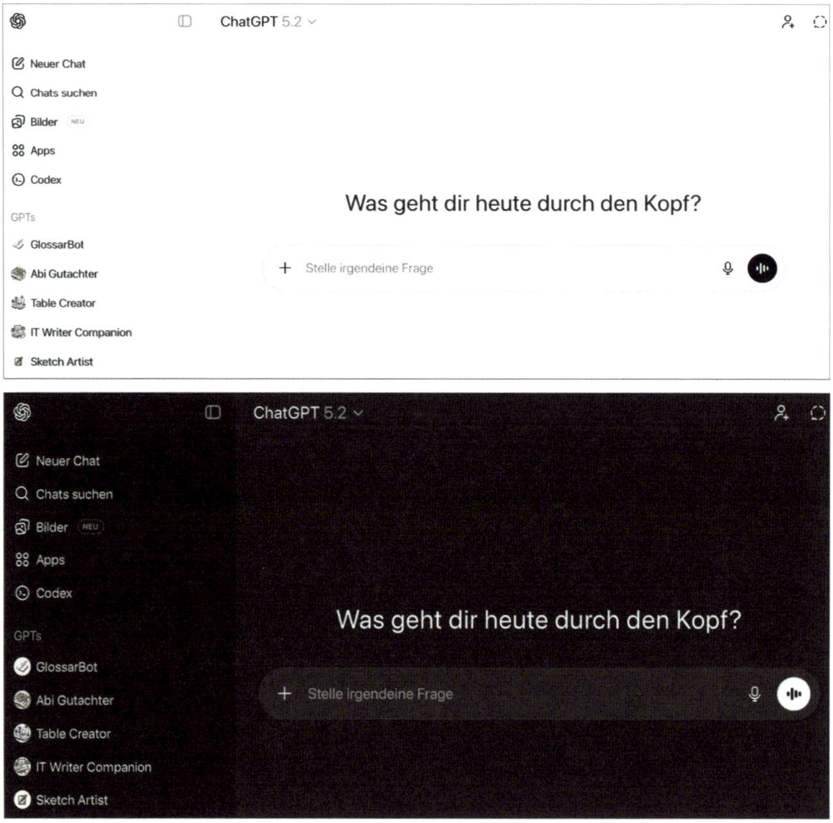

Abbildung 4.9 *»Hell« vs. »Dunkel«*

Bei Gemini und Claude funktioniert die Umstellung ganz ähnlich. Wenn Sie für einen speziellen Chatbot eine Schritt-für-Schritt-Anleitung benötigen, dann fragen Sie doch einfach die KI:

> Wie aktiviere ich bei <Name des Chatbots> den Dunkelmodus?

Der Dunkelmodus ist nicht für jeden

Der Dunkelmodus ist kein Muss, aber einen Versuch wert. Viele Menschen empfinden ihn als angenehmer, besonders bei längerer Nutzung oder in dunkleren Räumen.

Barrierefreiheit im Vergleich: ChatGPT, Claude und Gemini

Alle drei großen KI-Dienste bieten verschiedene Funktionen, die die Nutzung erleichtern. Die folgende Tabelle gibt Ihnen einen Überblick:

Funktion	ChatGPT	Claude	Gemini
Spracheingabe	✓	✓	✓
Vorlesen der Antworten	✓	✓	✓
Dunkelmodus	✓	✓	✓
Dialogmodus (Gespräch)	✓	–	✓
Smartphone-App	✓	✓	✓
Bilder beschreiben	✓	✓	✓
Live-Kamera	✓	–	✓
Antworten anpassen (einfacher/kürzer)	✓	✓	✓

Tabelle 4.1 *Vergleich der Tools zur Barrierefreiheit bei den drei prominentesten KI-Chatbots*

Wie Sie sehen, sind die Grundfunktionen bei allen drei Diensten vorhanden. Die Unterschiede liegen vor allem in den erweiterten Funktionen wie dem Dialogmodus und der Live-Kamera, die derzeit nur bei ChatGPT und Gemini verfügbar sind.

Welche KI passt am besten zu meinen Bedürfnissen?

Wenn Sie vor allem Wert auf die Spracheingabe und das Vorlesen legen, sind alle drei Dienste gut geeignet. Hier gibt es keine allzu großen Unterschiede.

Wenn Sie gerne ein echtes Gespräch mit der KI führen möchten, also sprechen und eine gesprochene Antwort erhalten, ohne zwischendurch auf Knöpfe zu drücken, dann sind ChatGPT und Gemini die bessere Wahl, denn beide bieten einen Dialogmodus an.

Wenn Sie die Live-Kamera-Funktion nutzen möchten, um sich Ihre Umgebung beschreiben zu lassen, sind ebenfalls ChatGPT und Gemini zu empfehlen. Auf diese Funktion werde ich später in diesem Kapitel noch genauer eingehen.

Wenn Sie besonders lange und komplexe Texte verarbeiten möchten, etwa mehrseitige Dokumente zusammenfassen lassen wollen, hat Claude oft die Nase vorn, auch wenn die Barrierefreiheitsfunktionen dort etwas weniger umfangreich sind.

Probieren kostet nichts

Sie müssen sich nicht für einen Dienst entscheiden. Probieren Sie einfach alle drei aus, oder sehen Sie sich auch einmal ganz andere Angebote wie beispielsweise an, und finden Sie heraus, welcher Ihnen am besten gefällt. Die Grundfunktionen sind meist kostenlos, und die Bedienung ist bei allen ähnlich.

KI-Dienste ändern sich ständig

Die Funktionen von KI-Diensten ändern sich regelmäßig. Was heute nur bei einem Anbieter verfügbar ist, kann morgen bei allen Anbietern funktionieren. Wenn Sie eine bestimmte Funktion vermissen, lohnt es sich, von Zeit zu Zeit nachzuschauen, ob sie inzwischen hinzugefügt wurde.

Die KI in der Hosentasche – Apps für unterwegs

Stellen Sie sich vor: Sie sitzen beim Arzt im Wartezimmer und haben eine Frage, die Sie schon lange beschäftigt. Oder Sie stehen im Supermarkt und überlegen, welches Gericht Sie aus den Zutaten der Sonderangebote zaubern können. Oder Sie sind unterwegs und brauchen schnell eine Simultanübersetzung. In all diesen Situationen ist Ihr Smartphone der ideale Begleiter, denn die wichtigsten KI-Dienste gibt es auch als App.

Die Apps der großen KI-Anbieter

ChatGPT, Claude und Gemini bieten alle kostenlose Apps für Smartphones und Tablets an. Diese Apps finden Sie im offiziellen App Store für iOS bzw. im Google Play Store für Android. Wichtig ist bei der Suche, sowohl den Namen der App als auch den Hersteller anzugeben:

- **ChatGPT**: Suchen Sie nach »OpenAI ChatGPT«.
- **Claude**: Suchen Sie nach »Anthropic Claude«.
- **Gemini**: Suchen Sie nach »Google Gemini«.

Es kann passieren, dass die gewünschte App nicht an oberster Stelle in den Suchergebnissen steht. Wischen Sie in diesem Fall etwas nach unten.

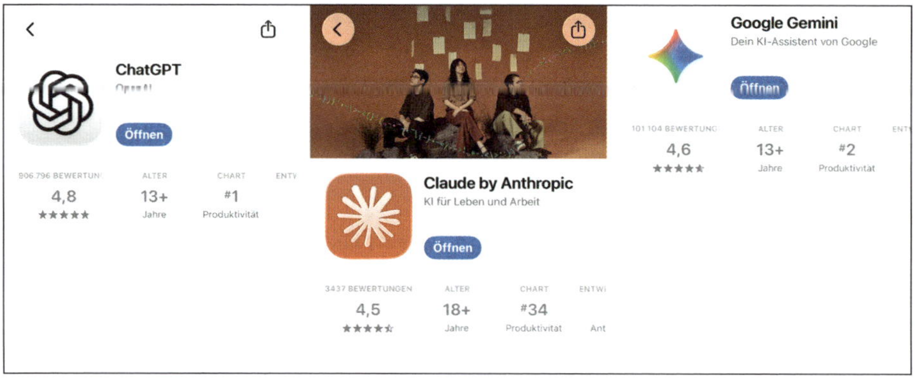

Abbildung 4.10 *In den gängigen App Stores werden Sie schnell fündig.*

Vorsicht vor falschen Apps
Achten Sie beim Download unbedingt auf den richtigen Anbieter. Es gibt gefälschte Apps, die nicht von den offiziellen Herstellern stammen und oft überhöhte Abogebühren verlangen. Echte Apps erkennt man am Namen des Herstellers: OpenAI für ChatGPT, Anthropic für Claude und Google für Gemini.

Die Installation einer KI-App – Schritt für Schritt

Die Installation ist sehr einfach. Ich zeige es am Beispiel von ChatGPT, aber es funktioniert auch mit den anderen Anwendungen.

SCHRITT FÜR SCHRITT

Installation von ChatGPT auf dem Smartphone

1. Öffnen Sie den App Store (iPhone) oder den Google Play Store (Android) auf Ihrem Smartphone.
2. Tippen Sie in das Suchfeld, und geben Sie »OpenAI ChatGPT« ein.
3. Achten Sie darauf, dass als Anbieter der App »OpenAI« angezeigt wird.

4. Tippen Sie auf **Laden** (iPhone) oder **Installieren** (Android).
5. Warten Sie, bis die Installation abgeschlossen ist.
6. Öffnen Sie die App, und melden Sie sich mit Ihrem bestehenden Konto an, das Sie bereits am Computer erstellt haben.

Der letzte Punkt ist besonders praktisch: Sie müssen kein neues Konto anlegen. Wenn Sie sich mit den gleichen Zugangsdaten anmelden, die Sie auch im Browser verwenden, haben Sie sofort Zugriff auf alle Ihre bisherigen Chats. Die Chats werden zwischen Computer und Smartphone synchronisiert.

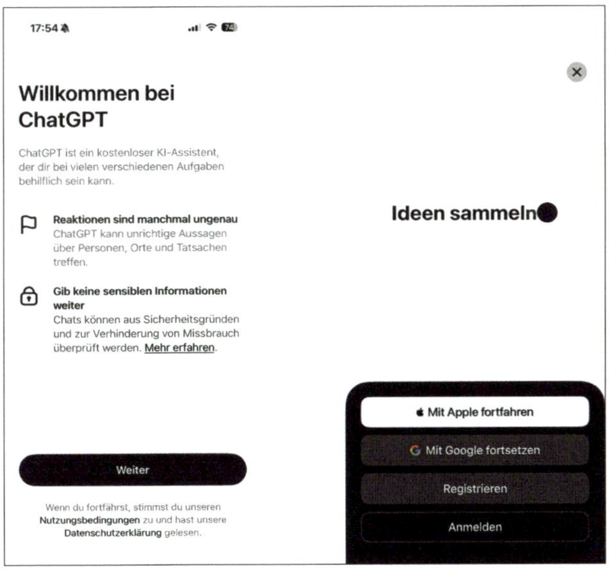

Abbildung 4.11 *Melden Sie sich einfach mit dem Konto an, welches Sie auch am PC nutzen.*

Kein neues Konto nötig
Sie brauchen für die App kein neues Konto. Melden Sie sich einfach mit Ihren bestehenden Zugangsdaten an, und alle Ihre Chats sind sofort verfügbar.

Die Bedienung auf dem Smartphone

Die Apps sind ähnlich aufgebaut wie die Browser-Version, aber für die Bedienung mit dem Finger optimiert. Das Eingabefeld befindet sich am unteren Bildschirmrand, direkt über der Tastatur. Daneben finden Sie das Mikrofonsymbol für die Spracheingabe, die auf dem Smartphone besonders praktisch ist, weil das Tippen auf der kleinen Bildschirmtastatur oft mühsam ist, siehe Abschnitt »Vorlesen lassen statt selbst lesen«.

Die Seitenleiste mit Ihren gespeicherten Chats ist auf dem Smartphone zunächst versteckt. Sie können sie öffnen, indem Sie vom linken Bildschirmrand nach rechts wischen oder auf das Menüsymbol **1** tippen, das meist aus waagerechten Strichen besteht.

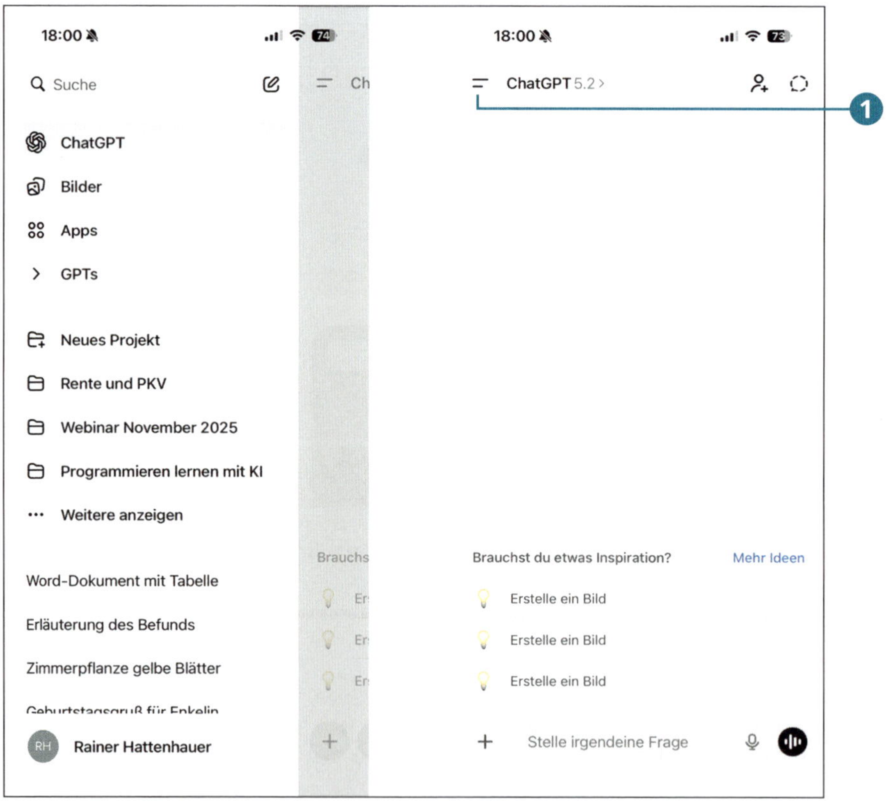

Abbildung 4.12 *Die ChatGPT-App auf dem iPhone. Links mit aufgeklapptem Menü, rechts mit Eingabefeld.*

Wann die App praktischer ist als der Computer

Es gibt Situationen, in denen das Smartphone dem Computer klar überlegen ist. Hier ein paar Beispiele aus dem Alltag:

- **Im Wartezimmer:** Sie sitzen beim Arzt und haben noch 20 Minuten Zeit. Perfekt, um der KI eine Frage zu stellen, die Sie schon lange beschäftigt, oder um sich auf das Gespräch mit dem Arzt vorzubereiten.
- **Beim Einkaufen:** Sie stehen vor dem Gemüseregal und fragen die KI: »Was kann ich aus Zucchini, Tomaten und Feta machen?« In Sekundenschnelle erhalten Sie ein Rezept.
- **Auf Reisen:** Sie brauchen eine schnelle Übersetzung, möchten wissen, was eine Sehenswürdigkeit so besonders macht, oder suchen ein Restaurant in der Nähe.
- **Im Garten:** Sie fotografieren eine Pflanze und fragen die KI, um welche Art es sich handelt und wie sie gepflegt werden sollte.
- **Beim Gehen:** Sie nutzen den Dialogmodus und lassen sich während des Gehens etwas erklären, ohne auf das Display schauen zu müssen.

Abbildung 4.13 *KI-Apps am Smartphone lassen sich ideal im Alltag und Urlaub nutzen.*

Ohne Internet geht nichts

KI-Apps benötigen eine Internetverbindung. Der Datenverbrauch ist gering, aber ganz ohne Netz geht es nicht. Nutzen Sie unterwegs WLAN, wenn verfügbar, um Ihr mobiles Datenvolumen zu schonen.

KI und Bildmaterial

KI kann nicht nur lesen und schreiben, sondern auch sehen. Man kann ihr Fotos zeigen und sich erklären lassen, was darauf zu sehen ist. Das eröffnet ganz neue Möglichkeiten: den Beipackzettel eines Medikaments entziffern lassen, eine Pflanze im Garten identifizieren oder ein altes Foto beschreiben. Und mit der Live-Kamera-Funktion wird das Smartphone sogar zum Fenster, durch das die KI die Umgebung in Echtzeit beobachten kann.

So laden Sie ein Bild hoch

Das Hochladen von Bildern funktioniert bei allen großen KI-Diensten ähnlich. Im Eingabebereich, wo Sie normalerweise Ihre Frage eingeben, finden Sie ein Symbol zum Hinzufügen von Dateien. Es sieht meistens wie eine Büroklammer oder ein Pluszeichen aus.

SCHRITT FÜR SCHRITT

Bild(er) über Browser am PC übergeben

1. Klicken Sie auf das Plussymbol 2 oder Büroklammersymbol neben dem Eingabefeld.

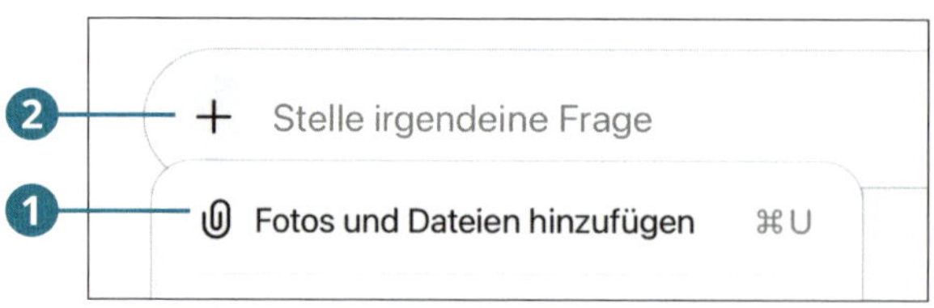

2. Klicken Sie auf **Foto und Dateien hinzufügen** (1). Es öffnet sich der Dateimanager Ihres Betriebssystems.
3. Suchen Sie über den Dateimanager das gewünschte Bild auf Ihrem Computer, und klicken Sie auf **Öffnen**.

   Alternativ können Sie übrigens auch ein Bild oder eine Datei mit gedrückter linker Maustaste direkt in das Prompteingabefeld ziehen.
4. Das Bild erscheint als kleine Vorschau im Eingabebereich.
5. Schreiben Sie Ihre Frage dazu, zum Beispiel: »Was ist auf diesem Bild zu sehen?«
6. Senden Sie die Nachricht ab. Kurze Zeit später erhalten Sie eine Beschreibung der Bildelemente.

Was ist auf dem Bild zu sehen?

Auf dem Bild sieht man einen **Gleitschirm-Startplatz in den Bergen**.

- In der Mitte steht eine Person mit **Gurtzeug/Helm**, die einen **roten Gleitschirm** bereits über sich aufgezogen hat (der Schirm ist halbkreisförmig in der Luft).
- Im Vordergrund liegt ein weiterer **roter (mit weiß/blauem) Gleitschirm** ausgebreitet am Boden – vermutlich zum Auslegen bzw. Packen.
- Rechts und weiter hinten stehen/sitzen **einige weitere Personen** am Hang.
- Im Hintergrund sieht man eine **weite Landschaft/Valley** bis zum Horizont und einen **blauen Himmel mit wenigen Wolken**.

Abbildung 4.14 *ChatGPT identifiziert Szenen und die darauf enthaltenen Objekte.*

SCHRITT FÜR SCHRITT

Bilder in der App auf dem Smartphone übergeben

1. Tippen Sie auf das Plus- oder Kamerasymbol neben dem Eingabefeld.
2. Wählen Sie, ob Sie ein vorhandenes Foto aus Ihrer Galerie verwenden oder ein neues Foto aufnehmen möchten.
3. Das gewählte Bild erscheint anschließend im Eingabefeld.
4. Stellen Sie Ihre Frage zum Bild, und senden Sie die Nachricht ab.

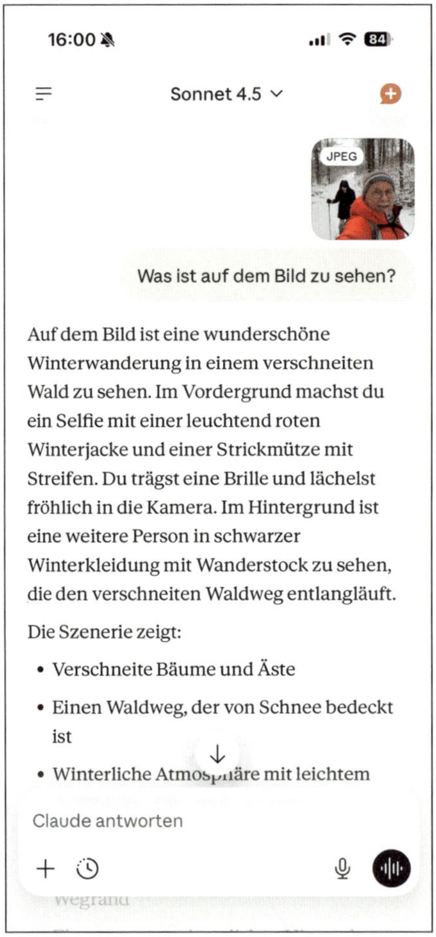

Abbildung 4.15 *Auch Claude beherrscht die Bildanalyse perfekt – hier in der mobilen App.*

Die Büroklammer ist der Schlüssel

Alle großen KI-Dienste, also ChatGPT, Claude und Gemini, können Bilder analysieren. Suchen Sie dazu nach dem Büroklammer- oder Plussymbol neben dem Eingabefeld.

Was die KI in Bildern erkennen kann

Die Bilderkennung moderner KI-Systeme ist erstaunlich gut. Hier einige Beispiele, was Sie damit machen können:

- **Texte auf Fotos vorlesen:** Fotografieren Sie einen Beipackzettel, ein Straßenschild oder eine handgeschriebene Notiz. Die KI kann den Text erkennen und vorlesen oder erklären.
- **Pflanzen und Tiere bestimmen:** Fotografieren Sie eine Blume in Ihrem Garten oder einen Vogel am Fenster. Die KI kann Ihnen oft sagen, um welche Art es sich handelt und wie Sie die Pflanze pflegen sollten.
- **Produkte erkennen:** Fotografieren Sie ein Gerät, dessen Bedienungsanleitung Sie verloren haben. Die KI kann das Produkt oft identifizieren und Ihnen grundlegende Informationen dazu geben.
- **Bilder beschreiben:** Wenn Sie ein altes Familienfoto haben und wissen möchten, was darauf zu sehen ist, oder wenn Sie ein Bild für eine andere Person beschreiben möchten, kann die KI dies für Sie tun.
- **Dokumente zusammenfassen:** Fotografieren Sie einen mehrseitigen Brief oder ein Formular. Die KI kann den Inhalt zusammenfassen und in einfacher Sprache erklären.
- **Probleme erkennen und einschätzen:** Fotografieren Sie etwa eine beschädigte Stelle an einem Gerät oder eine Pflanze mit auffälligen Veränderungen. Die KI kann mögliche Ursachen nennen und Hinweise geben, wie Sie weiter vorgehen können.
- **Hilfe beim Heimwerken:** Fotografieren Sie zum Beispiel Fliesen im Bad. Die KI kann erklären, um welche Art von Fliesen es sich handelt, mögliche Schäden einordnen und einfache Tipps zur Reparatur geben.

Abbildung 4.16 *Die Bilderkennungsfunktion bietet vielfältige Möglichkeiten.*

Ein praktisches Beispiel: Der Beipackzettel

Stellen Sie sich vor, Sie haben ein neues Medikament bekommen und möchten wissen, welche Nebenwirkungen es haben kann. Der Beipackzettel ist klein gedruckt und voller Fachbegriffe. Kein Problem für die KI.

SCHRITT FÜR SCHRITT

Beipackzettel entschlüsseln

1. Fotografieren Sie die Packungsbeilage mit Ihrem Smartphone. Achten Sie darauf, dass der Text gut lesbar ist, also genügend Licht und keine Schatten aufweist.

   Ein Tipp für Fortgeschrittene: Fast alle Packungsbeilagen gibt es auch als PDF zum direkten Download. Suchen Sie dazu mit einer KI-gestützten Suche wie zum Beispiel Perplexity nach entsprechenden Quellen zum Download des Beipackzettels.

2. Öffnen Sie die KI-Anwendung, und laden Sie das Foto oder das PDF hoch.

3. Schreiben Sie dazu:

> Das ist der Beipackzettel meines Medikaments. Kannst du mir in einfachen Worten erklären, welche Nebenwirkungen auftreten können und worauf ich achten sollte?

Die KI wird den Text lesen, die wichtigsten Informationen herausfiltern und Ihnen verständlich zusammenfassen.

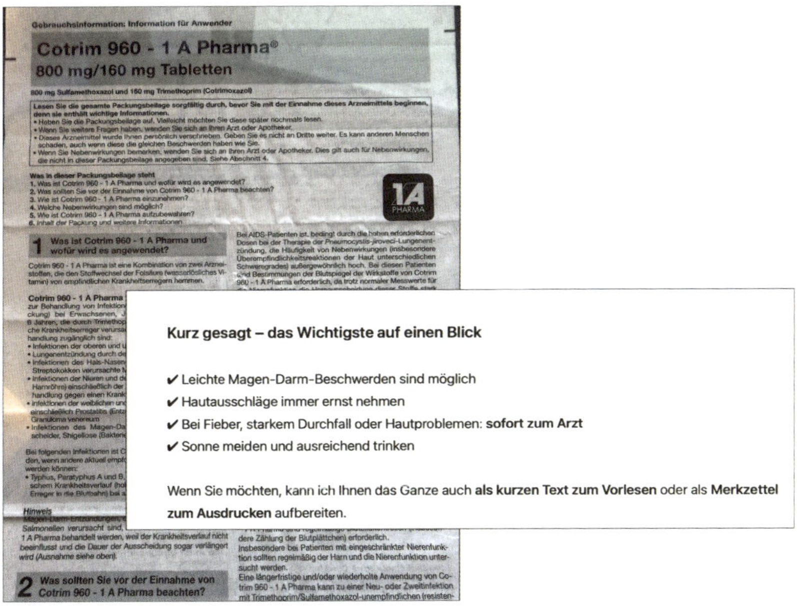

Abbildung 4.17 *Der Beipackzettel – für Laien entschlüsselt.*

Die KI ist kein Arzt oder Apothekerin

Die KI kann Ihnen helfen, medizinische Texte zu verstehen, aber sie ersetzt keinen Arzt oder Apotheker. Wenn Sie Fragen zu Ihren Medikamenten haben, wenden Sie sich immer an eine Fachperson.

Tipps für bessere Fotos

Die Qualität der Antwort der KI hängt stark von der Qualität Ihres Fotos ab. Hier einige einfache Tipps:

- **Gute Beleuchtung:** Fotografieren Sie bei Tageslicht oder unter einer hellen Lampe. Vermeiden Sie Schatten auf dem Objekt.
- **Scharfstellen:** Warten Sie einen Moment, bis die im Smartphone eingebaute Kamera scharf gestellt ist, bevor Sie auslösen. Sie können den Vorgang beschleunigen, indem Sie auf den Bereich tippen, der scharf gestellt werden soll.
- **Nah genug herangehen:** Vor allem bei Text muss dieser gut lesbar sein. Lieber näher als zu weit weg.
- **Gerade Aufnahme:** Möglichst senkrecht von oben fotografieren, nicht schräg von der Seite.

Gutes Licht, gutes Ergebnis
Wenn die KI Schwierigkeiten hat, den Text auf einem Foto zu lesen, nehmen Sie ein neues Foto mit besserer Beleuchtung auf.

Die Live-Kamera-Funktion

Während Sie bei normalen Fotos erst ein Bild machen und es dann hochladen, geht die Live-Kamera-Funktion einen Schritt weiter: Die KI sieht in Echtzeit, was Ihre Smartphone-Kamera gerade zeigt, und kann darauf reagieren.

Diese Funktion ist derzeit bei ChatGPT und Gemini verfügbar. Bei Claude gibt es sie noch nicht.

SCHRITT FÜR SCHRITT

Aktivieren der Live-Kamera bei ChatGPT

1. Öffnen Sie die ChatGPT-App auf Ihrem Smartphone.

2. Starten Sie den Dialogmodus, indem Sie auf das wellenförmige Symbol rechts neben der Prompteingabezeile tippen.

3. Sie gelangen in den Dialogmodus. Dort sehen Sie ein Kamerasymbol. Tippen Sie darauf.

4. Richten Sie die Kamera auf das, was Sie zeigen möchten.

5. Stellen Sie Ihre Frage, zum Beispiel: »Was siehst du hier?«

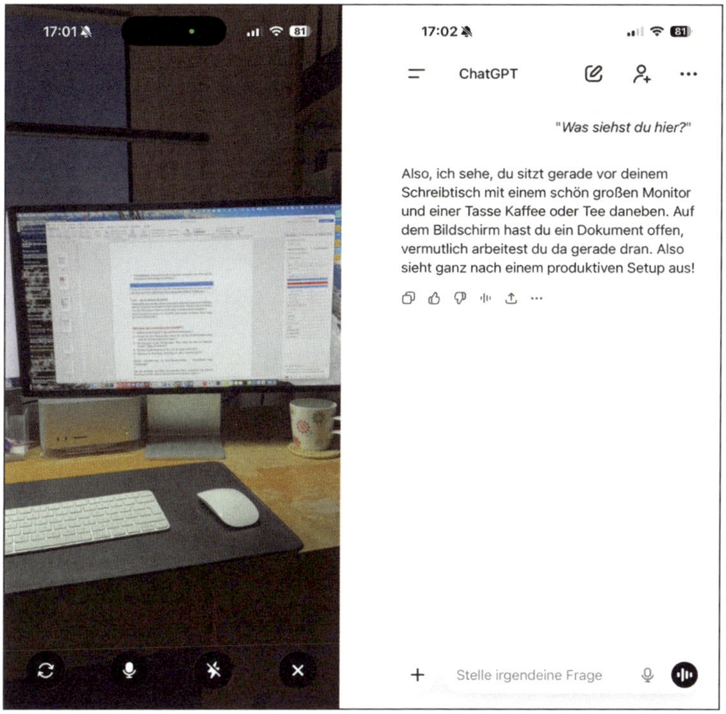

Abbildung 4.18 *ChatGPT kann im Dialogmodus die Welt sehen und erklären.*

Die KI analysiert das Bild und antwortet per Sprachausgabe. Sie können Fragen stellen oder die Kamera auf etwas anderes richten. Sie müssen nicht einmal tippen. Die Live-Kamera ist speziell für die Sprachsteuerung ausgelegt. Sie sprechen Ihre Frage einfach laut aus, während Sie die Kamera auf das gewünschte Objekt richten. Das macht die Funktion auch für Menschen interessant, denen das Tippen auf dem Smartphone schwerfällt.

Wofür ist die Live-Kamera nützlich?

Die Live-Kamera erweitert die Möglichkeiten der KI, indem sie nicht nur einzelne Fotos auswertet, sondern Ihre Umgebung in Echtzeit einbezieht. So können Sie spontan Fragen zu dem stellen, was Sie gerade sehen, und direkt passende Informationen oder Erklärungen erhalten. Das ist besonders praktisch in Situationen, in denen Sie schnell Orientierung oder Unterstützung brauchen, ohne erst lange recherchieren zu müssen.

Die folgenden Beispiele zeigen typische und besonders hilfreiche Einsatzmöglichkeiten.

- **Im Museum oder auf Reisen:** Richten Sie die Kamera auf ein Gebäude, ein Denkmal oder ein Kunstwerk, und fragen Sie: »Was ist das? Erzähl mir etwas darüber.«
- **In der Natur:** Zeigen Sie der KI eine Pflanze oder einen Pilz, und fragen Sie: »Kannst du mir sagen, was das für eine Pflanze ist?«
- **Beim Einkaufen:** Richten Sie die Kamera auf ein Produkt mit fremdsprachiger Beschriftung, und bitten Sie um eine Übersetzung.
- **Als Orientierungshilfe:** Richten Sie die Kamera in einer fremden Stadt auf Straßenschilder oder Wegweiser, und fragen Sie: »Wie komme ich von hier zum Bahnhof?«
- **Als Lesehilfe:** Richten Sie die Kamera auf ein Schild, eine Speisekarte oder einen Fahrplan, und lassen Sie sich den Inhalt vorlesen und erklären.

Ruhe bewahren und warten

Die Live-Kamera funktioniert am besten bei guten Lichtverhältnissen und wenn Sie das Smartphone ruhig halten. Geben Sie der KI einen Moment Zeit, um das Bild zu analysieren, bevor Sie Ihre Frage stellen.

Abbildung 4.19 *Der Live-Analysemodus ist in vielen Situationen hilfreich.*

Datenschutz bei Bildern

Wenn Sie Bilder an eine KI senden, werden diese auf den Servern des Anbieters verarbeitet. Daher sollten Sie einige Dinge beachten:

- **Keine sensiblen Dokumente:** Vermeiden Sie es, Ausweise, Bankunterlagen, Passwörter oder sehr persönliche Dokumente hochzuladen.
- **Personen auf Fotos:** Wenn andere Personen auf Ihren Fotos zu sehen sind, denken Sie daran, dass auch deren Abbild verarbeitet wird. Fragen Sie im Zweifelsfall um Erlaubnis.
- **Medizinische Dokumente:** Beipackzettel sind unproblematisch. Bei persönlichen Arztbriefen oder Befunden sollten Sie abwägen, ob Sie diese wirklich hochladen wollen.

Sensible Daten gehören nicht ins Netz

Laden Sie keine Dokumente mit sensiblen persönlichen Daten wie Ausweisnummern, Kontodaten oder Passwörtern hoch. Die KI-Anbieter verarbeiten diese Daten auf ihren Servern.

Was funktioniert nicht so gut?

Bilderkennung ist beeindruckend, hat aber auch ihre Grenzen:

- **Handschrift:** Sehr unleserliche Handschrift kann die KI überfordern. Je sauberer die Handschrift, desto besser das Ergebnis.
- **Kleine Details:** Wenn das Foto unscharf ist oder wichtige Details zu klein abgebildet sind, kann die KI diese nicht erkennen.
- **Unbekannte Objekte:** Bei sehr speziellen oder seltenen Objekten kann die KI nur raten oder muss passen.
- **Personenerkennung:** Die KI wird Ihnen nicht sagen, wer eine bestimmte Person auf einem Foto ist, auch wenn es sich um eine berühmte Persönlichkeit handelt. Dies ist eine bewusste Einschränkung zum Schutz der Privatsphäre.

Wenn die KI einmal nicht weiterkommt, versuchen Sie es mit einem besseren Foto oder einer genaueren Beschreibung dessen, was Sie wissen möchten.

Ein Auge für alles

Die Bilderkennung der KI ist ein mächtiges Werkzeug im Alltag: Texte entziffern, Pflanzen bestimmen, Dokumente verstehen. Mit der Live-Kamera wird Ihr Smartphone zum intelligenten Auge, das Ihnen die Welt erklärt.

Kapitel 5
Wenn Ihnen die Worte fehlen – so hilft die KI beim Schreiben

Hand aufs Herz: Wie oft haben Sie schon vor einem leeren Blatt Papier oder Bildschirm gesessen und wussten einfach nicht, wie Sie anfangen sollen? Ein Brief an die Versicherung, eine höfliche Absage, ein Glückwunsch zum runden Geburtstag. Die richtigen Worte zu finden, ist manchmal gar nicht so einfach. Die KI kann Ihnen dabei helfen.

In diesem Kapitel erfahren Sie, wie die KI Sie bei allen erdenklichen Schreibarbeiten unterstützt. Wir beginnen mit E-Mails, dem idealen Einstieg in das KI-gestützte Schreiben. Dann geht es um Rechtschreibung und Grammatik, denn Tippfehler passieren jedem. Sie lernen, wie man formelle Briefe an Behörden und Versicherungen schreibt, Kündigungsschreiben verfasst und kompliziertes Amtsdeutsch in verständliche Sprache übersetzt.

Für den Fall, dass etwas schiefgeht, zeige ich Ihnen, wie Sie Beschwerden sachlich und wirkungsvoll formulieren. Und weil das Leben nicht nur aus Pflichten besteht, widmen wir uns auch den schönen Seiten: Glückwünsche, Einladungen, WhatsApp-Nachrichten und sogar eine Rede zur Silberhochzeit.

E-Mails schreiben und verbessern lassen

E-Mails gehören heute zum Alltag wie früher der Brief im Briefkasten. Sei es die Terminbestätigung bei der Ärztin, die Anfrage beim Reisebüro oder die kurze Nachricht an die Hausverwaltung: Irgendjemand will ständig etwas schriftlich von uns haben. Und genau deshalb sind E-Mails der perfekte Einstieg in die KI-gestützte Korrespondenz. Sie sind in der Regel kurz, die Anforderungen sind überschaubar, und wenn mal etwas nicht ganz optimal formuliert ist, geht die Welt nicht gleich unter. Man kann also entspannt üben und gleichzeitig etwas Sinnvolles tun.

Vielleicht fragen Sie sich: Merkt der Empfänger eigentlich, dass eine KI bei meiner E-Mail geholfen hat? Die Antwort lautet: Nein, in der Regel nicht. Die KI schreibt ganz normale, natürlich klingende Texte. Nirgendwo steht »geschrieben von ChatGPT«, und es gibt auch keinen typischen KI-Stil, an dem man die Herkunft erkennen könnte.

Solange man den Text am Ende noch einmal liest und vielleicht ein, zwei persönliche Worte hinzufügt, wird niemand auf die Idee kommen, dass man digitale Hilfe hatte. Und selbst wenn: Was wäre daran so schlimm? Früher hat man auch Freunde oder die Familie um Rat gefragt, wenn einem die richtige Formulierung nicht einfiel. Die KI ist einfach eine weitere Hilfe im Werkzeugkasten.

Eine neue E-Mail verfassen lassen

Beginnen wir mit dem einfachsten Fall: Sie müssen eine E-Mail schreiben und wissen ungefähr, was darin stehen soll, aber die Formulierung fällt Ihnen schwer. Hier leistet die KI gute Dienste. Beschreiben Sie einfach, worum es geht, und lassen Sie sich einen Entwurf erstellen.

Beispiel: Terminabsage beim Arzt

Angenommen, Sie haben einen Arzttermin vereinbart, können ihn aber nicht wahrnehmen. Eine höfliche Absage ist selbstverständlich, aber wie formuliert man das am besten?

Schreibe eine höfliche E-Mail an eine Arztpraxis. Ich muss meinen Termin am kommenden Donnerstag um 10 Uhr absagen, weil ich an diesem Tag meine Enkelin vom Bahnhof abholen muss. Ich möchte gerne einen neuen Termin in der darauffolgenden Woche.

Gerne 😊
Hier ist eine höfliche, sachliche E-Mail, die gut zu einer Arztpraxis passt:

E-Mail

Betreff Absage meines Termins am Donnerstag

Sehr geehrte Damen und Herren,

leider muss ich meinen Termin am kommenden Donnerstag um 10:00 Uhr absagen, da ich an diesem Tag kurzfristig meine Enkelin vom Bahnhof abholen muss.

Gerne würde ich einen neuen Termin in der darauffolgenden Woche vereinbaren. Über eine kurze Rückmeldung mit möglichen Terminvorschlägen würde ich mich sehr freuen.

Vielen Dank für Ihr Verständnis.

Mit freundlichen Grüßen
Rainer Hattenhauer

Wenn du möchtest, kann ich den Text auch **noch etwas kürzer**, **formeller** oder **lockerer** formulieren.

Abbildung 5.1 *Eine Mail an die Arztpraxis ist im Handumdrehen verfasst.*

Die KI liefert Ihnen in Sekundenschnelle eine fertige E-Mail mit Betreffzeile, höflicher Anrede, dem eigentlichen Anliegen und einer freundlichen Schlussformel. Sie müssen die Antwort nur noch in Ihr E-Mail-Programm kopieren, Ihre persönlichen Daten ergänzen oder anpassen und auf **Senden** klicken.

Beispiel: Anfrage beim Reisebüro

Sie planen eine Flusskreuzfahrt und möchten vorab einige Fragen klären. Auch hier hilft die KI weiter:

Verfasse eine freundliche E-Mail an ein Reisebüro. Ich interessiere mich für eine Donau-Kreuzfahrt im September und hätte gerne Informationen zu barrierefreien Kabinen. Außerdem möchte ich wissen, ob Einzelkabinenzuschläge anfallen.

Gerne. Hier ist eine freundliche und sachliche E-Mail, die Sie direkt verwenden oder anpassen können:

Sehr geehrte Damen und Herren,

ich interessiere mich für eine Donau-Kreuzfahrt im kommenden September und möchte mich vorab gerne näher informieren.

Könnten Sie mir bitte mitteilen, ob auf Ihren Schiffen barrierefreie Kabinen verfügbar sind und wie diese ausgestattet sind? Außerdem wüsste ich gerne, ob für Einzelreisende ein Einzelkabinenzuschlag anfällt und wie hoch dieser gegebenenfalls ist.

Für weitere Informationen oder passende Angebote bedanke ich mich im Voraus und freue mich auf Ihre Rückmeldung.

Mit freundlichen Grüßen

Wenn Sie möchten, kann ich die Mail auch etwas kürzer, formeller oder lockerer formulieren – oder gezielt auf ein bestimmtes Reisebüro zuschneiden.

Die KI erstellt somit eine übersichtliche Anfrage, in der alle Ihre Punkte angesprochen werden. Das spart Ihnen Zeit und stellt sicher, dass Sie nichts vergessen.

Das funktioniert übrigens nicht nur für E-Mails, sondern auch für formelle Briefe – etwa an Behörden, Versicherungen oder Vermieter. Gerade bei amtlichen Schreiben, bei denen der richtige Ton besonders wichtig ist, kann die KI eine große Hilfe sein.

Den richtigen Ton treffen

Je nachdem, an wen Sie schreiben, sollte die E-Mail einen anderen Ton haben. Eine Nachricht an die Krankenkasse klingt anders als eine Nachricht an die Nachbarin. Die KI kann das berücksichtigen, wenn Sie es ihr sagen. Fügen Sie Ihrem Prompt einfach einen Hinweis wie »bitte formell« oder »eher locker und freundlich« oder »sachlich, aber nicht zu steif« hinzu. Probieren Sie ruhig verschiedene Varianten aus. Sie können die KI auch bitten, denselben Inhalt in verschiedenen Tonlagen zu formulieren, und dann die Version auswählen, die Ihnen am besten gefällt. Wie das geht, erfahren Sie im nächsten Abschnitt.

Bestehende E-Mails verbessern

Manchmal hat man schon einen Entwurf geschrieben, ist aber nicht ganz zufrieden damit. Vielleicht ist er zu hart formuliert, zu kompliziert oder zu lang. Auch hier ist die KI eine große Hilfe. Kopieren Sie einfach Ihren Text in das Chatfenster, und bitten Sie um Verbesserung.

Höflicher formulieren

Sie haben eine E-Mail geschrieben, die Ihnen im Nachhinein etwas zu direkt erscheint, zum Beispiel weil Sie sich im Moment des Schreibens sehr geärgert haben? Kein Problem.

> Hier ist meine E-Mail an den Kundenservice. Kannst du sie freundlicher formulieren, ohne dass der Inhalt verloren geht? [Ihr Text]

Die KI glättet scharfe Ecken und Kanten, behält aber Ihre Aussage bei. Das Ergebnis klingt höflicher, ohne unterwürfig zu wirken.

Hier ist meine E-Mail an den Kundenservice. Kannst du sie freundlicher formulieren, ohne dass der Inhalt verloren geht?
####
Hallo Firma XYZ,

Ihr Produkt „Anti-Aging-Faltencreme“ ist ja wohl das Allerletzte. Seit der Anwendung dieses Schrotts leide ich unter allergischen Reaktionen im Gesichtsbereich und sehe aus wie ein Clown. Ich werde Sie vor Gericht zerren!

Mit unfreundlichen Grüßen
Rainer Hattenhauer

Gerne 🙂
Ich habe den Ton deutlich freundlicher und sachlicher gestaltet, den **Inhalt (Beschwerde + gesundheitliche Reaktion + rechtliche Schritte)** aber vollständig erhalten.

E-Mail

Betreff Beschwerde zu Ihrem Produkt „Anti-Aging-Faltencreme“

Sehr geehrtes Team der Firma XYZ,

leider habe ich mit Ihrem Produkt „Anti-Aging-Faltencreme“ sehr negative Erfahrungen gemacht. Nach der Anwendung kam es bei mir zu allergischen Reaktionen im Gesichtsbereich, die für mich sehr belastend sind.

Ich bitte Sie daher um eine Stellungnahme zu diesem Vorfall sowie um Informationen zu möglichen nächsten Schritten. Sollte sich keine zufriedenstellende Klärung ergeben, behalte ich mir vor, rechtliche Schritte zu prüfen.

Ich hoffe auf eine zeitnahe und konstruktive Rückmeldung.

Mit freundlichen Grüßen
Rainer Hattenhauer

Abbildung 5.2 *Die KI nimmt unbedachten Formulierungen die Schärfe.*

Kürzen ohne Informationsverlust

Aus Ihrer E-Mail ist ein kleiner Roman geworden? Lassen Sie die KI das Wesentliche herausfiltern:

> Diese E-Mail ist zu lang geraten. Kürze sie bitte auf das Wesentliche, ohne wichtige Informationen wegzulassen.

Sie werden überrascht sein, wie gut die KI in der Lage ist, Texte auf den Punkt zu bringen und dabei alle wichtigen Details beizubehalten.

Auswahl statt Einheitsbrei
Sie können die KI auch bitten, mehrere Varianten einer E-Mail zu erstellen. Sagen Sie einfach: »Gib mir drei verschiedene Versionen dieser E-Mail: eine kurze, eine ausführliche und eine besonders freundliche.« So haben Sie die Wahl und können die Version wählen, die am besten zu Ihrer Situation passt.

Rechtschreibung und Grammatik prüfen

Hand aufs Herz: Wer hat nicht schon einmal eine E-Mail verschickt und erst hinterher den peinlichen Tippfehler entdeckt? Oder sich gefragt, ob an dieser Stelle nun ein Komma steht oder nicht? Dann sind Sie in bester Gesellschaft, denn auch geübte Schreiberinnen und Schreiber lassen ihre Texte gegenlesen. Dafür ist die KI wie geschaffen. Sie findet nicht nur Fehler, sondern erklärt auf Wunsch auch, warum etwas nicht stimmt. So lernt man ganz nebenbei.

Texte zur Korrektur übergeben

Das Prinzip ist denkbar einfach: Sie kopieren Ihren Text in das Chatfenster und lassen ihn von der KI überprüfen. Das funktioniert mit E-Mails genauso wie mit Briefen, Einladungstexten oder anderen Dokumenten.

> Bitte überprüfe den folgenden Text auf Rechtschreib- und Grammatikfehler und gib mir eine korrigierte Version zurück: [Ihr Text]

Die KI liefert Ihnen den korrigierten Text und markiert auf Wunsch die Stellen, an denen sie etwas geändert hat. Das ist praktischer als die Rechtschreibprüfung von Word, die Fehler zwar markiert, aber nicht erklärt, was genau falsch ist.

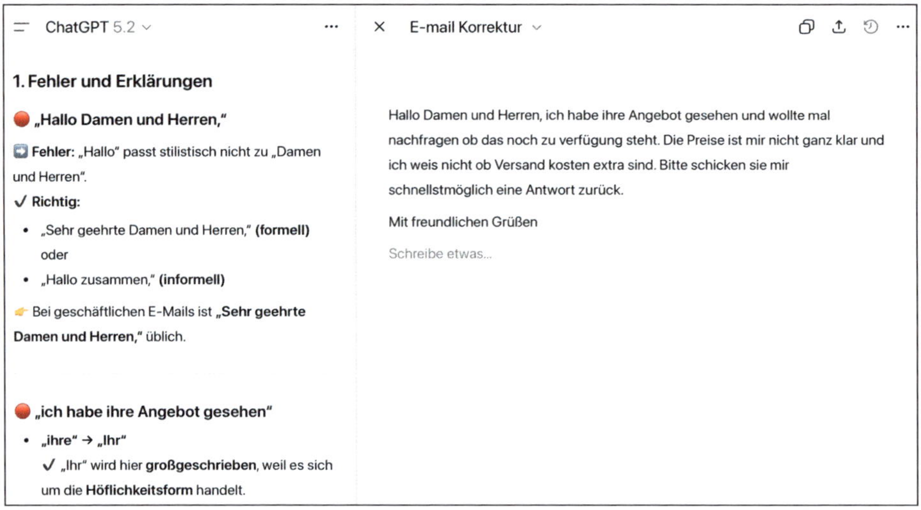

Abbildung 5.3 *ChatGPT (hier im Canvas-Modus, siehe Kapitel 3) erklärt Ihnen Rechtschreib- und Grammatikfehler in Ihren Texten.*

Fehler erklären lassen

Besonders hilfreich ist die Möglichkeit, sich Korrekturen erklären zu lassen. Wenn Sie wissen möchten, warum die KI etwas geändert hat, fragen Sie einfach nach.

> Warum hast du in meinem Text »das« durch »dass« ersetzt?

Die KI erklärt Ihnen dann geduldig den Unterschied:

> »Das« mit einem s ist ein Artikel oder Pronomen und lässt sich durch »dieses« oder »welches« ersetzen. »Dass« mit doppeltem s ist eine Konjunktion und leitet einen Nebensatz ein.

Solche Erklärungen bleiben oft besser im Gedächtnis als die Regeln, die man einst in der Schule gelernt hat, weil sie sich auf Ihren eigenen Text beziehen.

Zeichensetzung: Kommas an der richtigen Stelle

Die deutsche Kommasetzung ist selbst für Muttersprachler manchmal ein Rätsel. Muss vor »und« ein Komma stehen? Wie ist das bei »um zu«? Die KI kennt die Regeln und wendet sie zuverlässig an.

> Überprüfe bitte die Kommasetzung in diesem Satz und erkläre mir, warum dort ein Komma steht: [Ihr Satz]

Ein Beispiel: Sie schreiben: »Ich freue mich Sie bald wiederzusehen«, und sind unsicher wegen der Kommas. Die KI korrigiert zu »Ich freue mich, Sie bald wiederzusehen« und erklärt, dass vor einer Infinitivgruppe mit »zu« in der Regel ein Komma steht. So einfach kann Grammatik sein.

Abbildung 5.4 *ChatGPT ist Ihr persönlicher Experte für Rechtschreibung und Grammatik.*

Typische Fehler kennen und vermeiden

Sie können die KI auch bitten, Ihnen die häufigsten Fehlerquellen im Deutschen zusammenzufassen. Fragen Sie einfach: »Welche Rechtschreibfehler machen Deutsche besonders oft, und wie vermeide ich sie?« So bekommen Sie eine praktische Übersicht, die Sie sich neben den Computer legen können.

Der große Vorteil der KI gegenüber menschlichen Korrektoren: Sie wird niemals ungeduldig. Sie können dieselbe Regel zehnmal erfragen, und die KI erklärt sie Ihnen jedes Mal freundlich. Wenn Ihnen bei »seit« und »seid« immer wieder Fehler unterlaufen, lassen Sie sich den Unterschied erklären, bis er sitzt. Die KI urteilt nicht, sie hilft einfach.

Sie können sich die Erklärung auch in verschiedenen Formen ausgeben lassen – etwa als kurze Merkhilfe, als Tabelle oder mit mehreren Beispielsätzen.

Schreibhilfen zum Nachrüsten

Es gibt auch diverse (zum Teil kostenpflichtige) KI-basierte Ergänzungen für die Standardtextverarbeitung Word von Microsoft. Als Beispiele seien DeepL Write (*https://www.deepl.com/de/write*) und das LanguageTool (*https://languagetool.org/de*) genannt.

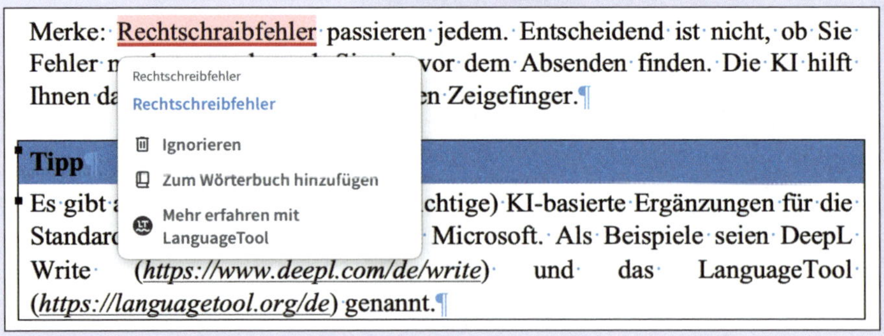

Abbildung 5.5 *Das LanguageTool identifiziert Rechtschreib- und Grammatikfehler direkt während der Eingabe.*

Briefe an Behörden und Versicherungen

Post vom Amt oder von der Versicherung löst bei vielen Menschen ein mulmiges Gefühl aus. Und wenn man dann auch noch antworten muss, wird es richtig unangenehm. Wie schreibt man an eine Behörde, ohne unterwürfig zu klingen? Wie formuliert man einen Widerspruch, ohne unhöflich zu werden? Die KI nimmt Ihnen diese Last von den Schultern. Sie kennt den richtigen Ton für förmliche Schreiben und weiß, welche Informationen in ein solches Schreiben gehören.

Bei Behörden und Versicherungen gilt: sachlich, klar und höflich. Sie müssen weder unterwürfig auftreten noch Ihr Anliegen in Watte packen. Ein guter formeller Brief kommt freundlich, aber bestimmt auf den Punkt. Die KI beherrscht diesen Balanceakt perfekt.

Ein vollständiger Geschäftsbrief enthält bestimmte Elemente: Absender, Empfänger, Datum, einen aussagekräftigen Betreff, die Anrede, den eigentlichen Text und eine Grußformel. Wenn Sie der KI sagen, worum es geht, fügt sie all diese Elemente automatisch ein.

Brief an eine Behörde

Sie haben einen Bescheid vom Amt erhalten, mit dem Sie nicht einverstanden sind. Sie müssen Widerspruch einlegen, aber wie?

> Schreibe einen formellen Widerspruch an das Sozialamt. Ich habe einen Bescheid über die Ablehnung meines Antrags auf Wohngeld erhalten. Die Ablehnung wurde mit zu hohem Einkommen begründet, aber dabei wurde die Pflegeversicherung meiner Frau nicht berücksichtigt. Der Bescheid ist vom 5. Januar 2026, das Aktenzeichen ist 2026-WG-4711.

Geben Sie dazu nicht das Original-Aktenzeichen in den Prompt ein, sondern denken Sie sich ein Fantasie-Aktenzeichen aus. Die KI erstellt einen vollständigen Brief mit allen notwendigen Angaben. Sie formuliert den Widerspruch sachlich und verweist auf die fehlende Berücksichtigung der Pflegeversicherung als Begründung:

Sehr geehrte Damen und Herren,

hiermit lege ich fristgerecht Widerspruch gegen Ihren Bescheid vom 5. Januar 2026 (Aktenzeichen 2026-WG-4711) ein, mit dem mein Antrag auf Wohngeld wegen angeblich zu hohen Einkommens abgelehnt wurde.

Bei der Berechnung des maßgeblichen Einkommens wurde die von mir zu tragende Pflegeversicherungsprämie meiner Ehefrau nicht berücksichtigt. Diese stellt jedoch eine gesetzlich verpflichtende und einkommensmindernde Belastung dar und ist bei der Einkommensberechnung entsprechend zu berücksichtigen.

Ich bitte daher um erneute Prüfung meines Antrags unter Einbeziehung der Pflegeversicherungsbeiträge sowie um Zusendung eines korrigierten Bescheids. Gern reiche ich auf Wunsch entsprechende Nachweise nach.

Mit freundlichen Grüßen

Rainer Hattenhauer

Abbildung 5.6 *Der KI-Advokat ist stets behilflich.*

An diesem Beispiel sehen Sie, wie konkret Ihre Angaben sein können: Je mehr relevante Informationen Sie der KI geben – etwa Datum, Aktenzeichen und Begründung –, desto passender und vollständiger fällt das Ergebnis aus. Wenn Sie den Brief nicht per E-Mail, sondern per Post versenden möchten, können Sie sich von der KI auch einen Standardbrief per Folgeprompt erstellen lassen:

> Erstelle den Brief als Word-Dokument im klassischen Brieflayout (DIN 5008) und formuliere ihn juristisch noch etwas schärfer (mit Paragraphenverweis).

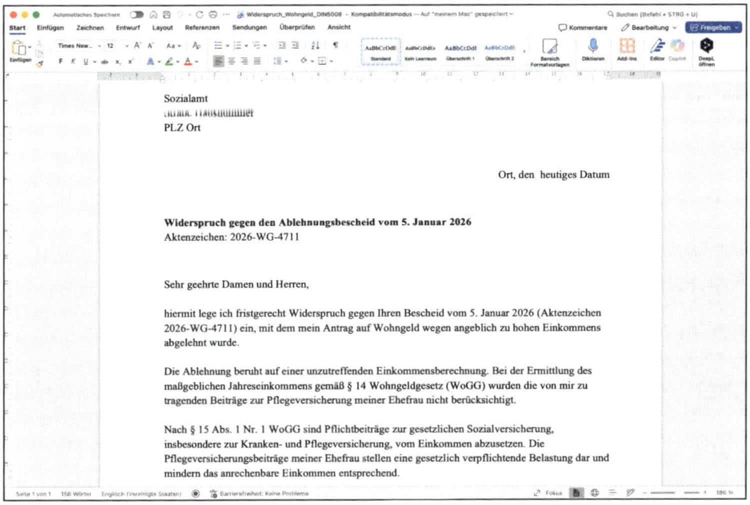

Sozialamt
Straße Hausnummer
PLZ Ort

Ort, den heutiges Datum

Widerspruch gegen den Ablehnungsbescheid vom 5. Januar 2026
Aktenzeichen: 2026-WG-4711

Sehr geehrte Damen und Herren,

hiermit lege ich fristgerecht Widerspruch gegen Ihren Bescheid vom 5. Januar 2026 (Aktenzeichen 2026-WG-4711) ein, mit dem mein Antrag auf Wohngeld wegen angeblich zu hohen Einkommens abgelehnt wurde.

Die Ablehnung beruht auf einer unzutreffenden Einkommensberechnung. Bei der Ermittlung des maßgeblichen Jahreseinkommens gemäß § 14 Wohngeldgesetz (WoGG) wurden die von mir zu tragenden Beiträge zur Pflegeversicherung meiner Ehefrau nicht berücksichtigt.

Nach § 15 Abs. 1 Nr. 1 WoGG sind Pflichtbeiträge zur gesetzlichen Sozialversicherung, insbesondere zur Kranken- und Pflegeversicherung, vom Einkommen abzusetzen. Die Pflegeversicherungsbeiträge meiner Ehefrau stellen eine gesetzlich verpflichtende Belastung dar und mindern das anrechenbare Einkommen entsprechend.

Abbildung 5.7 *ChatGPT beherrscht mittlerweile den Export in gängige Formate, im vorliegenden Fall als Word-Dokument.*

Versicherungen anschreiben

Auch bei Versicherungen ist ein klarer, sachlicher Ton gefragt. Ob Schadensmeldung, Leistungsantrag oder Vertragsanfrage: KI hilft Ihnen, alle relevanten Informationen übersichtlich zusammenzufassen.

Betrachten wir dazu folgendes Beispiel: In Ihrer Küche ist ein Rohr geplatzt, und nun müssen Sie den Schaden der Hausratversicherung melden. Je genauer Sie den Vorfall beschreiben, desto besser kann die KI den Brief formulieren.

> Verfasse einen Brief an meine Hausratversicherung. Am vergangenen Montag ist in meiner Küche ein Wasserrohr unter der Spüle geplatzt. Dabei wurden der Küchenschrank, ein Teppich und einige Elektrogeräte beschädigt. Meine Versicherungsnummer ist HV-123456. Ich bitte um Mitteilung, welche Unterlagen für die Schadensregulierung benötigt werden.

Betreff: Schadensmeldung Wasserschaden – Versicherungsnummer HV-123456

Sehr geehrte Damen und Herren,

hiermit melde ich einen Wasserschaden in meiner Wohnung. Am vergangenen Montag ist in meiner Küche ein Wasserrohr unter der Spüle geplatzt. Infolge des Wasseraustritts wurden der Küchenschrank, ein Teppich sowie mehrere Elektrogeräte beschädigt.

Meine Versicherungsnummer lautet: HV-123456.

Ich bitte Sie um Mitteilung, welche Unterlagen und Nachweise (z. B. Fotos, Kostenvoranschläge, Rechnungen) für die Bearbeitung und Regulierung des Schadens erforderlich sind.

Für eine zeitnahe Rückmeldung danke ich Ihnen im Voraus.

Mit freundlichen Grüßen

Die KI erstellt eine übersichtliche Schadenmeldung, die alle Fakten enthält: Was ist wann passiert, was wurde beschädigt und was erwarten Sie von der Versicherung? So vergessen Sie nichts Wichtiges. Außerdem hilft Ihnen die KI dabei, den Ton sachlich und klar zu halten – genau so, wie es bei einer Meldung an die Versicherung sinnvoll ist. Auf Wunsch können Sie sich den Text auch kürzer, formeller oder in Stichpunkten ausgeben lassen.

Vertrauen ist gut, Kontrolle ist besser

Sowohl bei Behördenbriefen als auch bei Versicherungsschreiben gilt: Prüfen Sie das Ergebnis sorgfältig, bevor Sie es abschicken. Die KI kennt weder Ihre Vertragsnummer noch die genauen Umstände Ihres Falls. Kontrollieren Sie alle Daten, Aktenzeichen und Fristen, damit am Ende alles stimmt.

Kündigungsschreiben erstellen

Verträge abzuschließen ist meist einfach – oft reicht ein »Ja« am Telefon. Einen Vertrag zu kündigen, fällt dagegen vielen Menschen schwer. Nicht, weil es kompliziert wäre, sondern weil man sich unsicher ist: Was muss in so einem Brief stehen? Wie formuliert man das? Und wenn man etwas vergisst? Die KI nimmt Ihnen diese Unsicherheit und erstellt in Sekundenschnelle ein Kündigungsschreiben, das alle wichtigen Punkte enthält.

Ein wirksames Kündigungsschreiben benötigt nur wenige Angaben, die jedoch korrekt sein müssen. Dazu gehören: Ihr Name und Ihre Anschrift, die Anschrift des Unternehmens, das Datum, Ihre Kundennummer oder Vertragsnummer, den eindeutigen Wunsch zu kündigen und das gewünschte Kündigungsdatum. Bitten Sie auch um eine schriftliche Bestätigung. Eine Begründung ist übrigens nicht erforderlich. Sie müssen niemandem erklären, warum Sie kündigen wollen.

Beispiel: Zeitschriftenabo kündigen

Sie haben vor Jahren ein Zeitschriftenabonnement abgeschlossen und möchten es nun kündigen. Die KI hilft Ihnen dabei:

> Schreibe ein Kündigungsschreiben für mein Abo der Zeitschrift »Garten & Wohnen«. Meine Kundennummer ist 78954321. Ich möchte zum nächstmöglichen Zeitpunkt kündigen und bitte um eine schriftliche Bestätigung.

Auch hier gilt wieder: Verwenden Sie eine Fantasie-Kundennummer. Die KI erstellt ein kurzes, aber vollständiges Schreiben, das alle notwendigen Informationen enthält. Keine Umschweife, keine überflüssigen Erklärungen, einfach eine klare Kündigung.

Beispiel: Handyvertrag kündigen

Bei Handyverträgen lauern oft Fallstricke: automatische Verlängerungen, Mindestlaufzeiten, unterschiedliche Kündigungsfristen. Je mehr Informationen Sie der KI geben, desto genauer wird das Ergebnis.

> Erstelle eine Kündigung für meinen Handyvertrag bei der Telekom. Meine Rufnummer ist 0170-1234567, die Kundennummer lautet 332211. Der Vertrag hat eine Kündigungsfrist von drei Monaten zum Vertragsende. Ich möchte fristgerecht zum Ende der Laufzeit kündigen. Bitte füge auch die Bitte um Rufnummernmitnahme ein.

Sie wissen es bereits: Die Nummern, die sie der KI übergeben, sollten nicht mit der Realität übereinstimmen. Die KI formuliert ein Schreiben, das sowohl die Kündigung als auch den Antrag auf Rufnummernportierung enthält. Das ist praktisch, denn so können Sie mit einem Brief zwei Dinge erledigen.

Fristen und Formalitäten

Die KI kann Ihnen zwar ein perfektes Kündigungsschreiben erstellen, kennt aber nicht Ihre konkreten Vertragsdetails. Schauen Sie deshalb vorher in Ihren Unterlagen nach, welche Kündigungsfrist gilt und wann der Vertrag endet. Diese Informationen geben Sie dann im Prompt an. Wenn Sie unsicher sind, können Sie auch die KI fragen:

> Welche Kündigungsfrist gilt üblicherweise bei Handyverträgen in Deutschland?

Die KI gibt Ihnen allgemeine Informationen, die Sie zur Orientierung nutzen können. Die verbindliche Frist entnehmen Sie bitte Ihrem Vertrag.

Vor dem Absenden genau hinschauen

Prüfen Sie jedes Kündigungsschreiben sorgfältig, bevor Sie es abschicken. Stimmen Kundennummer, Vertragsnummer und Ihre Adresse? Stimmt das Kündigungsdatum? Eine falsche Angabe kann dazu führen, dass die Kündigung nicht anerkannt wird. Und nicht vergessen: Eine Kündigung per E-Mail ist nicht bei allen Anbietern wirksam. Einige verlangen weiterhin den Postweg oder zumindest eine Unterschrift.

Komplizierte Texte verständlich machen

Kennen Sie das auch? Ein Brief flattert ins Haus, und schon nach dem ersten Satz versteht man nur noch Bahnhof. Behörden, Versicherungen und Banken scheinen manchmal in einer eigenen Sprache zu schreiben, die mit dem normalen Deutsch nur noch entfernt zu tun hat. Fachbegriffe, Schachtelsätze und Verweise auf Paragraphen machen selbst einfache Sachverhalte zum Rätsel. KI kann helfen, solche Texte zu entschlüsseln und in verständliche Sprache zu übersetzen.

Behördenbriefe übersetzen lassen

Amtsdeutsch ist berüchtigt für seine Sperrigkeit. Aber Sie müssen sich nicht mehr allein durch diesen Dschungel kämpfen. Kopieren Sie einfach den unverständlichen Text in das Chatfenster, und bitten Sie um eine Übersetzung in einfache Sprache.

> Der folgende Text stammt aus einem Schreiben meiner Gemeinde. Ich verstehe ihn nicht richtig. Kannst du mir in einfachen Worten erklären, was damit gemeint ist? [Text einfügen]

Die KI analysiert den Inhalt und gibt Ihnen eine Zusammenfassung ohne Fachjargon. Sie erfahren, worum es geht, was von Ihnen erwartet wird und bis wann Sie eventuell reagieren müssen.

Der Rat hat in seiner Sitzung vom 25.09.2025 eine Anhebung des Hebesatzes von 248 v.H. auf 285 v.H. beschlossen.

Berechnung Grundsteuer -B-

Jahr	Messbetrag	Hebesatz v.H.	berechnete Steuer
2026	83,92 EUR	285,00	239,17 EUR
ab 2027 jährlich	83,92 EUR	285,00	239,17 EUR

Festsetzung der Grundsteuer
Die Grundsteuer wird unter Beachtung des Grundsteuergesetzes in der für das entsprechende Jahr geltenden Fassung unter Anwendung des satzungsmäßig beschlossenen Hebesatzes auf die Grundsteuermessbeträge bzw. Zerlegungsanteile festgesetzt und erhoben.
Grundsteuermessbescheid bzw. Zerlegungsbescheid stellen für die hebeberechtigte Gemeinde bindende Grundlagenbescheide dar; eine Abweichung von dem darin getroffenen Regelungsgehalt ist unzulässig.

Geltungsdauer des Grundsteuerbescheides
Der Bescheid für die Grundsteuer gilt für das laufende Kalenderjahr, soweit er nicht durch einen neuen Bescheid ersetzt wird. Durch öffentliche Bekanntmachung kann die Grundsteuer jeweils für ein weiteres Jahr festgesetzt werden. Mit dem Tag der öffentlichen Bekanntmachung gelten die in diesem Bescheid getroffenen Festsetzungen gem. § 27 Abs. 3 GrStG für ein weiteres Kalenderjahr, d.h. es treten die gleichen Rechtswirkungen ein, wie wenn an diesem Tag ein schriftlicher Steuerbescheid zugegangen wäre. Die Beträge sind auch weiterhin an den angegebenen Fälligkeitstagen zu entrichten. An Stelle der vierteljährlichen kann die Entrichtung des gesamten Jahresbetrages der Grundsteuer zum 1. Juli beantragt werden. Der Antrag muss spätestens bis zum 30. September des vorangehenden Kalenderjahres gestellt werden.

Ende der Steuerpflicht bei Eigentümerwechsel
Geht das Grundstück auf einen anderen Eigentümer über, bleibt der bisherige Eigentümer so lange grundsteuerpflichtig, bis das Finanzamt das Grundstück auf den neuen Eigentümer fortgeschrieben hat. Das im Laufe des Jahres übergegangene Grundstück wird dem neuen Eigentümer zum 1. Januar des Folgejahres zugerechnet. Bis zu diesem Zeitpunkt bleibt der bisherige Eigentümer Steuerschuldner. Die dingliche Haftung des Grundstücks

Abbildung 5.8 *Das Schreiben zur Grundsteuer ist ganz schön kompliziert.*

Gerne 😊
Ich erkläre dir den **Grundsteuerbescheid** Schritt für Schritt **in einfachen Worten**, ohne Amtsdeutsch.
Grundlage ist dein hochgeladenes Schreiben der Gemeinde Walkenried. Grundsteuerbescheid.pdf

1. Worum geht es in dem Schreiben?

Die Gemeinde teilt mit, **wie viel Grundsteuer du für dein Grundstück/Haus zahlen musst** und **wann** diese Beträge fällig sind.

Es handelt sich **nicht um eine neue Art von Steuer**, sondern um die **jährliche Grundsteuer**, die jede Eigentümerin bzw. jeder Eigentümer zahlt.

2. Wie hoch ist die Grundsteuer?

- **Jahresbetrag ab 2026: 239,17 €**
- **Ab 2027 ebenfalls: 239,17 € pro Jahr**

Der Betrag bleibt also gleich, solange kein neuer Bescheid kommt.

Abbildung 5.9 *Die Analyse von Behördenschreiben funktioniert auch mit eingescannten Dokumenten, die als PDF oder Bilddatei vorliegen.*

Ihr Drucker kann mehr als drucken
Viele moderne Drucker sind mit einem Scanner ausgestattet. Scannen Sie einfach die entsprechenden Dokumente ein, und übermitteln Sie das Ergebnis an den KI-Chatbot.

Versicherungsbedingungen verstehen

Versicherungsverträge sind oft seitenlang und mit juristischen Fachausdrücken gespickt. Was genau ist versichert? Welche Ausschlüsse gibt es? Solche Fragen lassen sich mit der KI schnell beantworten.

> In meinen Versicherungsbedingungen steht folgender Absatz. Was bedeutet das konkret für mich als Versicherungsnehmer? [Text einfügen]

Die KI erklärt Ihnen, was dieser Paragraph in der Praxis bedeutet. Zum Beispiel, dass bei grober Fahrlässigkeit die Leistung gekürzt werden kann oder dass bestimmte Schäden nur bis zu einem Höchstbetrag erstattet werden.

Den Rentenbescheid entziffern

Der jährliche Rentenbescheid ist für viele ein Buch mit sieben Siegeln. Abkürzungen wie »EP« für Entgeltpunkte, »RAF« für Rentenartfaktor und komplizierte Berechnungen vereinfachen die Sache nicht. Die KI bringt Licht ins Dunkel.

> Ich habe meinen Rentenbescheid bekommen und verstehe die Berechnung nicht. Kannst du mir erklären, was die einzelnen Posten bedeuten und wie sich meine Rente zusammensetzt? [Relevante Passage einfügen]

Die KI schlüsselt die Berechnung auf und erklärt Fachbegriffe. Sie erfahren zum Beispiel, dass Entgeltpunkte Ihr Einkommen im Verhältnis zum Durchschnittseinkommen widerspiegeln und dass der aktuelle Rentenwert bestimmt, wie viel Euro ein Entgeltpunkt wert ist.

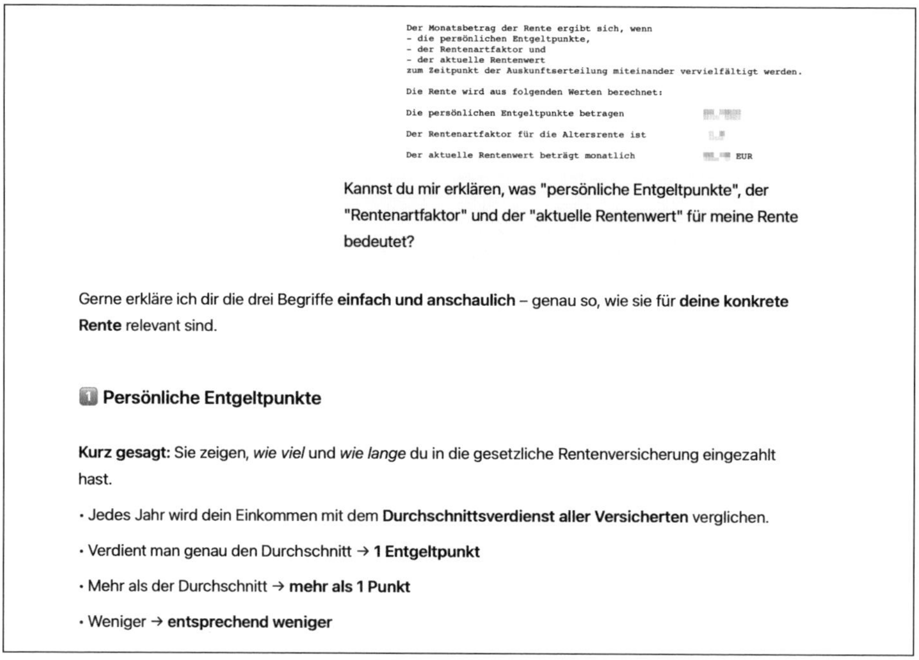

Der Monatsbetrag der Rente ergibt sich, wenn
- die persönlichen Entgeltpunkte,
- der Rentenartfaktor und
- der aktuelle Rentenwert
zum Zeitpunkt der Auskunftserteilung miteinander vervielfältigt werden.

Die Rente wird aus folgenden Werten berechnet:

Die persönlichen Entgeltpunkte betragen [illegible]

Der Rentenartfaktor für die Altersrente ist [illegible]

Der aktuelle Rentenwert beträgt monatlich [illegible] EUR

Kannst du mir erklären, was "persönliche Entgeltpunkte", der "Rentenartfaktor" und der "aktuelle Rentenwert" für meine Rente bedeutet?

Gerne erkläre ich dir die drei Begriffe **einfach und anschaulich** – genau so, wie sie für **deine konkrete Rente** relevant sind.

1 Persönliche Entgeltpunkte

Kurz gesagt: Sie zeigen, *wie viel* und *wie lange* du in die gesetzliche Rentenversicherung eingezahlt hast.

- Jedes Jahr wird dein Einkommen mit dem **Durchschnittsverdienst aller Versicherten** verglichen.
- Verdient man genau den Durchschnitt → **1 Entgeltpunkt**
- Mehr als der Durchschnitt → **mehr als 1 Punkt**
- Weniger → **entsprechend weniger**

Abbildung 5.10 *Die KI erklärt Ihnen ausführlich Ihren Rentenbescheid.*

Wenn die erste Erklärung der KI immer noch zu kompliziert ist, fragen Sie einfach weiter nach. Sie können so lange bohren, bis Sie es wirklich verstanden haben.

> Das habe ich noch nicht ganz verstanden. Was genau ist der Unterschied zwischen Entgeltpunkten und Zugangsfaktor?

Die KI erklärt geduldig weiter, ohne genervt zu reagieren. Nutzen Sie diese Möglichkeit, denn am Ende geht es um Ihr Geld und Ihre Ansprüche.

Drei Punkte statt drei Seiten

Sie können die KI auch bitten, einen komplizierten Text in Form einer Aufzählung der wichtigsten Punkte zusammenzufassen. Fragen Sie einfach: »Was sind die drei wichtigsten Aussagen dieses Briefes?« So erhalten Sie einen schnellen Überblick, ohne den gesamten Text im Detail durcharbeiten zu müssen.

Beschwerden und Reklamationen formulieren

Manchmal geht etwas schief. Das bestellte Gerät funktioniert nicht, der Handwerker hat gepfuscht, oder der Kundendienst lässt einen seit Wochen in der Warteschleife hängen. In solchen Situationen ist eine Beschwerde durchaus berechtigt. Doch wenn man sich ärgert, fällt es schwer, die richtigen Worte zu finden. Schnell klingt der Brief zu hart oder zu emotional, und das Anliegen wird nicht ernst genommen. KI hilft Ihnen, Ihren Ärger in eine sachliche, aber bestimmte Form zu bringen.

Sachlich bleiben, auch wenn man sich ärgert

Der Schlüssel zu einer erfolgreichen Beschwerde ist der richtige Ton. Sie können Ihre Unzufriedenheit deutlich machen, aber persönliche Angriffe oder Wutausbrüche schaden mehr, als sie nützen. Ein sachlicher Brief wird eher gelesen und bearbeitet als ein Brief voller Vorwürfe. Die KI ist geübt darin, Ärger in konstruktive Formulierungen umzuwandeln.

> Ich bin sehr verärgert und möchte mich beschweren. Hilf mir, das sachlich und höflich zu formulieren, ohne dass mein Ärger dabei verloren geht.

Auf diese Weise erhält man einen Text, der zwar bestimmt ist, aber dennoch die Regeln des guten Tons einhält. Dazu ein konkretes Beispiel: Sie haben vor drei Wochen einen neuen Staubsauger gekauft, und schon gibt er den Geist auf. Eine Reklamation ist fällig. Ergänzen Sie daher die obige Aufforderung:

> Schreibe eine Reklamation an einen Elektronikhändler. Ich habe dort am 10. Dezember einen Staubsauger der Marke CleanMaster gekauft, Modell X500. Nach drei Wochen funktioniert der Motor nicht mehr. Ich habe die Rechnung noch und möchte einen Austausch oder eine Reparatur.

Die KI verfasst ein Schreiben, das den Sachverhalt klar darstellt, auf die Garantie hinweist und Ihre Forderung formuliert. Dies alles in einem professionellen Ton, der Ihre Chancen auf eine positive Antwort erhöht.

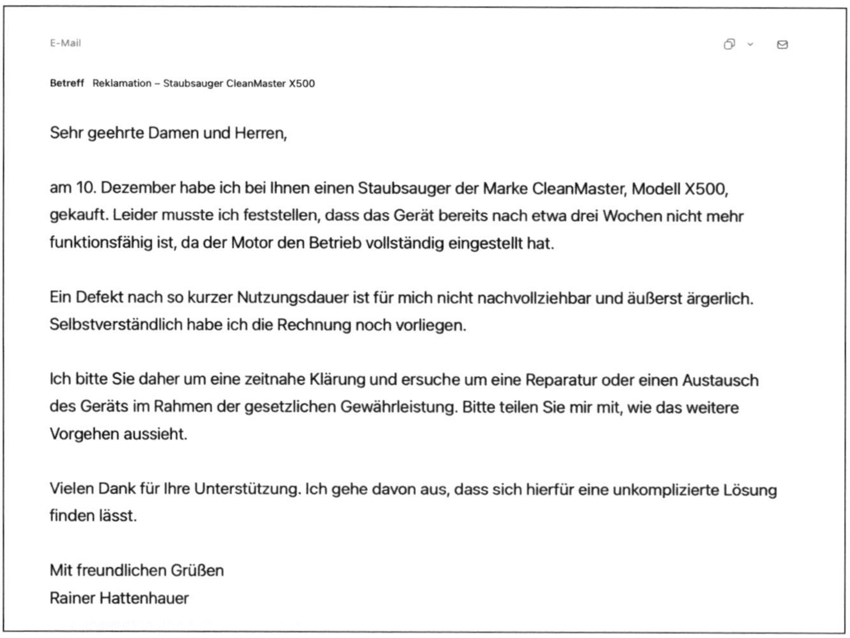

E-Mail

Betreff Reklamation – Staubsauger CleanMaster X500

Sehr geehrte Damen und Herren,

am 10. Dezember habe ich bei Ihnen einen Staubsauger der Marke CleanMaster, Modell X500, gekauft. Leider musste ich feststellen, dass das Gerät bereits nach etwa drei Wochen nicht mehr funktionsfähig ist, da der Motor den Betrieb vollständig eingestellt hat.

Ein Defekt nach so kurzer Nutzungsdauer ist für mich nicht nachvollziehbar und äußerst ärgerlich. Selbstverständlich habe ich die Rechnung noch vorliegen.

Ich bitte Sie daher um eine zeitnahe Klärung und ersuche um eine Reparatur oder einen Austausch des Geräts im Rahmen der gesetzlichen Gewährleistung. Bitte teilen Sie mir mit, wie das weitere Vorgehen aussieht.

Vielen Dank für Ihre Unterstützung. Ich gehe davon aus, dass sich hierfür eine unkomplizierte Lösung finden lässt.

Mit freundlichen Grüßen
Rainer Hattenhauer

Abbildung 5.11 *Der KI-Chatbot hilft bei Beschwerden, einen kühlen Kopf zu bewahren.*

Beschwerde über schlechten Service

Nicht immer geht es um fehlerhafte Produkte. Manchmal ist der Service selbst das Problem. Vielleicht wurden Sie am Telefon unfreundlich behandelt, oder ein Termin wurde mehrfach verschoben.

> Verfasse eine Beschwerde an ein Möbelhaus. Ich warte seit sechs Wochen auf die Lieferung meiner Couch. Der Termin wurde bereits zweimal verschoben, und beim letzten Anruf war die Mitarbeiterin unfreundlich. Meine Bestellnummer ist 2024-78432.

Die KI formuliert einen Brief, der die Fakten auflistet und deutlich macht, dass Sie mit der Situation unzufrieden sind. Gleichzeitig bleibt der Ton höflich, so dass eine konstruktive Lösung möglich bleibt.

> Sehr geehrte Damen und Herren,
>
> ich beziehe mich auf meine Bestellung mit der Nummer 2024-78432. Seit nunmehr sechs Wochen warte ich auf die Lieferung meiner Couch. Der ursprünglich vereinbarte Liefertermin wurde inzwischen bereits zweimal verschoben, ohne dass mir hierfür eine überzeugende Erklärung gegeben wurde.
>
> Besonders verärgert hat mich zudem der letzte telefonische Kontakt mit Ihrem Kundenservice, bei dem die Mitarbeiterin mir gegenüber einen unfreundlichen und wenig hilfsbereiten Eindruck hinterlassen hat. Ein solcher Umgang ist aus meiner Sicht nicht akzeptabel, zumal die Verzögerung nicht von mir zu verantworten ist. [...]
>
> Vielen Dank im Voraus. Ich hoffe auf eine baldige und zufriedenstellende Lösung.
>
> Mit freundlichen Grüßen

Was eine gute Beschwerde ausmacht

Eine wirksame Beschwerde enthält immer die wichtigsten Fakten: Was ist passiert? Wann ist es passiert? Was erwarten Sie als Lösung? Je konkreter Sie sind, desto einfacher ist es für den Empfänger, Ihr Anliegen zu bearbeiten. Vermeiden Sie schwammige Formulierungen wie »es hat nicht geklappt«. Schreiben Sie stattdessen genau, was schiefgelaufen ist.

Die KI kann auch Kompromissvorschläge formulieren, wenn Sie nicht genau wissen, was Sie fordern sollen. Fragen Sie einfach: Welche Lösungen könnte ich in meiner Beschwerde vorschlagen? Die KI liefert Ihnen verschiedene Optionen, etwa einen Preisnachlass, einen Gutschein oder einen Ersatztermin. So gehen Sie gut vorbereitet in die Verhandlung.

Glückwünsche und Einladungen kreativ gestalten

Besondere Anlässe verdienen besondere Worte. Doch gerade wenn es darauf ankommt, fällt einem oft nichts Passendes ein. Der 60. Geburtstag der Schwägerin steht an, die Enkelin hat ihr Studium abgeschlossen, oder man möchte zum Sommerfest in den Garten einladen. Was schreibt man da, ohne in abgedroschene Floskeln zu verfallen? Die KI ist eine wahre Fundgrube für kreative Texte, die von Herzen kommen und trotzdem originell klingen.

Ob Geburtstag, Hochzeit, Jubiläum oder Geburt: Die KI findet für jeden Anlass die passenden Worte. Der Trick dabei ist, ihr möglichst viele persönliche Details mitzugeben. Je mehr sie über die Person und die Situation weiß, desto individueller wird das Ergebnis.

Beispiel: Glückwunsch zum 60. Geburtstag

Ihre Schwägerin Petra wird 60, und Sie möchten ihr eine Karte schreiben, in der mehr steht als das übliche »Alles Gute und viel Gesundheit«.

> Schreibe einen herzlichen Glückwunsch zum 60. Geburtstag meiner Schwägerin Petra. Sie ist eine leidenschaftliche Skiläuferin, liebt Südtirol, hat zwei Enkel und ist bekannt für ihren Humor. Der Text soll warmherzig sein, aber nicht kitschig.

> Liebe Petra,
>
> zu deinem 60. Geburtstag wünschen wir dir von Herzen alles Gute, Gesundheit und ganz viel Lebensfreude. Mögen dir noch viele sonnige Skitage, traumhafte Momente in Südtirol und unvergessliche Erlebnisse mit deinen beiden Enkeln geschenkt sein. Deinen Humor, mit dem du andere zum Lachen bringst und selbst das Leben nimmst, wie es kommt, schätzen wir sehr – bitte behalte dir genau das. Schön, dass es dich gibt!
>
> Alles Liebe und die besten Wünsche zu deinem Ehrentag

Die KI liefert Ihnen einen Text, der Petras Hobbys aufgreift, vielleicht auf ihre Leidenschaft für die Dolomiten anspielt und genau den richtigen Ton trifft. So wird aus einer Standardkarte etwas Persönliches.

Aber das ist noch nicht alles: Sie können ChatGPT auch bitten, eine passende Karte zu entwerfen:

> Kannst du mir dazu auch eine passende Glückwunschkarte als Bild entwerfen?

Das Resultat kann sich durchaus sehen lassen. Das Bild zeigt eine beliebige KI-generierte Skifahrerin. Vermeiden Sie es bitte, Originalbilder von Ihren Bekannten bzw. Freunden in die KI einzufüttern.

Abbildung 5.12 *ChatGPT erstellt eine Geburtstagskarte – im Südtirol-Design.*

Das funktioniert natürlich auch für andere Anlässe. Ob Hochzeit, bestandene Prüfung, Geburt eines Kindes oder Firmenjubiläum: Nennen Sie der KI den Anlass, die Person und ein paar persönliche Details, und Sie erhalten einen Glückwunsch, der nicht von der Stange ist.

Einladungen verfassen

Auch bei einer Einladung ist Kreativität gefragt. Statt »Ich lade euch zum Grillen ein« kann die Einladung gleich Vorfreude wecken und die Gäste neugierig machen. Sie planen zum Beispiel ein Sommerfest in Ihrem Garten und möchten dazu Familie und Freunde einladen

> Verfasse eine fröhliche Einladung zu meinem Gartenfest am 15. Juli ab 14 Uhr. Es gibt Kaffee und Kuchen, später wird gegrillt. Die Gäste sollen gute Laune mitbringen, für Getränke ist gesorgt. Der Ton soll locker und einladend sein.

Die KI erstellt einen Text, der Lust auf die Feier macht und alle wichtigen Informationen enthält: Datum, Uhrzeit, Ort und was die Gäste erwartet. Auf Wunsch fügt sie auch eine humorvolle Note hinzu.

Je nach Anlass und Empfänger soll der Ton unterschiedlich sein. Eine Einladung zum runden Geburtstag darf festlicher klingen als die zum spontanen Grillabend. Die KI berücksichtigt das, wenn Sie es ihr sagen.

> Schreibe die Einladung noch einmal, aber diesmal etwas förmlicher. Es ist mein 70. Geburtstag, und ich lade auch Nachbarn und ehemalige Kollegen ein.

So erhalten Sie verschiedene Versionen und können diejenige auswählen, die am besten zu Ihnen passt. Probieren Sie es aus: herzlich, humorvoll, klassisch oder feierlich. Die KI liefert für jeden Stil das passende Ergebnis.

Alternativen per Knopfdruck

Wenn Ihnen der erste Vorschlag nicht gefällt, bitten Sie um Alternativen. Sagen Sie einfach: »Gib mir noch zwei andere Varianten, eine davon mit einem Gedicht.« So haben Sie die Auswahl und finden garantiert den Text, der zu Ihnen passt.

WhatsApp-Nachrichten verfeinern

WhatsApp ist aus dem Alltag nicht mehr wegzudenken. Schnell eine Nachricht an die Kinder, ein Foto an die Enkel oder eine kurze Absprache mit der Nachbarin. Meistens geht das im Vorbeigehen. Aber manchmal ist eine Nachricht nicht so einfach: Eine Absage, die nicht unhöflich klingen soll. Ein Dank, der von Herzen kommt und nicht nach Pflichtübung klingt. Oder eine heikle Antwort, bei der jedes Wort sitzen muss. Auch hier kann KI helfen.

Wann sich KI-Hilfe bei WhatsApp lohnt

Für das schnelle »Bin in 5 Minuten da« braucht man natürlich keine künstliche Intelligenz. Aber es gibt Situationen, in denen ein wenig Unterstützung hilfreich ist. Zum Beispiel, wenn Sie absagen müssen, ohne jemanden vor den Kopf zu stoßen. Wenn Sie sich bei jemandem bedanken möchten, aber mehr schreiben wollen als »Danke, es war schön«. Oder wenn Sie eine Nachricht an jemanden schreiben, mit dem Sie gerade ein angespanntes Verhältnis haben. In solchen Momenten kann KI helfen, den richtigen Ton zu treffen. Nehmen wir folgendes Beispiel:

Ihre Tochter hat Sie zum Sonntagskaffee eingeladen, aber Sie fühlen sich nicht wohl und möchten absagen, ohne dass es nach einer Ausrede klingt.

> Schreibe eine kurze, freundliche WhatsApp-Nachricht an meine Tochter. Ich muss den Sonntagskaffee leider absagen, weil ich mich erkältet habe und sie nicht anstecken möchte. Ich werde mich melden, wenn es mir besser geht.

Die KI liefert eine Nachricht, die ehrlich und herzlich klingt, ohne zu dramatisch zu sein. So fühlt sich niemand vor den Kopf gestoßen, und die Absage wirkt nicht wie eine faule Ausrede.

Beispiel: Dankesnachricht nach einem Besuch

Sie waren bei Freunden eingeladen und möchten sich am nächsten Tag bedanken. Ein einfaches »Es war schön gestern« reicht Ihnen nicht.

> Verfasse eine herzliche WhatsApp-Nachricht an meine Freundin Helga. Ich möchte mich für den schönen Abend gestern bedanken. Das Essen war wunderbar, und ich habe mich sehr über das Wiedersehen gefreut. Kurz und persönlich bitte.

Die KI formuliert eine Nachricht, die Wärme ausstrahlt, ohne zu übertreiben. Helga wird sich freuen, und Sie haben mit wenig Aufwand etwas Nettes geschrieben.

Vorher/Nachher: Aus holprig wird herzlich

Manchmal hat man schon einen Entwurf getippt, aber er klingt irgendwie schief. Auch das lässt sich schnell korrigieren.

> Ich habe diese WhatsApp geschrieben, aber sie klingt irgendwie steif. Mach sie bitte lockerer und herzlicher: »Hallo Lisa, ich wollte dir mitteilen, dass mir der gestrige Abend sehr gut gefallen hat. Vielen Dank für die Einladung.«

Die KI könnte daraus machen: »Liebe Lisa, es war so schön gestern bei euch! Danke für den tollen Abend, ich habe mich richtig wohl gefühlt.

Kurze Nachrichten brauchen kurze Prompts
Bei WhatsApp gilt: Weniger ist mehr. Sie müssen der KI keinen Roman erzählen. Ein kurzer Prompt, sogar in Stichworten, reicht völlig aus. Beschreiben Sie in ein, zwei Sätzen, worum es geht und wie die Nachricht klingen soll. Den Rest erledigt die KI.

Eine Rede vorbereiten

Der Gedanke, vor anderen Menschen zu sprechen, treibt vielen den Angstschweiß auf die Stirn. Dabei gehören Reden zu den schönsten Momenten im Leben: bei der goldenen Hochzeit von Freunden, bei der Verabschiedung einer Kollegin, beim Vereinsjubiläum oder einem runden Geburtstag. Wenn man gebeten wird, ein paar Worte zu sagen, ist das eine Ehre. Und mit der KI an Ihrer Seite brauchen Sie keine Angst mehr vor dem leeren Blatt zu haben.

Die KI als Redenschreiber

Eine gute Rede braucht einen roten Faden, einen passenden Einstieg, ein paar persönliche Geschichten und einen würdigen Abschluss. Das klingt nach viel Arbeit, aber die KI kann Ihnen viel davon abnehmen. Wichtig ist, dass Sie genügend Material zur Verfügung stellen. Je mehr Sie über den Anlass, die Person und Ihre Beziehung erzählen, desto persönlicher wird das Ergebnis.

Überlegen Sie vorher: Wie lange soll die Rede sein? Welchen Ton möchten Sie anschlagen, eher feierlich oder locker mit einer Prise Humor? Gibt es Anekdoten oder gemeinsame Erlebnisse, die Sie einbauen möchten? Diese Informationen geben Sie der KI. Dazu folgendes Beispiel:

Ihre Freunde Ingrid und Werner feiern ihre silberne Hochzeit, und Sie sollen eine kleine Rede halten. Eine schöne Aufgabe, aber auch eine Herausforderung.

Die KI erstellt eine komplette Rede mit Begrüßung, persönlichen Anekdoten, einigen humorvollen Bemerkungen und einem feierlichen Abschluss. Sie müssen nur noch Ihre eigenen Erinnerungen hinzufügen und den Text an Ihren Sprachstil anpassen.

Schreibe eine herzliche Rede zur silbernen Hochzeit meiner Freunde Ingrid und Werner. Die Rede soll etwa drei Minuten dauern. Ich kenne die beiden seit 20 Jahren, wir haben uns im Kegelverein kennengelernt. Werner ist für seinen trockenen Humor bekannt, Ingrid für ihre Gastfreundschaft. Die Rede soll warmherzig sein, ein wenig lustig, aber nicht albern. Am Ende möchte ich auf das Paar anstoßen.

Was ich an euch besonders schätze, ist diese Selbstverständlichkeit eurer Beziehung. Kein großes Tamtam, kein Drama – sondern Vertrauen, Verlässlichkeit und dieses stille Wissen: Wir gehören zusammen. Vielleicht ist das ja eines der Geheimnisse einer langen Ehe.

Und wenn ich euch so anschaue, dann habe ich das Gefühl: Diese 25 Jahre sind kein Rückblick, sondern eher ein solides Fundament. Ein Fundament für weitere gemeinsame Geschichten, für Lachen, für Gespräche am Küchentisch, für Freunde, die gerne zu euch kommen – und gerne bleiben.

Liebe Ingrid, lieber Werner, ich bin dankbar, euch zu kennen, und stolz, heute hier zu stehen und ein paar Worte sagen zu dürfen. Ihr seid ein Paar, das zeigt, dass Liebe nicht laut sein muss, um stark zu sein.

Und jetzt bitte ich euch alle, die Gläser zu erheben:
Auf 25 gemeinsame Jahre, auf viele weitere gesunde, heitere und erfüllte Jahre –
auf Ingrid und Werner! 🥂
Herzlichen Glückwunsch zur silbernen Hochzeit!

Abbildung 5.13 *ChatGPT kann durchaus einfühlsame Reden schreiben.*

Vom Manuskript zum freien Vortrag

Manche Menschen lesen lieber vom Blatt ab, andere sprechen freier mit Stichwortkarten in der Hand. Auch hier hilft die KI. Der Prompt könnte lauten: »Erstelle aus dieser Rede Stichwortkarten mit den wichtigsten Punkten. Pro Karte nur wenige Stichworte, die mir als Gedächtnisstütze dienen.«

Die KI gliedert die Rede in Abschnitte und fasst jeden auf einer virtuellen Karte zusammen: Begrüßung, Anekdote Kegelverein, Werners Humor, Ingrids Gastfreundschaft, Dank und Toast. So können Sie frei sprechen und verlieren trotzdem nicht den Faden.
Die beste Rede nützt allerdings nichts, wenn sie schlecht vorgetragen wird. Hier ein paar einfache Tipps, die Sie auch bei der KI erfragen können:

- **Üben Sie die Rede vorher laut.** Was auf dem Papier gut klingt, kann beim Sprechen holprig sein. Lesen Sie den Text mehrmals, und passen Sie Formulierungen an, die schwer auszusprechen sind.
- **Machen Sie Pausen.** Nach einem wichtigen Satz oder einer lustigen Bemerkung darf es ruhig einen Moment lang still sein. Das gibt dem Publikum Zeit zu reagieren und Ihnen Zeit zum Durchatmen.
- **Suchen Sie Augenkontakt.** Sie müssen nicht jeden einzeln anschauen, aber heben Sie den Kopf, und schauen Sie in die Runde. Das gibt Sicherheit und verbindet Sie mit Ihrem Publikum.
- **Bitten Sie die KI um Regieanweisungen im Text.** Sagen Sie: »Füge in die Rede Hinweise ein, wo ich eine Pause machen oder ins Publikum schauen soll.« So erhalten Sie einen Text mit nützlichen Markierungen, die Ihnen den Vortrag erleichtern.

Kapitel 6

Mit der KI durchs Leben – praktische Hilfe für den Alltag

In diesem Kapitel zeige ich Ihnen, wie vielfältig die Einsatzmöglichkeiten moderner generativer KI-Chatbots sind. Wir planen gemeinsam eine Reise, bei der die KI an Dinge denkt, die Sie vielleicht vergessen hätten. Wir lassen uns Rezepte vorschlagen, die genau zu den Zutaten passen, die noch im Kühlschrank sind. Wir bereiten Arztgespräche vor und übersetzen Arztbriefe in verständliche Sprache. Wir entziffern komplizierte Formulare, bringen Ordnung in die Finanzen und wissen sogar, wie der hartnäckige Rotweinfleck aus der Tischdecke verschwindet.

Doch bevor wir loslegen, werfen wir einen Blick auf den »Beipackzettel«. Denn so hilfreich KI auch sein mag: Es gibt Bereiche, in denen Sie vorsichtig sein sollten, und Daten, die in einem Chatbot nichts zu suchen haben. Denken Sie an dieser Stelle bitte noch einmal kurz an die Grundregeln aus Kapitel 1: Keine sensiblen Daten eingeben, KI-Antworten bei wichtigen Themen gegenchecken und die Datenschutzeinstellungen prüfen (siehe Kapitel 2). Wenn Sie diese Punkte im Hinterkopf behalten, steht dem Ausprobieren nichts mehr im Weg. Sind Sie bereit? Dann lassen Sie uns gemeinsam entdecken, wie KI Ihren Alltag erleichtern kann.

Reisen und Ausflüge planen

Erinnern Sie sich noch an die Zeit, als man für die Urlaubsplanung ins Reisebüro ging, dicke Kataloge wälzte und am Ende doch nicht sicher war, ob das Hotel wirklich so schön ist wie auf den Bildern? Oder an die Autofahrten mit dem aufgeschlagenen Straßenatlas auf dem Schoß des Beifahrers? Diese Zeiten sind vorbei. Heute haben Sie mit der KI einen Reiseberater, der Ihnen rund um die Uhr zur Verfügung steht, der alle Sprachen spricht und sich in jedem Winkel der Welt auskennt.

Ob ein Städtetrip nach Wien, ein Wanderurlaub im Schwarzwald oder ein gemütlicher Tagesausflug in die nähere Umgebung: Die KI hilft bei der Planung, denkt an Dinge, die man sonst vergessen würde, und kennt Geheimtipps, von denen selbst Einheimische noch nie gehört haben.

Reiserouten planen – von der Idee bis zur fertigen Route

Sie haben ein Reiseziel im Kopf, aber noch keine konkrete Vorstellung, wie Ihre Reise aussehen soll? Dann wird die KI zu Ihrer persönlichen Reiseberaterin. Sie sagen ihr einfach, was Sie sich vorstellen, und sie erstellt Ihnen einen maßgeschneiderten Plan.

Der Trick besteht darin, der KI so viele Details wie möglich zu geben. Erinnern Sie sich an die RZH-Formel aus Kapitel 3? Rolle, Ziel und Hintergrund. Dies funktioniert besonders gut bei der Reiseplanung.

> Du bist meine persönliche Reiseberaterin. Ich plane im Mai eine viertägige Städtereise nach Prag. Wir sind zu zweit, beide Mitte 70 und nicht mehr so gut zu Fuß. Lange Spaziergänge auf Kopfsteinpflaster sind beschwerlich. Wir interessieren uns für Geschichte, klassische Musik und gutes Essen. Bitte erstelle einen Tagesplan, der auch Pausen berücksichtigt. Budget für Eintritte und Verpflegung: ca. 100 € pro Tag für uns beide.

Hier ist ein 4-Tage-Plan für Prag im Mai, bewusst kurzstreckig, mit Pausen, wenig Kopfsteinpflaster und viel Geschichte, klassische Musik, gutes Essen (Budget: ca. 100 € / Tag für 2 Personen). Vorab: So bleibt es bequem

ÖPNV statt Laufen: Tram & Metro sind in Prag sehr praktisch. Ab 65 fährt man in Prag gratis (Metro/Tram/Bus) – Ausweis/Pass reicht als Altersnachweis.

Taxis/Bolt/Uber für die »letzten 600 Meter« über Kopfsteinpflaster: oft die beste Investition für die Kräfte.

Goldene Regel: Pro Halbtag max. 1 Hauptattraktion + 1 Café-Pause.

Tag 1 – Ankommen & »Prag leicht«: Nationalmuseum + Abendmusik. Vormittag (gemütlich):

Anreise/Check-in, dann kurzer erster Spaziergang in der Neustadt (breite Gehwege).

Wenzelsplatz (mehr Flanieren als Marschieren).

[...]

Tag 2 – Prager Burg ohne Strapaze: Tram hoch, oben genießen, früh wieder runter. Vormittag (früh starten = weniger Gedränge):

Tram bis »Pražský hrad« (oder Taxi bis nah ran), damit Sie den steilen Anstieg vermeiden.

Prager Burg-Areal: Fokus auf St.-Veits-Dom + 1–2 Highlights, statt alles »durchzuziehen«. Öffnungszeiten variieren nach Saison; im Sommerhalbjahr sind viele Bereiche länger offen.

[...]

Sie sehen: Die KI berücksichtigt Ihre Einschränkungen, schlägt an Tag 2 die Straßenbahn statt des Fußwegs vor und plant sogar Pausen ein. Das hätte kein Reisekatalog so individuell hinbekommen.

Nicht zufrieden? Einfach nachhaken!

Wenn Ihnen der erste Vorschlag nicht zusagt, fragen Sie einfach nach: »Gibt es eine Alternative zum Veitsdom, die weniger überlaufen ist?«, oder »Kannst du für Tag 2 noch ein vegetarisches Restaurant vorschlagen?«. Die KI passt den Plan entsprechend an.

Die Reiseplanung funktioniert übrigens nicht nur für große Urlaubsreisen. Auch ein Tagesausflug in die nähere Umgebung lässt sich mit der KI wunderbar planen.

> Ich wohne in Kassel und möchte mit meiner Schwester einen Tagesausflug machen. Wir haben beide ein Seniorenticket für den Nahverkehr. Wir mögen Natur, aber keine anstrengenden Wanderungen. Was könntest du uns empfehlen?

Die KI wird Ihnen verschiedene Vorschläge unterbreiten: vielleicht den Edersee mit einer gemütlichen Schifffahrt, den Bergpark Wilhelmshöhe mit seinen Wasserspielen oder einen Ausflug nach Bad Wildungen mit seinem historischen Kurpark. Und die passenden Bahnverbindungen werden gleich mitgeliefert.

Packlisten erstellen – nichts mehr vergessen

Wer kennt das nicht? Man steht am Urlaubsort und stellt fest, dass man die Ladekabel für Handy und Laptop vergessen hat. Oder die Regenjacke. Oder die Tabletten gegen Sodbrennen. Packlisten sind ein Segen, aber das Erstellen mühsam.

Zum Glück kann die KI das für Sie erledigen. Das Praktische daran: Die KI erstellt keine Standardliste, sondern eine, die genau zu Ihrer Reise passt. Eine Packliste für eine Woche Mallorca im August sieht anders aus als eine für fünf Tage Schwarzwald im Oktober.

Erstelle mir eine Packliste für eine einwöchige Flusskreuzfahrt auf der Donau im September. Ich bin eine Frau, 68 Jahre alt. Abends gibt es auf dem Schiff manchmal ein festliches Dinner mit Dresscode. Ich nehme täglich Blutdrucktabletten.

👗 Kleidung – abends & festliches Dinner

- 1–2 festliche Outfits (z. B. Kleid oder elegante Hose mit Bluse)
- Passende Schuhe (bequem, ggf. mit niedrigem Absatz)
- Leichte Stola, Schal oder Blazer
- Dezenter Schmuck

☀️ Wetter & Komfort

- Leichter Schal (gegen Wind oder Klimaanlage)
- Sonnenbrille
- Kleiner Regenschirm oder Regenjacke
- Bequeme Hausschuhe fürs Schiff

🧼 Kosmetik & Pflege

- Kulturbeutel mit gewohnten Pflegeprodukten
- Tages- und Nachtcreme
- Sonnenschutz (auch im September sinnvoll)

Abbildung 6.1 *Auszug aus der Packliste, die ChatGPT erstellt hat*

Lieber eine Packung zu viel

Bitten Sie die KI, immer eine Reserve an Medikamenten einzuplanen. So haben Sie einen Puffer für den Fall, dass sich die Rückreise verzögert oder etwas verloren geht. Bei verschreibungspflichtigen Medikamenten sollten Sie eine Kopie des Rezepts mitnehmen.

Natürlich können Sie die Liste weiter anpassen. Vielleicht brauchen Sie Hinweise, welche Dokumente Sie mitnehmen sollten:

> Was muss ich an Dokumenten für die Kreuzfahrt mitnehmen? Die Route geht von Passau über Wien und Budapest bis nach Bratislava.

Die KI weist Sie darauf hin, dass Sie für diese Route nur Ihren Personalausweis benötigen (alle Länder gehören zum Schengen-Raum), dass Sie aber Ihre Krankenversicherungskarte mitbringen und eventuell eine Auslandskrankenversicherung abschließen sollten. Auch hier gilt: Informieren Sie sich abschließend stets selbst bei den entsprechenden offiziellen Stellen über die Reiseformalitäten.

Eine Packliste zum Ausdrucken und Abhaken
Bitten Sie am Ende die KI, die Packliste in übersichtlicher Form mit Kästchen zum Ankreuzen zu erstellen. Sie können sie dann ausdrucken und beim Packen abhaken. Oder Sie kopieren die Liste in eine Notiz-App auf Ihrem Smartphone.

Sehenswürdigkeiten und Geheimtipps finden

Reiseführer sind praktisch, haben aber einen Nachteil: Sie enthalten immer dieselben Sehenswürdigkeiten, die alle anderen Touristinnen und Touristen auch besuchen. KI kann Ihnen helfen, auch weniger bekannte Orte zu entdecken, die die Einheimischen lieben, die aber in keinem Standardreiseführer stehen.

Ich bin nächste Woche in Wien. Die üblichen Sehenswürdigkeiten wie Stephansdom und Schönbrunn kenne ich schon. Welche weniger bekannten Orte würdest du mir empfehlen? Ich interessiere mich für Geschichte und verweile gerne in schönen Cafés.

Super – da du Stephansdom & Schönbrunn bereits kennst, hier echte Wiener Tipps abseits der klassischen Touristenpfade mit Fokus auf Geschichte und schöne Cafés. Weniger bekannte historische Orte & besondere Erlebnisse, kleine Geschichte ganz groß

- Time Travel Vienna – ein spielerisches historisches Erlebnis, das Wien-Geschichte multimedial aufbereitet – ideal für einen Einstieg in die Stadtgeschichte abseits klassischer Museen.
- Stock-im-Eisen – ein mittelalterlicher Ringnagel in einem Baumstamm im Herzen der Altstadt – ein Überbleibsel alter Gilden- und Handwerkstradition.
- [...]

Für viele Seniorinnen und Senioren ist die Frage wichtig, wie gut eine Sehenswürdigkeit zugänglich ist. Auch hier hilft die KI:

Ich nutze einen Rollator. Welche der genannten Orte sind barrierefrei zugänglich?

Die KI sagt Ihnen dann, wo Treppen sind, wo es einen Aufzug gibt und welche Stellen problematisch sein könnten. Das erspart unangenehme Überraschungen vor Ort.

Perplexity für aktuelle Informationen nutzen

Für ganz aktuelle Informationen wie Öffnungszeiten, Eintrittspreise oder aktuelle Veranstaltungen empfehle ich Perplexity. Diese KI durchsucht das Internet und liefert Informationen mit Quellenangabe. So können Sie sicher sein, dass die Daten auf dem neuesten Stand sind. Besuchen Sie *www.perplexity.ai*, und geben Sie etwa folgenden Prompt ein:

> Was kostet der Eintritt ins Kunsthistorische Museum Wien aktuell, und gibt es Ermäßigungen für Senioren?

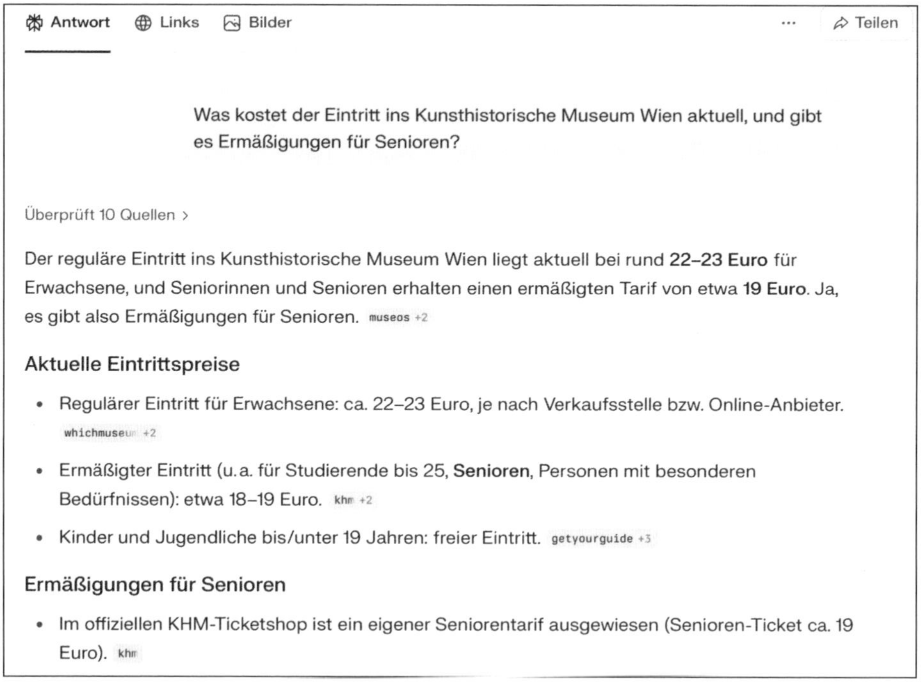

Antwort   Links   Bilder   ···   Teilen

Was kostet der Eintritt ins Kunsthistorische Museum Wien aktuell, und gibt es Ermäßigungen für Senioren?

Überprüft 10 Quellen >

Der reguläre Eintritt ins Kunsthistorische Museum Wien liegt aktuell bei rund **22–23 Euro** für Erwachsene, und Seniorinnen und Senioren erhalten einen ermäßigten Tarif von etwa **19 Euro**. Ja, es gibt also Ermäßigungen für Senioren. museos +2

Aktuelle Eintrittspreise

- Regulärer Eintritt für Erwachsene: ca. 22–23 Euro, je nach Verkaufsstelle bzw. Online-Anbieter. whichmuseum +2
- Ermäßigter Eintritt (u. a. für Studierende bis 25, **Senioren**, Personen mit besonderen Bedürfnissen): etwa 18–19 Euro. khm +2
- Kinder und Jugendliche bis/unter 19 Jahren: freier Eintritt. getyourguide +3

Ermäßigungen für Senioren

- Im offiziellen KHM-Ticketshop ist ein eigener Seniorentarif ausgewiesen (Senioren-Ticket ca. 19 Euro). khm

Abbildung 6.2 *Perplexity zeigt Ihnen die aktuellen Preise und verlinkt unter anderem direkt auf die offizielle Website des Museums.*

Sie können auch gezielt nach aktuellen Änderungen fragen, etwa ob etwas geschlossen ist oder sich Preise verändert haben.

Öffnungszeiten immer selbst prüfen
Für zeitkritische Informationen wie Öffnungszeiten oder Preise sollten Sie immer die offizielle Website des jeweiligen Ortes konsultieren. Die KI kann veraltete Informationen enthalten, insbesondere wenn es kürzlich Änderungen gegeben hat.

Sie sehen: KI kann Ihnen die Reiseplanung erheblich erleichtern. Sie erstellt individuelle Routen, denkt an alles, was in den Koffer gehört, und kennt Orte, die Sie ohne sie vielleicht nie entdeckt hätten. Probieren Sie es einfach bei Ihrer nächsten Reise aus. Fangen Sie klein an, vielleicht mit einem Tagesausflug in die Region, und sammeln Sie Ihre eigenen Erfahrungen. Sie werden begeistert sein.

Küche und Ernährung

In Kapitel 2 haben Sie bereits gesehen, wie schnell die KI ein einfaches Kuchenrezept liefern kann. Aber das war im wahrsten Sinne des Wortes nur ein kleiner Vorgeschmack. Die KI kann noch viel mehr: Sie wird zu Ihrer persönlichen Kochberaterin, die auf Ihre Vorlieben eingeht, Allergien berücksichtigt, aus Resten leckere Gerichte zaubert und Ihnen sogar die Einkaufsliste schreibt.

Gerade wenn man alleine oder nur für zwei Personen kocht, fehlt manchmal die Inspiration. Immer dasselbe auf dem Teller? Das muss nicht sein. Mit KI bringen Sie frischen Wind in Ihre Küche, ohne stundenlang in Kochbüchern zu blättern oder von Werbung auf Rezept-Websites erschlagen zu werden.

Holen Sie sich Inspiration: Rezepte finden

Das Schöne an der KI ist, dass man nicht nach einem bestimmten Rezept suchen muss. Man kann einfach beschreiben, was man will, und die KI liefert passende Vorschläge. Das funktioniert viel besser als mit einer herkömmlichen Suchmaschine, weil Sie ganz natürlich formulieren können.

> Ich möchte heute Abend etwas Leichtes kochen, das nicht länger als 30 Minuten dauert. Ich habe Hähnchenbrustfilet im Kühlschrank. Mein Mann mag allerdings keinen Knoblauch.

> Wie wäre es mit einem mediterranen Hähnchen mit Zitrone und Kräutern?
>
> Zutaten für 2 Personen:
>
> 2 Hähnchenbrustfilets
>
> 1 Zitrone (Saft und Abrieb)
>
> 2 EL Olivenöl
>
> Frische oder getrocknete Kräuter (Rosmarin, Thymian)
>
> Salz, Pfeffer
>
> Optional: Cherrytomaten, Oliven
>
> Zubereitung:
>
> Die Hähnchenbrustfilets flach klopfen, damit sie gleichmäßig garen. Mit Zitronensaft, Olivenöl, Kräutern, Salz und Pfeffer marinieren. In einer Pfanne bei mittlerer Hitze von jeder Seite etwa 6–7 Minuten braten. Mit Zitronenscheiben garnieren. Dazu passt ein frischer Salat oder Reis.
>
> Zubereitungszeit: ca. 20 Minuten

Sie sehen: Die KI berücksichtigt automatisch Ihre Zeitvorgabe und die Einschränkung mit dem Knoblauch. Kein langes Suchen, kein Durchblättern von Rezeptseiten.

Was die KI besonders wertvoll macht: Sie können jedes Rezept nach Ihren Wünschen verändern lassen. Allergien, Unverträglichkeiten oder einfach persönliche Vorlieben: kein Problem.

> Das klingt gut, aber ich vertrage keine Zitrusfrüchte. Kannst du das Rezept anpassen?

> Natürlich! Ersetzen Sie die Zitrone einfach durch:
>
> 2 EL Weißweinessig oder Balsamico für die Säure
>
> Alternativ: Etwas Weißwein zum Ablöschen
>
> Der Rest des Rezepts bleibt gleich. Statt Zitronenscheiben garnieren Sie mit frischen Kräutern oder getrockneten Tomaten ...

Das ist der große Vorteil gegenüber einem Kochbuch: Das Rezept passt sich Ihnen an, nicht umgekehrt.

Sagen Sie der KI, was Sie (nicht) mögen

Je mehr Sie der KI über Ihre Vorlieben und Einschränkungen erzählen, desto besser werden die Rezeptvorschläge. Sagen Sie ruhig, wenn Sie bestimmte Zutaten nicht mögen, etwas nicht vertragen oder auf die Kalorien achten müssen.

Manchmal möchte man ein altbekanntes Rezept auffrischen. Auch dabei hilft die KI gerne.

> Ich mache seit Jahren denselben Kartoffelsalat. Kannst du mir eine interessante Variante vorschlagen, die trotzdem zu Würstchen passt?

Die KI liefert Ihnen verschiedene Ideen: vielleicht einen schwäbischen Kartoffelsalat mit Brühe statt Mayonnaise, eine mediterrane Variante mit

Oliven und getrockneten Tomaten oder einen norddeutschen Salat mit Äpfeln und Essiggurken. Probieren Sie aus, was Ihnen schmeckt.

Einkaufslisten erstellen – praktisch und übersichtlich

Kennen Sie das? Sie kommen vom Einkaufen nach Hause und stellen fest, dass Sie genau die eine Sache vergessen haben, die Sie noch brauchen. Die KI kann Ihnen helfen, indem sie automatisch eine Einkaufsliste aus Ihren geplanten Gerichten erstellt.

> Ich möchte diese Woche folgende Gerichte kochen: Montag Spaghetti Bolognese, Mittwoch überbackener Blumenkohl, Freitag Fischfilet mit Kartoffeln. Erstelle mir bitte eine Einkaufsliste, sortiert nach Abteilungen im Supermarkt.

🥦 **Obst & Gemüse**

- Zwiebeln
- Knoblauch
- Karotten
- Sellerie (Stange oder Knolle, je nach Bolognese-Vorliebe)
- Blumenkohl (1 großer)
- Kartoffeln
- Zitrone (für das Fischfilet)
- Petersilie oder Dill (frisch, für den Fisch)

🥩 **Fleisch & Fisch**

- Rinderhackfleisch (ca. 400–500 g)
- Fischfilets (z. B. Kabeljau, Seelachs oder Lachs)

Abbildung 6.3 *ChatGPT erstellt eine sortierte Einkaufsliste.*

Das Praktische daran: Die Liste ist bereits nach Supermarktabteilungen sortiert, so dass Sie beim Einkaufen nicht mehr kreuz und quer durch den Laden laufen müssen.

Keine Reste dank richtiger Menge

Bitten Sie die KI, die Mengenangaben für Ihren Haushalt anzupassen. Ein Hinweis wie »Wir sind nur zu zweit, bitte die Mengen entsprechend berechnen« reicht völlig aus. Die KI passt dann alle Zutaten proportional an. So vermeiden Sie unnötige Reste und kaufen genau das ein, was Sie wirklich brauchen.

Sie können die Einkaufsliste kopieren und in eine Notiz-App auf Ihrem Smartphone einfügen. So haben Sie sie beim Einkaufen immer dabei und können erledigte Punkte abhaken. Wenn Sie lieber auf Papier arbeiten, drucken Sie die Liste einfach aus. Auch kleine Ergänzungen oder Änderungen lassen sich unterwegs schnell vornehmen, falls Ihnen noch etwas einfällt.

Was ist noch da? Essensplanung nach Maß

Freitagabend, der Kühlschrank ist ziemlich leer, und Sie haben keine Lust, noch einkaufen zu gehen. Die KI kann aus dem, was noch da ist, tolle Gerichte zaubern. Sie müssen ihr nur sagen, welche Zutaten Sie haben. Oft reichen schon wenige Angaben, und Sie erhalten mehrere Vorschläge, aus denen Sie auswählen können.

> Ich habe noch folgende Zutaten im Kühlschrank: 3 Eier, etwas Käse, eine halbe Paprika, eine Zwiebel und ein paar Scheiben Schinken. Was kann ich daraus kochen?

Mit diesen Zutaten können Sie mehrere leckere Gerichte zubereiten:

1. Bauernomelett: Zwiebel und Paprika anbraten, Schinken dazu, mit verquirlten Eiern übergießen, Käse darüber streuen und stocken lassen. Fertig in 15 Minuten.
2. Gefüllte Paprikahälfte: Die halbe Paprika mit einer Mischung aus Ei, Schinken und Käse füllen und im Ofen überbacken.
3. Schnelle Eiermuffins: Eier verquirlen, mit klein geschnittenem Gemüse und Schinken mischen, in Muffinförmchen füllen und backen. Praktisch auch zum Mitnehmen.

Mein Favorit wäre das Bauernomelett, weil es schnell geht und alle Zutaten optimal verwertet werden.

So wird aus einem fast leeren Kühlschrank noch ein anständiges Abendessen, ohne dass etwas weggeworfen werden muss.

Auch wenn es darum geht, Lebensmittel zu verwerten, bevor sie schlecht werden, ist die KI eine große Hilfe. Sagen Sie ihr einfach, was wegmuss:

Ich habe noch eine überreife Banane und zwei Äpfel, die langsam schrumpelig werden. Was kann ich damit machen, damit ich sie nicht wegwerfen muss?

Die KI macht Ihnen Vorschläge: Bananenbrot, Apfelmus, einen schnellen Smoothie oder einen Obstsalat mit Joghurt. So landet weniger im Müll, und Sie sparen auch noch Geld. Aber Achtung: Die KI kann nicht wissen, ob ein Lebensmittel noch gut ist oder nicht. Wenn etwas komisch riecht oder aussieht, verlassen Sie sich auf Ihre eigene Einschätzung und nicht auf die KI.

Für besondere Ernährungsbedürfnisse kochen

Vielleicht hat Ihnen Ihre Ärztin empfohlen, weniger Salz zu essen, oder Sie achten auf Ihren Blutzuckerspiegel. Auch vegetarische, vegane oder glutenfreie Ernährung spielt für viele Menschen eine wichtige Rolle. Die KI kann Rezepte gezielt anpassen, indem sie Zutaten austauscht, Zuckergehalt reduziert oder salzärmere Alternativen vorschlägt. Ein Beispiel:

> Ich muss auf meinen Cholesterinspiegel achten und sollte weniger tierische Fette essen. Kannst du mir ein Rezept für einen sättigenden Eintopf vorschlagen?

> Hier ist ein herzhafter Gemüse-Hülsenfrüchte-Eintopf, der sättigt, aber cholesterinfreundlich ist:
>
> Zutaten:
>
> - 1 Dose Kichererbsen (abgetropft)
> - 2 Karotten, gewürfelt
> - 2 Kartoffeln, gewürfelt
> - 1 Zucchini
> - 1 Dose stückige Tomaten
> - 1 Liter Gemüsebrühe
> - Olivenöl (statt Butter)
> - Kreuzkümmel, Paprikapulver, Kurkuma
>
> Die Kichererbsen und das Gemüse liefern pflanzliches Eiweiß und Ballaststoffe. Olivenöl enthält gesunde Fette, die sich positiv auf den Cholesterinspiegel auswirken können [...]

Darüber hinaus kann die KI Portionsgrößen anpassen, Nährwerte grob einschätzen und Ihnen zeigen, wie Sie bekannte Gerichte in eine für Sie besser passende Variante verwandeln. So bleiben Genuss und Abwechslung erhalten, ohne dass Sie auf Ihre individuellen Bedürfnisse verzichten müssen.

Natürlich ersetzt das keine ärztliche Beratung, aber die KI kann Ihnen helfen, die Ernährungsempfehlungen Ihrer Ärztin in der Küche umzusetzen.

Einfach mal ausprobieren!
Die KI ist Ihre kreative Partnerin in der Küche. Sie findet Rezepte, die zu Ihren Zutaten passen, erstellt Einkaufslisten und hilft bei der Resteverwertung. Trauen Sie sich, auch ungewöhnliche Kombinationen auszuprobieren. Das Schlimmste, was passieren kann: Es schmeckt nicht perfekt. Beim nächsten Mal einfach nach einer Alternative fragen.

Gesundheit und Wohlbefinden – digitale Helfer für den Alltag

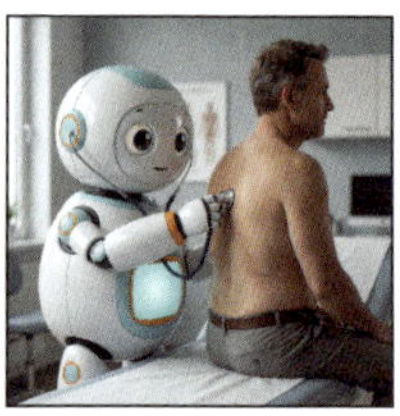

Gesundheit ist unser wichtigstes Gut. Und gerade im Alter beschäftigt uns dieses Thema mehr als in jungen Jahren. Arztbesuche werden häufiger, Medikamente müssen regelmäßig eingenommen werden, und manchmal steht man ratlos vor einem Arztbrief voller Fachbegriffe. In all diesen Situationen kann die KI eine echte Hilfe sein. Sie ersetzt nicht den Arzt, aber sie hilft, sich besser vorzubereiten, den Überblick zu behalten und medizinische Informationen zu verstehen.

Wichtige Erinnerung: KI ersetzt keinen Arzt!

Ich habe es bereits mehrfach erwähnt, aber weil es so wichtig ist, sage ich es hier noch einmal: Die KI ist keine Ärztin. Sie kann keine Diagnosen stellen, keine Therapien empfehlen und keine Verantwortung für Ihre Gesundheit übernehmen.

Was sie aber kann: Sie kann Ihnen helfen, medizinische Informationen besser zu verstehen. Sie kann Ihnen helfen, sich auf Arztgespräche vorzubereiten. Und sie kann Ihnen helfen, Ihre Medikamente zu organisieren. Das ist viel wert, aber es ist eine Unterstützung, kein Ersatz.

Gut informiert zum Arzttermin

Nutzen Sie die KI als Vorbereitung und Verständnishilfe. Die eigentliche medizinische Beratung gehört immer in die Hände von Fachleuten: Ihr Hausarzt, Ihre Fachärztin, Ihre Apotheke.

Nichts mehr vergessen: Medikamentenpläne organisieren

Wenn man mehrere Medikamente einnehmen muss, kann es schnell unübersichtlich werden. Manche Tabletten nimmt man morgens, andere abends, manche vor dem Essen, andere danach. Dazu kommen unterschiedliche Dosierungen und vielleicht noch Nahrungsergänzungsmittel. Die KI kann Ihnen helfen, den Überblick zu behalten.

```
Ich nehme folgende Medikamente: Ramipril 5 mg morgens gegen Bluthochdruck, Metformin 500 mg zweimal täglich zu den Mahlzeiten gegen Diabetes, Simvastatin 20 mg abends für den Cholesterinspiegel und einmal pro Woche Vitamin D 20.000 IE. Kannst du mir einen übersichtlichen Medikamentenplan in tabellarischer Form erstellen?
```

Natürlich – hier ist ein **übersichtlicher Medikamentenplan** als Tabelle:

Medikament	Dosierung	Wann?	Wofür?	Hinweise zur Einnahme
Ramipril	5 mg	**morgens**	Bluthochdruck	Möglichst täglich zur gleichen Uhrzeit, mit Wasser
Metformin	500 mg	**2× täglich zu den Mahlzeiten** (z. B. Frühstück & Abendessen)	Diabetes	Mit/zu dem Essen einnehmen (besser verträglich)
Simvastatin	20 mg	**abends**	Cholesterin	Abends einnehmen (oft sinnvoll, weil Cholesterinbildung nachts höher ist)
Vitamin D	20.000 I.E.	**1× pro Woche**	Vitamin-D-Mangel/Prophylaxe	Am besten zu einer Mahlzeit (Fett verbessert Aufnahme); fester Wochentag hilft

Wenn du magst, kann ich dir den Plan auch **als „Wochen-Übersicht"** (Mo–So mit Kästchen zum Abhaken) formatieren – sag mir nur, **an welchem Wochentag** du das Vitamin D nimmst.

Abbildung 6.4 *Die KI liefert den Medikamentenplan als übersichtliche Tabelle.*

Sie können diesen Plan ausdrucken und neben Ihre Medikamentenbox legen. Oder Sie fotografieren ihn mit Ihrem Smartphone ab, um ihn immer bei sich zu haben.

Vielleicht hat Ihnen Ihr Arzt ein neues Medikament verschrieben, und Sie fragen sich, ob es sich mit Ihren bisherigen Medikamenten verträgt. Die KI kann Ihnen allgemeine Informationen über bekannte Wechselwirkungen geben.

> Ich nehme bereits Ramipril und Metformin. Jetzt hat mir mein Arzt zusätzlich Ibuprofen gegen meine Gelenkschmerzen empfohlen. Gibt es da etwas, worauf ich achten sollte?

Die KI wird Ihnen erklären, dass Ibuprofen bei gleichzeitiger Einnahme von Ramipril die blutdrucksenkende Wirkung abschwächen und die Nieren belasten kann. Sie wird Ihnen aber auch sagen, dass Sie dies mit Ihrem Arzt besprechen sollten, der Ihre Gesamtsituation kennt.

Nur Ihr Arzt kennt das ganze Bild
Die KI kann allgemeine Informationen zu Wechselwirkungen liefern, kennt aber nicht Ihre persönliche Krankengeschichte. Besprechen Sie neue Medikamente immer mit Ihrem Arzt, Ihrer Ärztin oder in der Apotheke. Sie können Ihre individuelle Situation besser einschätzen.

Bewegung nach Maß: Einen Trainingsplan zusammenstellen

Bewegung ist wichtig, vor allem im Alter. Aber nicht jede Sportart ist für jeden geeignet, und manchmal weiß man einfach nicht, wo man anfangen soll. Die KI kann Ihnen einen Trainingsplan erstellen, der auf Ihre persönlichen Voraussetzungen zugeschnitten ist.

Ich bin 72 Jahre alt und hatte vor zwei Jahren eine Knie-OP. Ich möchte wieder fitter werden, aber ich kann nicht lange stehen und Joggen ist ausgeschlossen. Was könntest du mir für einen sanften Einstieg empfehlen? Ich habe dreimal pro Woche etwa 30 Minuten Zeit.

Hier ist ein sanfter Trainingsplan für Ihren Wiedereinstieg:

Woche 1–2: Gewöhnung

- Montag: 15 Minuten langsamer Spaziergang auf ebenem Untergrund, danach 10 Minuten Dehnübungen im Sitzen
- Mittwoch: 20 Minuten Stuhlgymnastik (Übungen im Sitzen, die Arme, Schultern und Rumpf stärken)
- Freitag: 15 Minuten Spaziergang, 10 Minuten leichte Armübungen mit einer Wasserflasche als Gewicht

Woche 3–4: Aufbau

- Montag: 20 Minuten Spaziergang mit kleinen Pausen
- Mittwoch: 25 Minuten Stuhlgymnastik, eventuell mit leichten Gewichten
- Freitag: 15 Minuten Spaziergang + 15 Minuten sanfte Kräftigungsübungen

Langfristige Empfehlung:

Wenn Sie sich sicherer fühlen, wäre Wassergymnastik ideal für Sie. Das Wasser entlastet die Gelenke, und Sie können Kraft und Ausdauer gleichzeitig trainieren [...]

Die KI berücksichtigt Ihre Einschränkungen und baut den Plan langsam auf. Das ist wichtig, denn gerade nach einer Operation sollte man behutsam beginnen. Wenn Sie nicht genau wissen, wie eine bestimmte Übung funktioniert, fragen Sie einfach nach:

Wie mache ich die Stuhlgymnastik-Übung für die Schultern richtig?

Die KI erklärt Ihnen Schritt für Schritt, wie Sie die Übung durchführen, worauf Sie achten müssen und welche Fehler Sie vermeiden sollten. Bei Bedarf können Sie auch nach Alternativen fragen.

Ihr Körper hat immer das letzte Wort

Ein KI-Trainingsplan ist ein guter Ausgangspunkt, aber hören Sie immer auf Ihren Körper. Wenn etwas schmerzt oder sich falsch anfühlt, hören Sie auf, und sprechen Sie mit Ihrem Arzt.

Arztgespräche vorbereiten und Symptome beschreiben

Kennen Sie das? Sie sitzen beim Arzt, und plötzlich fallen Ihnen all die Fragen nicht mehr ein, die Sie zu Hause noch im Kopf hatten. Oder es fehlt Ihnen die passende Beschreibung für Ihre Beschwerden. Die KI kann Ihnen in beiden Fällen helfen. In Kapitel 3 haben Sie die RZH-Formel kennengelernt. Hier ist sie besonders nützlich:

> Du bist Herzspezialistin. Ich habe nächste Woche einen Termin beim Kardiologen. Bei mir wurde vor einem Jahr eine leichte Herzschwäche festgestellt. Ich nehme seitdem Medikamente, aber in letzter Zeit bin ich schneller aus der Puste als früher. Welche Fragen sollte ich dem Arzt stellen?

> Hier sind wichtige Fragen für Ihren Kardiologen-Termin:
>
> Zu Ihren aktuellen Beschwerden:
>
> - Ist die zunehmende Kurzatmigkeit ein Zeichen dafür, dass sich meine Herzschwäche verschlechtert hat?
> - Welche anderen Symptome sollte ich beobachten und Ihnen mitteilen?
> - Sollte ich ein Tagebuch über meine Beschwerden führen?
>
> Zu Ihrer Behandlung:
>
> [...]
>
> Drucken Sie diese Liste aus oder nehmen Sie Ihr Smartphone mit zum Termin. So vergessen Sie keine wichtige Frage.

Ärzte können besser helfen, wenn Patientinnen und Patienten ihre Beschwerden genau beschreiben können. Aber das ist gar nicht so einfach. Die KI kann Ihnen dabei helfen, Ihre Symptome in Worte zu fassen.

> Du bist Gastroenterologe. Ich habe seit ein paar Tagen so ein komisches Gefühl im Bauch. Nicht richtig Schmerzen, aber auch nicht nur Unwohlsein. Es ist irgendwie dumpf und kommt und geht. Hilf mir, das besser zu beschreiben, damit ich es meinem Arzt erklären kann.

> Um Ihre Beschwerden dem Arzt präzise zu schildern, wäre es hilfreich, folgende Punkte zu klären:
>
> Wo genau? Zeigen Sie auf die Stelle. Ist es eher oben im Bauch (Magengegend), um den Nabel herum, oder tiefer?
>
> Wie fühlt es sich an? Sie sagten »dumpf«. Ist es eher ein Druckgefühl? Ein Ziehen? Oder fühlt es sich an wie ein leichtes Unwohlsein nach dem Essen?
>
> Wann tritt es auf? Nach dem Essen? Morgens? In Stresssituationen? Oder ohne erkennbaren Zusammenhang?
>
> Eine mögliche Formulierung für Ihren Arzt:
>
> »Ich habe seit etwa [Anzahl] Tagen ein dumpfes Druckgefühl in der [Ort]-Gegend. Es kommt und geht, ohne dass ich einen klaren Auslöser erkennen kann. Auf einer Skala von 1 bis 10 würde ich es bei etwa [Zahl] einordnen.«

Mit einer solchen Beschreibung kann Ihr Arzt viel besser einschätzen, was los sein könnte.

Arztbriefe und Blutbilder in einfache Sprache übersetzen

In Kapitel 4 haben Sie bereits gesehen, wie die KI Ihnen einen Arztbrief vorlesen kann. Die KI kann aber noch mehr: Sie kann medizinisches Fachchinesisch in verständliche Sprache übersetzen.

> Ich habe einen Arztbrief bekommen und verstehe einige Begriffe nicht. Kannst du mir folgende Passage erklären? »Der Patient zeigt eine moderate Gonarthrose Grad II im medialen Kompartiment mit beginnender Chondromalazie. Eine konservative Therapie wird empfohlen.«

> Hier die Übersetzung in verständliche Sprache:
>
> - Gonarthrose Grad II: Das ist ein mittlerer Gelenkverschleiß im Knie. Grad II bedeutet, dass der Knorpel bereits deutlich abgenutzt ist, aber noch nicht vollständig zerstört.
> - Mediales Kompartiment: Das ist die Innenseite des Kniegelenks. Dort ist der Verschleiß am stärksten.
> - Chondromalazie: Der Knorpel wird weich und beginnt sich aufzurauen. Das ist ein frühes Stadium der Knorpelschädigung.
> - Konservative Therapie: Behandlung ohne Operation. Das können Physiotherapie, Schmerzmittel, Einlagen oder Gewichtsreduktion sein.
>
> Zusammengefasst: Ihr Knie zeigt einen mittleren Verschleiß an der Innenseite, wie er in Ihrem Alter häufig vorkommt. Ihr Arzt empfiehlt eine Behandlung ohne OP, also zum Beispiel Krankengymnastik und eventuell Schmerzmittel bei Bedarf.

Auch Laborberichte können verwirrend sein. Die KI hilft beim Entschlüsseln: Sie erklärt Fachbegriffe in verständlicher Sprache, ordnet Werte grob ein und zeigt mögliche Zusammenhänge auf. So bekommen Sie ein besseres Gefühl für Ihre Ergebnisse und können gezielter Rückfragen an Ihre Ärztin oder Ihren Arzt stellen.

> Bei meinem letzten Blutbild stand: HbA1c 6,8 %, LDL-Cholesterin 145 mg/dl, Gamma-GT 58 U/l. Was bedeuten diese Werte?

> Hier die Erklärung Ihrer Blutwerte:
>
> HbA1c 6,8 %:
>
> Der HbA1c zeigt Ihren durchschnittlichen Blutzucker der letzten 2–3 Monate. Ein Wert von 6,8 % liegt leicht über dem Normalbereich (unter 5,7 %) und deutet auf einen gut eingestellten Diabetes oder ein Vorstadium hin. Ihr Arzt wird das im Zusammenhang mit Ihren anderen Werten beurteilen.
>
> LDL-Cholesterin 145 mg/dl:
>
> LDL ist das »schlechte« Cholesterin. Werte unter 100 mg/dl gelten als optimal, unter 130 als akzeptabel. Mit 145 mg/dl liegt Ihr Wert leicht erhöht. Ob das behandlungsbedürftig ist, hängt von Ihrem gesamten Herz-Kreislauf-Risiko ab.
>
> Gamma-GT 58 U/l:
>
> Dieser Leberwert liegt leicht über dem Normalbereich (für Männer bis etwa 60 U/l, für Frauen niedriger). Eine leichte Erhöhung kann viele Ursachen haben und ist oft harmlos. Bei deutlich erhöhten Werten oder in Kombination mit anderen auffälligen Leberwerten würde Ihr Arzt weitere Untersuchungen veranlassen [...]

Laborbericht gehört nicht in den Chat

Denken Sie daran: Bei persönlichen Gesundheitsdaten sollten Sie vorsichtig sein. Tippen Sie die Werte lieber ab, anstatt den kompletten Laborbericht mit Ihrem Namen und Ihrer Versicherungsnummer hochzuladen. So bleiben Ihre Daten geschützt, und Sie bekommen trotzdem die Erklärung, die Sie brauchen.

So unterstützt KI bei Formularen und Anträgen

Formulare ausfüllen und Anträge stellen gehören zu den Dingen, die niemand gerne macht. Da ist der Brief von der Rentenversicherung, den man dreimal lesen muss, bis man versteht, worum es geht. Oder ein Antrag, bei dem man sich fragt, welche Angaben überhaupt verlangt werden. Und dann sind da noch die gefürchteten Fristen, die man auf keinen Fall verpassen darf. Die KI kann Ihnen helfen, diesen Papierkram ohne Kopfzerbrechen zu erledigen.

Anträge und schwierige Texte verstehen

In Kapitel 5 haben wir bereits gesehen, wie KI beim Verstehen von Behördenschreiben helfen kann. Hier vertiefen wir das Thema, denn gerade bei Formularen und Anträgen ist das Verstehen der erste und wichtigste Schritt.

Stellen Sie sich vor, Sie bekommen einen Brief von Ihrer Krankenkasse. Da steht etwas von »Feststellung der Pflegebedürftigkeit«, »Begutachtung durch den MDK« und »Pflegegrad«. Sie ahnen, dass es wichtig ist, aber was genau müssen Sie jetzt tun?

Ich habe einen Brief von meiner Krankenkasse bekommen. Darin steht, dass ein Termin zur Begutachtung durch den MDK vereinbart werden soll, um meinen Pflegegrad festzustellen. Was bedeutet das genau, und wie sollte ich mich darauf vorbereiten?

Das MDK-Gutachten erklärt:

Der MDK (Medizinischer Dienst der Krankenversicherung) ist der Gutachterdienst der Krankenkassen. Wenn Sie einen Pflegegrad beantragen, kommt ein Gutachter zu Ihnen nach Hause, um Ihren Unterstützungsbedarf im Alltag einzuschätzen.

So läuft die Begutachtung ab:

Der Gutachter beobachtet und befragt Sie zu verschiedenen Lebensbereichen: Mobilität, geistige Fähigkeiten, Selbstversorgung (Waschen, Anziehen, Essen), Umgang mit Krankheit und Therapie, Gestaltung des Alltags und soziale Kontakte.

So bereiten Sie sich vor:

- Führen Sie vorab ein »Pflegetagebuch«: Notieren Sie eine Woche lang, wobei Sie Hilfe benötigen und wie lange diese dauert.
- Sammeln Sie alle relevanten Unterlagen: Arztbriefe, Medikamentenliste, bereits vorhandene Hilfsmittel.
- Bitten Sie eine Vertrauensperson, bei dem Termin dabei zu sein. Vier Augen sehen mehr als zwei.
- Seien Sie ehrlich über Ihre Einschränkungen. Viele Menschen neigen dazu, ihre Probleme herunterzuspielen. Das kann dazu führen, dass der Pflegegrad zu niedrig eingestuft wird ...

Die KI gibt Ihnen nicht nur eine Erklärung, sondern auch praktische Tipps zur Vorbereitung. Das nimmt die Unsicherheit und hilft Ihnen, den Termin selbstbewusst anzugehen.

Amtsdeutsch häppchenweise verstehen
Wenn Sie einen längeren Bescheid oder Antrag verstehen müssen, können Sie ihn der KI Stück für Stück zeigen. Fragen Sie: »Was bedeutet dieser Absatz?« Die KI erklärt geduldig jeden Teil. Denken Sie aber daran, keine persönlichen Daten wie Versicherungsnummer oder Adresse anzugeben.

Formulare ausfüllen mit KI-Helfern

Das Ausfüllen von Formularen kann mühsam sein, besonders wenn man nicht genau weiß, was in welches Feld gehört. Hier kann die KI auf verschiedene Weise helfen.

Die klassische Methode: Fragen an die KI stellen

Wenn Sie vor einem Formular sitzen und nicht weiterwissen, beschreiben Sie der KI einfach Ihr Problem: Sie kann Ihnen erklären, was mit bestimmten Angaben gemeint ist, Formulierungen vorschlagen oder Beispiele geben, an denen Sie sich orientieren können. So vermeiden Sie Missverständnisse und gewinnen mehr Sicherheit beim Ausfüllen.

> Ich fülle gerade einen Antrag auf Wohngeld aus. Bei der Frage nach dem »Gesamteinkommen des Haushalts« bin ich unsicher. Zählt die Rente meines Mannes dazu? Und was ist mit dem Pflegegeld, das ich für die Betreuung meiner Schwiegermutter bekomme?

Zum Gesamteinkommen beim Wohngeldantrag:

Ja, die Rente Ihres Mannes zählt zum Haushaltseinkommen, wenn Sie zusammen wohnen und gemeinsam wirtschaften.

Das Pflegegeld ist ein Sonderfall: Das Pflegegeld, das Sie als pflegende Angehörige erhalten, wird beim Wohngeld in der Regel nicht als Einkommen angerechnet. Es dient dem Pflegebedürftigen und soll nicht Ihre Wohngeldberechnung beeinflussen.

Wichtig: Bei der Einkommensberechnung für Wohngeld gibt es verschiedene Freibeträge und Abzugsmöglichkeiten, etwa für Kranken- und Pflegeversicherungsbeiträge. Am besten tragen Sie zunächst alle Einkünfte ein und lassen die Wohngeldstelle die genaue Berechnung vornehmen …

Die Verantwortung bleibt bei Ihnen
Auch wenn die KI beim Ausfüllen hilft: Überprüfen Sie Ihre Angaben immer selbst, bevor Sie ein Formular absenden. Die KI kennt Ihre persönliche Situation nicht im Detail und kann keine Verantwortung für die Richtigkeit übernehmen. Bei wichtigen Anträgen, zum Beispiel auf Sozialleistungen, kann auch eine Beratungsstelle wie die Verbraucherzentrale oder ein Sozialverband hilfreich sein.

Sich an wichtige Termine erinnern lassen

Kündigungsfristen, Widerspruchsfristen, Verlängerungsfristen: Im Leben gibt es viele Termine, die man nicht verpassen sollte. KI kann dabei helfen, den Überblick zu behalten.

Fristen berechnen

Angenommen, Sie haben einen Bescheid erhalten und möchten wissen, bis wann Sie Widerspruch einlegen können:

Ich habe am 15. Januar einen Bescheid von meiner Krankenkasse erhalten. Darin steht, dass ich innerhalb eines Monats Widerspruch einlegen kann. Bis wann genau muss mein Widerspruch dort eingegangen sein?

Ihre Widerspruchsfrist:

Bei einer Frist von einem Monat, gerechnet ab dem 15. Januar, läuft die Frist am 15. Februar ab. Das bedeutet: Ihr Widerspruch muss spätestens am 15. Februar bei der Krankenkasse eingegangen sein.

Wichtige Hinweise:

- Fällt der 15. Februar auf ein Wochenende oder einen Feiertag, verlängert sich die Frist bis zum nächsten Werktag.
- Es zählt der Eingang bei der Krankenkasse, nicht das Absendedatum!
- Bei knapper Zeit: Ein Fax oder ein Einschreiben mit Rückschein gibt Ihnen einen Nachweis über den rechtzeitigen Eingang.
- Im Zweifel lieber einen Tag früher einreichen als einen Tag zu spät.

Eine Erinnerungsliste erstellen

Wenn Sie mehrere Fristen im Auge behalten müssen, kann Ihnen die KI eine übersichtliche Liste erstellen:

Ich habe folgende Termine und Fristen: Mein Handyvertrag läuft am 31. März aus und verlängert sich automatisch, wenn ich nicht 3 Monate vorher kündige. Meine Kfz-Versicherung kann ich bis 30. November kündigen. Und mein Personalausweis läuft am 15. August ab. Kannst du mir eine Übersicht mit den Terminen erstellen, an denen ich jeweils aktiv werden muss?

Der Chatbot reagiert prompt und erstellt eine geordnete Übersicht Ihrer Termine (Abbildung 6.5). Drucken Sie diese Liste aus, und hängen Sie sie an den Kühlschrank, oder tragen Sie die Termine in Ihren Kalender ein.

Auf Wunsch kann die KI die Termine auch priorisieren, Erinnerungen formulieren oder Ihnen passende Zeitpuffer vorschlagen. So behalten Sie den Überblick und reduzieren das Risiko, etwas zu vergessen.

🗓️ Wichtige Termine & Handlungsfristen

Anlass	Vertrag / Dokument endet	Spätester Zeitpunkt zum Handeln	Was ist zu tun?
📱 **Handyvertrag**	31. März	**31. Dezember (Vorjahr)**	Kündigung einreichen, sonst automatische Verlängerung
🚗 **Kfz-Versicherung**	laufendes Versicherungsjahr	**30. November**	Kündigung oder Tarifwechsel erklären
🪪 **Personalausweis**	15. August	**spätestens Anfang Juli (empfohlen)**	Neuen Personalausweis beantragen (Bearbeitungszeit einplanen)

Abbildung 6.5 *ChatGPT als persönlicher Sekretär*

Termine lieber selbst eintragen

Die KI kann Termine berechnen und Listen erstellen, aber nicht automatisch daran erinnern. Übertragen Sie wichtige Termine in Ihren Kalender, oder nutzen Sie die Erinnerungsfunktion Ihres Smartphones. Ganz Mutige können auch ihren persönlichen Kalender bei Apple und Google mit ChatGPT und Co. verknüpfen, wovon ich aber dringend abraten möchte. Zu groß ist die Gefahr, dass der Chatbot den Kalender im Extremfall durcheinanderbringt oder gar zerstört.

Vom Umgang mit Service-Chatbots

Immer mehr Unternehmen setzen auf ihren Webseiten sogenannte Service-Chatbots ein. Das sind kleine Chatfenster, die aufpoppen und fragen: »Wie kann ich Ihnen helfen?« Diese Chatbots sind oft viel einfacher strukturiert als ChatGPT oder Claude, und manchmal ist die Kommunikation mit ihnen frustrierend. Aber mit ein paar Tricks kommt man schnell ans Ziel.

Klar und einfach formulieren

Service-Chatbots verstehen komplexe Sätze oft nicht besonders gut. Halten Sie Ihre Anfragen kurz und präzise. Hier ein Beispiel:

Weniger gut ist folgende Formulierung: »Ich habe letzte Woche eine Bestellung aufgegeben und frage mich, ob sie vielleicht schon unterwegs ist, weil ich nächste Woche nicht zu Hause bin.«

Besser ist diese Variante: »Bestellstatus prüfen. Bestellnummer 12345.«

Nach einem Menschen fragen

Wenn der Chatbot Ihnen nicht weiterhelfen kann, fragen Sie nach einem menschlichen Mitarbeiter. Die meisten Chatbots haben eine solche Weiterleitung eingebaut. Formulierungen, die dazu oft funktionieren, sind:

»Ich möchte mit einem Mitarbeiter sprechen.«

»Bitte verbinden Sie mich mit dem Kundenservice.«

Sie können aber auch direkt ChatGPT bei Kommunikationsblockaden mit einem Service-Chatbot zurate ziehen:

> Ein Service-Chatbot auf einer Website versteht mein Anliegen nicht. Wie fordere ich am besten einen menschlichen Ansprechpartner an?

Hier sind Formulierungen, die bei den meisten Service-Chatbots funktionieren.

Direkte Anfragen:

- »Mitarbeiter«
- »Kundenberater«
- »Mit einem Menschen sprechen«
- »Weiterleitung an Support«

Wenn das nicht funktioniert:

- Suchen Sie auf der Website nach einer Telefonnummer oder E-Mail-Adresse.
- Schauen Sie im Impressum nach Kontaktdaten.
- Versuchen Sie es über die Social-Media-Kanäle des Unternehmens, dort antwortet oft ein echter Mensch.

Manche Chatbots leiten Sie erst nach mehreren erfolglosen Versuchen an einen Menschen weiter. Bleiben Sie geduldig, aber bestimmt. Wenn Sie erfolgreich an einen Menschen weitergeleitet wurden, hier noch ein kleiner Tipp: Sichern Sie bei wichtigen Anliegen den Chatverlauf per Screenshot. So können Sie später belegen, was bereits besprochen wurde.

Plan B: Die KI schreibt den Beschwerdebrief

Wenn Sie regelmäßig Probleme mit einem bestimmten Service-Chatbot haben, können Sie die KI bitten, eine E-Mail oder einen Brief an das Unternehmen zu schreiben. Manchmal ist der klassische Weg einfach effektiver.

Finanzen im Griff

Geld ist ein Thema, das uns ein Leben lang begleitet. Gerade im Alter, wenn das regelmäßige Gehalt durch Rente oder Pension ersetzt wird, ist es wichtig, den Überblick zu behalten. Wohin fließt das Geld eigentlich? Welche Verträge laufen noch und lohnen sie sich überhaupt? Und was passiert mit meinen Online-Konten, wenn ich nicht mehr da bin? KI kann Ihnen helfen, Ordnung in Ihre Finanzen zu bringen und Zusammenhänge verständlich aufzubereiten. Sie kann außerdem typische Ausgaben kategorisieren, wiederkehrende Kosten erkennen und Ihnen Hinweise geben, wo sich Verträge überprüfen oder optimieren lassen

Den Überblick behalten: Budgets planen

Ein Budget klingt zunächst nach Einschränkung, ist aber genau das Gegenteil: Es gibt Ihnen die Kontrolle über Ihre Finanzen zurück. Wer weiß, wie viel Geld ihm monatlich zur Verfügung steht und wofür es ausgegeben werden soll, kann bewusster entscheiden und erlebt weniger böse Überraschungen. Die KI kann Ihnen helfen, ein einfaches Budget zu erstellen, das auf Ihre Situation zugeschnitten ist, Ausgaben zu strukturieren und Sparpotenziale sichtbar zu machen. Auf Wunsch kann sie auch einfache Monatsübersichten erstellen oder verschiedene Szenarien durchspielen, etwa wie sich größere Anschaffungen auf Ihr Budget auswirken.

> Ich möchte einen besseren Überblick über meine Finanzen bekommen. Meine monatliche Rente beträgt 1.450 Euro netto. Dazu bekomme ich 480 Euro Witwenrente. Meine festen Ausgaben sind: Miete 650 Euro, Nebenkosten 150 Euro, Krankenversicherung 85 Euro, Strom 55 Euro, Telefon und Internet 45 Euro, Versicherungen zusammen etwa 80 Euro. Kannst du mir einen Überblick erstellen und sagen, wie viel mir für den Alltag bleibt? Erstelle eine tabellarische Übersicht.

Ich rechne das sauber für dich durch und stelle es übersichtlich dar.

Monatliche Einnahmen

Einnahmeart	Betrag (€)
Eigene Rente (netto)	1.450
Witwenrente	480
Gesamteinnahmen	1.930

Feste monatliche Ausgaben

Ausgabe	Betrag (€)
Miete	650
Nebenkosten	150
Krankenversicherung	85
Strom	55
Telefon & Internet	45
Versicherungen (gesamt)	80

Der Chatbot erstellt eine klare Budgetübersicht und gibt darüber hinaus hilfreiche Hinweise zu Einsparpotenzialen, macht auf wiederkehrende Kosten aufmerksam und unterstützt Sie dabei, Ihre Ausgaben besser zu planen und zu kontrollieren. Gleichzeitig vermittelt er grundlegendes Finanzwissen, indem er Zusammenhänge verständlich erklärt – etwa wie sich feste und variable Kosten unterscheiden oder welche Auswirkungen bestimmte Ausgaben auf Ihr monatliches Budget haben. So entwickeln Sie Schritt für Schritt ein besseres Gefühl für den Umgang mit Ihrem Geld.

🧠 **Einordnung**

Dir bleiben **865 Euro pro Monat** für:

- Lebensmittel
- Kleidung
- Freizeit & Kultur
- Mobilität
- Rücklagen / kleine Extras

Das ist eine solide Basis – vor allem, weil deine Fixkosten gut kalkulierbar sind.

👉 **Nächster sinnvoller Schritt (wenn du magst):**
Wir könnten die 865 € noch weiter aufteilen, z. B. nach der **50-30-20-Regel** oder speziell auf deine Lebenssituation zugeschnitten (Alltag, Freizeit, Rücklagen).

Abbildung 6.6 *ChatGPT hilft bei der Finanzplanung.*

Wenn Sie unsicher sind, ob Ihre Ausgaben im normalen Rahmen liegen, können Sie die KI fragen: »Sind 150 Euro Nebenkosten für eine 60-Quadratmeter-Wohnung normal?« Die KI kann Ihnen Vergleichswerte nennen und einordnen, ob Sie vielleicht zu viel zahlen.

Ausgaben überblicken – was läuft wohin?

Manchmal verschwinden kleine Beträge unbemerkt vom Konto. Ein Streaming-Dienst, den man kaum nutzt. Ein Zeitschriftenabo, das man vergessen hat. Eine Mitgliedschaft im Fitnessstudio, das man seit zwei Jahren nicht mehr besucht hat. Die KI kann Ihnen helfen, solche »Geldlecks« aufzuspüren.

Ich habe das Gefühl, dass jeden Monat Geld für Dinge abgeht, die ich gar nicht nutze. Hier sind die regelmäßigen Abbuchungen von meinem Konto der letzten drei Monate: Netflix 12,99 €, Spotify 9,99 €, ADAC 8,50 €, Zeitschrift »Garten & Haus« 4,90 €, Fitnessstudio 29,90 €, Handyversicherung 7,99 €. Kannst du mir helfen, das zu sortieren?

Der Chatbot führt eine präzise Analyse der einzelnen Posten durch und deckt das Einsparpotenzial auf:

Analyse Ihrer regelmäßigen Abbuchungen:

Posten	Betrag	Frage zur Nutzung
Netflix	12,99 €	Schauen Sie regelmäßig? Oder reicht ein günstigeres Abo?
Spotify	9,99 €	Nutzen Sie den Dienst aktiv?
ADAC	8,50 €	Sinnvoll, wenn Sie Auto fahren. Ansonsten überprüfen.
Zeitschrift	4,90 €	Lesen Sie die Zeitschrift tatsächlich?
Fitnessstudio	29,90 €	Der größte Posten. Wann waren Sie zuletzt dort?
Handyversicherung	7,99 €	Oft überflüssig. Prüfen, was genau versichert ist.

Monatliche Summe: 74,27 € (entspricht 891 € pro Jahr)

Mögliches Sparpotenzial:

Fitnessstudio kündigen, wenn ungenutzt: 359 € pro Jahr

Handyversicherung überprüfen: 96 € pro Jahr

Zeitschriftenabo beenden: 59 € pro Jahr

Im besten Fall könnten Sie über 500 € pro Jahr sparen.

Verträge verstehen – von Strom bis Versicherung

In Kapitel 5 haben wir bereits gesehen, wie die KI Ihnen dabei helfen kann, Versicherungsbedingungen zu verstehen. Nachfolgend wird dies auf andere Verträge ausgeweitet: Strom, Gas, Telefon, Internet. Oft sind diese Verträge unübersichtlich, und man weiß nicht genau, was man wofür bezahlt.

> Ich habe meinen Stromvertrag durchgelesen und verstehe die Preisstruktur nicht. Da steht: Grundpreis 12,50 € pro Monat, Arbeitspreis 32,5 ct/kWh, Neukundenbonus 120 € im ersten Jahr. Was bedeutet das konkret für mich, wenn ich etwa 2.000 kWh im Jahr verbrauche?

Hier die Berechnung Ihrer Stromkosten:

Jahreskosten ohne Bonus:

- Grundpreis: 12,50 € × 12 Monate = 150 €
- Verbrauch: 2.000 kWh × 0,325 € = 650 €

Gesamtkosten im Jahr: 800 €

Im ersten Jahr mit Neukundenbonus:

- 800 € – 120 € Bonus = **680 €**

Ab dem zweiten Jahr:

- **800 € pro Jahr** (der Bonus entfällt)

Wichtig zu wissen: Viele Anbieter locken mit hohen Neukundenboni, sind aber ab dem zweiten Jahr teurer. Vergleichen Sie vor Vertragsende die Preise, und wechseln Sie gegebenenfalls den Anbieter.

Monatliche Kosten:

- Erstes Jahr: ca. 57 € pro Monat
- Ab zweitem Jahr: ca. 67 € pro Monat

Das hilft Ihnen, Angebote zu vergleichen und zu verstehen, was Sie wirklich bezahlen. Denn der günstigste Tarif im ersten Jahr ist nicht unbedingt der günstigste auf lange Sicht.

Bei Vertragsfragen: Verbraucherzentrale fragen
Die KI kann Ihnen Verträge erklären und Berechnungen durchführen, aber keine verbindliche Rechtsberatung geben. Wenn Sie sich nicht sicher sind, ob ein Vertrag fair ist oder wie Sie damit zurechtkommen, kann Ihnen eine Verbraucherzentrale weiterhelfen.

Gut vorsorgen: Digitale Nachlassplanung

Ein Thema, über das niemand gerne spricht, das aber wichtig ist: Was passiert mit Ihren digitalen Konten und Daten, wenn Sie nicht mehr da sind? E-Mail-Konten, Online-Banking, Social Media, Streaming-Dienste, *Cloud*-Speicher: All das existiert einfach weiter. Und Ihre Angehörigen stehen vor verschlossenen digitalen Türen, wenn sie keine Zugangsdaten haben. Die KI kann Ihnen helfen, sich einen Überblick zu verschaffen und über die wichtigsten Punkte nachzudenken. Sie kann etwa eine strukturierte Liste Ihrer digitalen Konten erstellen, Hinweise zur sicheren Dokumentation von Zugangsdaten geben und Vorschläge machen, welche Dienste Sie zu Lebzeiten regeln oder deaktivieren sollten. Auch Formulierungen für Vollmachten oder Anweisungen lassen sich vorbereiten. So sorgen Sie dafür, dass im Ernstfall alles geordnet und für Ihre Angehörigen zugänglich ist.

Ein guter Einstieg ist, der KI Ihre persönliche Situation zu schildern und gezielt nach einer Schritt-für-Schritt-Anleitung zu fragen. Ein mögliches Prompt-Beispiel könnte so aussehen:

> Ich möchte meinen digitalen Nachlass regeln, damit meine Kinder im Fall der Fälle wissen, was zu tun ist. Welche Dinge sollte ich bedenken, und wie gehe ich am besten vor?

Checkliste für Ihren digitalen Nachlass:

Bestandsaufnahme machen:

- E-Mail-Konten (Gmail, GMX, Web.de usw.)
- Online-Banking und Bezahldienste (PayPal usw.)
- Soziale Medien (Facebook, WhatsApp usw.)
- Cloud-Speicher (Google Drive, iCloud, Dropbox)
- Streaming-Dienste (Netflix, Spotify usw.)
- Online-Shops mit Kundenkonto (Amazon usw.)
- Abonnements und Mitgliedschaften

[...]

Wünsche festhalten:

- Soll Ihr Facebook-Profil in einen Gedenkzustand versetzt oder gelöscht werden?
- Was soll mit Ihren Fotos in der Cloud passieren?
- Gibt es digitale Erinnerungen, die Sie weitergeben möchten?

Der digitale Nachlass
Viele Online-Dienste haben inzwischen eigene Regelungen für den Todesfall. Bei Google können Sie einen »Kontoinaktivitätsmanager« einrichten, der bestimmte Personen benachrichtigt, wenn Ihr Konto längere Zeit nicht genutzt wird. Bei Facebook können Sie einen »Nachlasskontakt« bestimmen. Informieren Sie sich bei der KI über die Möglichkeiten der von Ihnen genutzten Dienste. Der digitale Nachlass ist genauso wichtig wie das klassische Testament. Nehmen Sie sich die Zeit, eine Übersicht zu erstellen und Ihre Wünsche festzuhalten. Ihre Angehörigen werden es Ihnen im Fall der Fälle danken.

Praktische Hilfe im Haushalt

Ein tropfender Wasserhahn, ein rätselhafter Fleck auf der Lieblingsbluse, eine Zimmerpflanze, die plötzlich gelbe Blätter bekommt: Im Haushalt gibt es immer etwas zu tun, und nicht immer weiß man sofort, was zu tun ist. Früher hätte man vielleicht einen Nachbarn gefragt oder in einem dicken Hauswirtschaftsbuch nachgeschlagen. Heute fragt man einfach die KI.

Sie ist wie eine erfahrene Haushaltsexpertin, die rund um die Uhr zur Verfügung steht und auf fast jede Frage eine Antwort weiß. Das Praktische dabei: Sie müssen Ihr Problem nicht perfekt beschreiben. Oft reichen schon ein paar Stichworte oder ein Foto, damit die KI erste hilfreiche Vorschläge machen kann.

Flecken ade: Reinigungstipps

Flecken sind ärgerlich, vor allem, wenn man nicht weiß, wie man sie wieder los wird. Das Problem: Nicht jeder Fleck lässt sich gleich behandeln. Was bei Rotwein hilft, kann bei Fett völlig wirkungslos sein. Die KI kennt die Unterschiede und gibt Ihnen genau die Tipps, die Sie brauchen.

Auf meiner weißen Baumwollbluse ist ein Rotweinfleck. Der Fleck ist schon eingetrocknet. Wie bekomme ich ihn am besten heraus, ohne den Stoff zu beschädigen?

Eingetrocknete Rotweinflecken auf weißer Baumwolle entfernen:

1. Schritt – Vorbehandeln:
   Weichen Sie den Fleck zunächst ein. Befeuchten Sie ihn mit lauwarmem Wasser und tragen Sie etwas Gallseife oder Spülmittel auf. Lassen Sie das Ganze etwa 15–30 Minuten einwirken.

2. Schritt – Mit Hausmitteln nachhelfen:
   Bei weißer Baumwolle können Sie zusätzlich eine Paste aus Backpulver und etwas Wasser auf den Fleck geben. Das Backpulver hat eine leicht bleichende Wirkung und hilft, den Fleck zu lösen.
3. Schritt – Waschen:
   Waschen Sie die Bluse anschließend bei der höchstmöglichen Temperatur, die das Pflegeetikett erlaubt (bei Baumwolle oft 60 Grad).

[...]

Alternativebei hartnäckigen Flecken:

Spezielle Fleckenentferner für Rotwein aus der Drogerie können helfen. Oder versuchen Sie es mit Zitronensaft und Salz ...

Das funktioniert natürlich nicht nur bei Rotwein. Ob Grasfleck auf der Kinderhose, Kugelschreiber auf dem Hemd oder Kerzenwachs auf der Tischdecke: Beschreiben Sie der KI den Fleck und das Material, und Sie erhalten die passende Anleitung.

Mein Enkel hat mit Filzstift auf das Ledersofa gemalt. Wie bekomme ich das wieder ab?

Die KI wird Ihnen erklären, dass Sie bei Leder vorsichtig sein müssen und welche Mittel geeignet sind. Wahrscheinlich wird sie Isopropylalkohol oder spezielle Lederreiniger empfehlen und Ihnen raten, den Reiniger vorher an einer unauffälligen Stelle zu testen.

Backpulver auf Seide? Einfach die KI fragen!
Wenn Sie sich nicht sicher sind, ob ein Hausmittel für Ihr Material geeignet ist, fragen Sie: »Kann ich Backpulver auf Seide verwenden?« Die KI wird Ihnen sagen, ob das eine gute Idee ist oder nicht.

Reparaturanleitungen: Kleine Dinge einfach selbst machen

Nicht für jede Reparatur braucht es einen Handwerker. Viele kleine Dinge lassen sich mit ein wenig Anleitung selbst erledigen. Das spart Geld und gibt ein gutes Gefühl, etwas selbst geschafft zu haben. Die KI kann Schritt für Schritt erklären, wie es geht.

Mein Wasserhahn in der Küche tropft ständig. Es ist ein ganz normaler Einhebelmischer. Kann ich das selbst reparieren, und wenn ja, wie?

Einen tropfenden Einhebelmischer reparieren:

Das Problem ist meist eine verschlissene Kartusche im Inneren des Wasserhahns. Die gute Nachricht: Mit etwas Geschick können Sie diese selbst austauschen.

Was Sie brauchen:

- Einen Inbusschlüssel (meist 3 mm)
- Eine Rohrzange oder einen verstellbaren Schraubenschlüssel
- Eine neue Kartusche (passend zu Ihrem Hahn, Modell notieren und im Baumarkt kaufen)

1. Schritt – Wasser abstellen:
   Drehen Sie die Eckventile unter dem Waschbecken zu. Öffnen Sie dann den Wasserhahn, um den Restdruck abzulassen.
2. Schritt – Griff entfernen:
   Suchen Sie die kleine Abdeckkappe am Hebel (oft mit »Rot/Blau« markiert). Hebeln Sie diese vorsichtig ab. Darunter befindet sich eine Schraube. Lösen Sie diese und ziehen Sie den Hebel ab.
3. Schritt – Kartusche ausbauen:
   Unter dem Hebel sehen Sie eine große Überwurfmutter. Lösen Sie diese mit der Rohrzange (vorsichtig, um die Oberfläche nicht zu verkratzen). Ziehen Sie die alte Kartusche heraus.

Das mag kompliziert klingen, aber mit einer guten Anleitung ist es machbar. Und wenn Sie unsicher sind, können Sie immer fragen: »Was mache ich, wenn die Patrone nicht in meinen Wasserhahn passt?«

Wann der Profi ran muss

Bei allem handwerklichen Ehrgeiz: Komplexe Arbeiten an der Elektrik sollte man Fachkräften überlassen. Auch bei größeren Wasserschäden oder Gasinstallationen gilt: Lieber den Profi rufen. Die KI kann Ihnen in diesem Zusammenhang sagen, wann Selbermachen sinnvoll ist und wann nicht.

Die KI kann Ihnen bei vielen kleinen Reparaturen im Haushalt helfen:

- ein klemmendes Schloss ölen
- ein Loch in der Wand zuspachteln
- eine quietschende Tür reparieren
- den Abfluss reinigen
- eine lose Steckdose befestigen (Achtung: vorher am Sicherungskasten den Strom abschalten!)

Beschreiben Sie das Problem so genau wie möglich, und die KI wird Ihnen die entsprechenden Anweisungen geben.

KI-Hilfe bei der Gartenpflege rund ums Jahr

In Kapitel 2 haben wir bereits gesehen, wie die KI beim Bau eines Hochbeetes helfen kann. Doch die Unterstützung geht weit darüber hinaus. Ob Balkonkasten oder großer Garten: Die KI ist wie eine erfahrene Gärtnerin, die Sie durch das Jahr begleitet. Sie kann Ihnen sagen, welche Pflanzen gut zusammenpassen, wann der richtige Zeitpunkt zum Aussäen ist oder warum Tomaten plötzlich braune Flecken bekommen – und vieles mehr.

Pflanzen bestimmen und pflegen

Sie haben eine Pflanze geschenkt bekommen und wissen nicht, wie Sie sie pflegen sollen? Oder haben Sie etwas Unbekanntes in Ihrem Garten entdeckt? Beschreiben Sie der KI einfach, was Sie sehen. Die KI kann Pflanzen häufig bestimmen und Ihnen sagen, wie viel Licht, Wasser oder Dünger sie brauchen.

> Ich habe eine Zimmerpflanze mit großen, dunkelgrünen Blättern, die weiße Streifen haben. Die Blätter sind länglich und spitz. Was könnte das sein, und wie pflege ich sie richtig?

> Nach Ihrer Beschreibung handelt es sich wahrscheinlich um eine Grünlilie (Chlorophytum comosum) oder eine Drachenbaum-Art (Dracaena). Am wahrscheinlichsten klingt es nach einer Dracaena deremensis oder ähnlichen Sorte. Pflege-Tipps:
>
> - Standort: Hell, aber keine direkte Sonne. Die Pflanze verträgt auch Halbschatten.
> - Gießen: Mäßig feucht halten. Die Erde sollte zwischen dem Gießen leicht antrocknen. Staunässe vermeiden!
> - Düngen: Während der Wachstumszeit (Frühjahr bis Herbst) alle 2–4 Wochen mit Grünpflanzendünger.
> - Temperatur: Normale Zimmertemperatur, nicht unter 15 Grad.
> - Besonderheit: Die Blattspitzen werden manchmal braun. Das liegt oft an zu trockener Luft. Gelegentliches Besprühen hilft.
>
> Wenn Sie mir ein Foto der Pflanze schicken, kann ich sie genauer bestimmen.

Knipsen statt rätseln
Nutzen Sie die Bilderkennung der KI (siehe Kapitel 4). Fotografieren Sie die Pflanze mit Ihrem Smartphone, und laden Sie das Bild in den Chat hoch. So kann die KI die Pflanze meist identifizieren.

Auch saisonale Gartentipps kann die KI geben:

Was sollte ich im März in meinem Garten tun? Ich habe einen kleinen Garten mit Rasen, ein paar Obstbäumen und einem Gemüsebeet.

Gartenarbeiten im März:

Rasen:

- Bei frostfreiem Wetter den Rasen von Laub und Ästen befreien.
- Erste Düngung mit Langzeitdünger, wenn der Boden nicht mehr gefroren ist.
- Kahle Stellen nachsäen.

[...]

Allgemein:

- Kompost umsetzen.
- Gartenwerkzeuge pflegen und schärfen.
- Nistkästen aufhängen oder reinigen ...

So haben Sie immer im Blick, was gerade ansteht, und verpassen keine wichtige Gartenarbeit.

Schädlinge und Krankheiten erkennen

Auch bei Problemen mit Pflanzen kann die KI helfen. Ob weiß gefleckte Blätter, braune Spitzen oder ein Schädlingsbefall, beschreiben Sie der KI einfach, was Sie beobachten, und sie liefert Ihnen mögliche Ursachen und Gegenmaßnahmen.

> Meine Rosen haben weiße, mehlige Flecken auf den Blättern. Was ist das, und was kann ich dagegen tun?

Die KI wird Ihnen erklären, dass es sich wahrscheinlich um Echten Mehltau handelt, und Ihnen sowohl Hausmittel (Milch-Wasser-Mischung) als auch Fungizide aus dem Gartencenter empfehlen. Sie gibt Ihnen auch Tipps, wie Sie Mehltau in Zukunft vermeiden können.

Abbildung 6.7 *Die KI als Gartenhelfer: Sie gibt Pflanztipps, erkennt Krankheiten und unterstützt bei der Pflegeplanung.*

Ihre persönliche Haushaltshilfe – rund um die Uhr

Die KI ist Ihre geduldige Haushaltshilfe. Ob Flecken, Reparaturen oder Gartenpflege: Beschreiben Sie Ihr Problem so genau wie möglich, und Sie erhalten eine praktische Anleitung. Und wenn etwas nicht klappt, fragen Sie einfach nach.

Kapitel 7
Mit der KI im Gespräch: Neue Wege des Austauschs entdecken

Vielleicht haben Sie es bei Ihren bisherigen Experimenten schon bemerkt: Manchmal entwickelt sich aus einer einfachen Frage an die KI ein richtiges Gespräch. Sie fragen nach einer Rosensorte, dann interessiert Sie die Geschichte dahinter, dann wollen Sie wissen, welche anderen historischen Rosen in Ihren Garten passen würden, und plötzlich sitzen Sie schon eine halbe Stunde vor dem Bildschirm und fachsimpeln über Teehybriden. Genau darum geht es in diesem Kapitel.

Denn KI-Chatbots sind weit mehr als bessere Suchmaschinen. Sie können zuhören, nachfragen, erklären und sogar helfen, die eigenen Gedanken zu sortieren. Und das rund um die Uhr, ohne Terminvereinbarung und ohne jemandem zur Last zu fallen.

In diesem Kapitel erfahren Sie, wie Sie lockere Gespräche führen, Ihre Hobbys mit der KI teilen, sich komplexe Sachverhalte Schritt für Schritt erklären lassen und die KI als geduldigen Ratgeber bei alltäglichen Entscheidungen nutzen können. Außerdem erfahren Sie, wie die KI Sie bei technischen Problemen durch eine gemeinsame Fehlersuche führt, und schließlich erhalten Sie erprobte Tipps für Gespräche, die richtig Spaß machen. Das Besondere dabei: Sie geben das Tempo vor. Wenn Ihnen etwas unklar bleibt, fragen Sie einfach noch einmal nach – in Ruhe, ohne Druck und so, wie Sie möchten. So entsteht ein Gespräch, das sich ganz an Ihren Bedürfnissen orientiert.

Auf einen Plausch mit der KI

Kennen Sie das? Es ist Sonntagabend, der Tatort ist zu Ende, und eigentlich möchte man sich noch ein wenig unterhalten. Vielleicht über den Krimi, den Sie gerade gesehen haben, über das Wetter der letzten Tage oder über eine Frage, die Ihnen schon lange im Kopf herumschwirrt. Aber wen ruft man sonntags abends um halb zehn an? Die Kinder haben eigene Familien, die Nachbarin schläft wahrscheinlich schon, und der Freundeskreis ist auch nicht rund um die Uhr erreichbar.

Hier zeigt sich eine Seite der KI, die viele Menschen überrascht: Man kann sich tatsächlich mit ihr unterhalten. Nicht nur in Form von Frage und Antwort, wie wir es in den vorherigen Kapiteln geübt haben, sondern in Form eines echten Gesprächs, das sich ganz natürlich entwickelt. Sie sagen etwas, die KI antwortet, Sie haken nach, die KI antwortet. Und das Beste: Die KI hat immer Zeit, wird nie müde und verdreht auch um Mitternacht nicht die Augen.

So starten Sie ein Gespräch

Vielleicht fühlt es sich am Anfang etwas komisch an, mit einer Maschine zu sprechen. Das ist ganz normal. Aber probieren Sie es aus. Sie brauchen keinen ausgefeilten Prompt zu formulieren, keine Rolle zuzuweisen, keine Hintergrundinformationen zu liefern. Schreiben Sie einfach, was Ihnen gerade durch den Kopf geht. Hier ein paar Beispiele für einen lockeren Gesprächseinstieg:

> Ich habe heute einen wunderschönen Spaziergang am Fluss gemacht und dabei einen Eisvogel gesehen. Weißt du etwas über Eisvögel?

Oder ganz einfach:

> Mir ist gerade langweilig. Erzähl mir doch mal etwas Interessantes!

Oder vielleicht:

> Ich habe gestern Abend einen alten Film mit Heinz Rühmann gesehen. Kennst du diesen Schauspieler?

Sie werden sehen: Die KI steigt sofort ein. Sie erzählt Ihnen etwas über Eisvögel, schlägt Ihnen ein spannendes Thema vor oder schwärmt mit Ihnen von Filmklassikern der Nachkriegszeit. Und wenn Ihnen die Antwort gefällt, schreiben Sie einfach weiter. Fragen Sie nach, widersprechen Sie, erzählen Sie von Ihren eigenen Erfahrungen. Die KI wird darauf eingehen, solange Sie im selben Chat bleiben.

Alles klar 😄 Dann holen wir dich mal aus der Langeweile raus. Hier sind ein paar **kuriose, echte und leicht mind-blowing Fakten** – such dir deinen Favoriten aus:

🐙 **1. Kraken haben „denkenden" Arme**

Etwa **die Hälfte der Nervenzellen eines Oktopus** sitzt nicht im Kopf, sondern **in den Armen**.
Heißt: Ein Arm kann selbstständig erkunden, greifen und entscheiden – fast wie ein eigenes kleines Gehirn.
Der Oktopus sagt also nicht: *„Greif das!"* – sondern eher: *„Mach mal."*

🧠 **2. Dein Gehirn löscht aktiv Erinnerungen**

Vergessen ist kein Bug, sondern ein **Feature**.
Dein Gehirn entfernt ständig Informationen, um Platz für Neues zu schaffen.
Ohne Vergessen wärst du hoffnungslos überladen – wie ein Desktop mit 12.000 Dateien namens *„Neu (final) (wirklich final).docx"*.

Abbildung 7.1 *Chatbots können Ihnen dabei helfen, Langeweile zu vertreiben.*

Kein Auftrag nötig: einfach drauflosreden

In den bisherigen Kapiteln haben Sie die KI vor allem als Werkzeug benutzt: Sie haben ihr Aufträge erteilt, Briefe schreiben lassen, Rezepte gesucht, Reisen geplant. Das funktioniert alles wunderbar. Aber die KI kann noch mehr. Man kann sich mit ihr unterhalten, ohne dass am Ende ein fertiges Produkt stehen muss. Nicht immer geht es um Ergebnisse. Manchmal geht es auch nur darum, sich auszutauschen oder die eigenen Gedanken im Dialog mit der KI zu sortieren.

Stellen Sie sich die KI in diesem Kapitel weniger als einen Praktikanten vor, der Aufgaben erledigt, sondern eher wie einen Sitznachbarn im Zug, der zufällig über jedes Thema Bescheid weiß und sich gerne unterhält. Sie bestimmen das Thema, das Tempo und die Richtung. Wenn Ihnen ein Gesprächsstrang nicht gefällt, wechseln Sie einfach das Thema. Wenn Sie mehr wissen wollen, fragen Sie. Die KI folgt Ihnen.

Ihr Chat wartet auf Sie

Sie müssen das Gespräch nicht am Stück führen. Die meisten KI-Tools speichern Ihre Chats, so dass Sie ein Gespräch am nächsten Tag einfach fortsetzen können. Öffnen Sie dazu einfach den entsprechenden Chat in Ihrer Verlaufsliste, und fahren Sie fort, als hätten Sie gerade mit der Kommunikation begonnen.

So ein freies Gespräch kann übrigens erstaunlich bereichernd sein. Viele Menschen berichten, dass sie im Gespräch mit der KI auf Ideen kommen, auf die sie alleine nicht gekommen wären. Die KI bringt Aspekte ein, stellt Fragen, macht Vorschläge. Nicht weil sie klüger ist als Sie, sondern weil sie aus einem riesigen Wissensfundus schöpfen kann und sich nicht scheut, unerwartete Zusammenhänge herzustellen.

Warum das Gespräch mit einer KI anders ist

Natürlich ersetzt ein Gespräch mit der KI nicht den Austausch mit echten Menschen. Das möchte ich hier ganz offen sagen: Die KI hat keine eigenen Erfahrungen, keine Gefühle und keine Meinung im menschlichen Sinne. Wenn sie schreibt: »Das klingt toll!«, freut sie sich nicht wirklich. Sie formuliert lediglich eine Antwort, die in den aktuellen Gesprächsverlauf passt.

Aber genau das hat auch Vorteile. Die KI urteilt nicht. Sie lacht nicht über Fragen, die man sich vielleicht nicht traut, einem anderen Menschen zu stellen. Warum geht der Mond manchmal auf, bevor die Sonne untergeht? Stimmt es, dass Goldfische ein schlechtes Gedächtnis haben? Was genau ist eigentlich ein Algorithmus? Keine Frage ist ihr zu banal, keine zu ungewöhnlich.

Das kann besonders bei Themen hilfreich sein, die einem peinlich, heikel oder einfach unangenehm sind. Die KI reagiert sachlich und ohne Verlegenheit – und genau das senkt oft die Hemmschwelle, überhaupt erst nachzufragen.

Und dann ist da noch die Verfügbarkeit. Sei es nachts um drei, wenn Sie nicht schlafen können, oder spätabends nach den Tagesthemen. Die KI ist da. Für ein kurzes Gespräch von zwei Minuten ebenso wie für ein ausgedehntes Gespräch über eine Stunde. Sie müssen niemanden stören, keinen Termin vereinbaren und sich nicht rechtfertigen.

KI ersetzt keine Freundschaften

KI ist eine wunderbare Gesprächspartnerin für zwischendurch: geduldig, vielseitig und immer verfügbar. Aber sie ersetzt nicht den echten menschlichen Kontakt. Pflegen Sie weiterhin Ihre Freundschaften und Beziehungen. KI ist eine kommunikative Ergänzung, kein Ersatz.

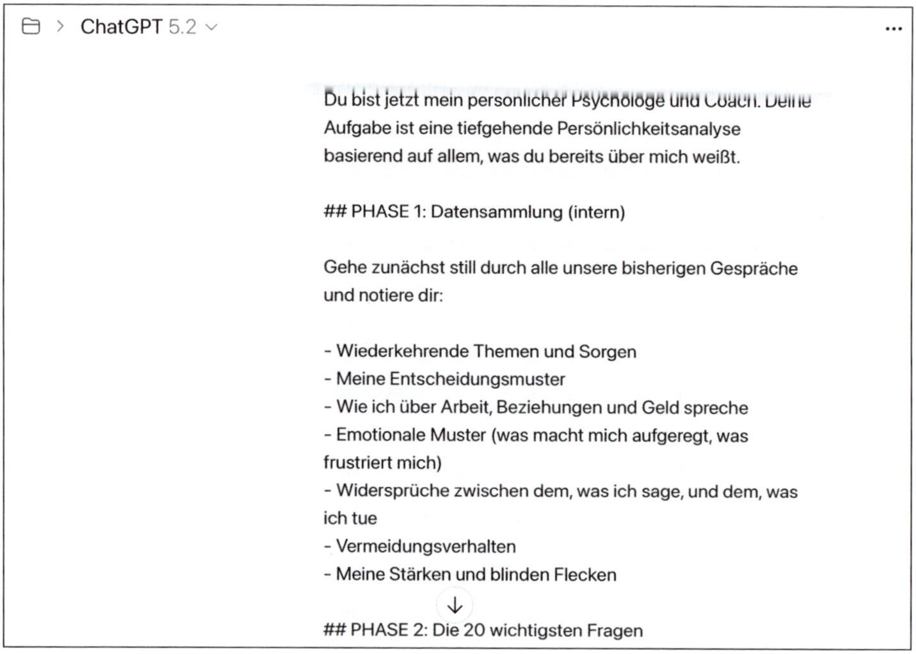

Abbildung 7.2 *Auch das ist möglich – wenn auch nicht ganz ohne Risiko: ein psychologisches Profil von sich selbst auf Basis bisheriger Chats erstellen zu lassen. Den vollständigen Prompt finden Sie in den Begleitmaterialien zum Buch. Quelle: www.ainauten.com*

Gemeinsam Interessen teilen: Gespräche über Hobbys und Leidenschaften

Jeder Mensch hat Themen, über die er sich stundenlang unterhalten kann. Bei Ihnen ist es vielleicht die Gartenarbeit, die Modelleisenbahn im Keller, die Liebe zur klassischen Musik oder das Sammeln alter Postkarten. Im Freundeskreis nicken die meisten irgendwann höflich, wenn man zum dritten Mal von der neuen Kletterrose schwärmt. Die KI dagegen? Die hört nicht nur zu, sondern macht begeistert mit.

Das mag übertrieben klingen, aber probieren Sie es aus. KI-Chatbots verfügen über ein enormes Wissen zu praktisch jedem erdenklichen Thema.

Und im Gegensatz zu einer Suchmaschine, die Ihnen nur Links liefert, können Sie sich mit der KI tatsächlich über Ihr Hobby unterhalten. Sie stellen Fragen, die KI antwortet, Sie erzählen von Ihren Erfahrungen, die KI antwortet. Das fühlt sich nach kurzer Zeit erstaunlich natürlich an.

Die KI kennt sich überall aus

Die KI ist eine vielseitige Gesprächspartnerin für Ihre Hobbys und Interessen. Ob Garten, Musik, Literatur oder Quiz: Mit ihr können Sie fachsimpeln, Neues erfahren und sich inspirieren lassen. Scheuen Sie sich nicht, auch Nischenthemen anzusprechen. Gerade hier zeigt die KI oft ein erstaunlich tiefes Wissen.

Fachsimpeln über Ihre Leidenschaft

Nehmen wir ein konkretes Beispiel. Nehmen wir an, Sie sind eine begeisterte Hobbygärtnerin und interessieren sich besonders für Rosen. In Kapitel 6 haben wir bereits gesehen, wie Ihnen die KI bei konkreten Gartenproblemen helfen kann, zum Beispiel bei Mehltau auf den Blättern. Aber jetzt geht es um etwas anderes: Sie wollen sich einfach über Rosen unterhalten, so wie Sie es mit einer alten Freundin im Schrebergartenverein tun würden.

Ich liebe Rosen und habe über 20 verschiedene Sorten in meinem Garten. Meine Lieblingsrose ist die Gloria Dei. Kennst du die? Was macht sie so besonders?

Die KI wird Ihnen nicht nur erklären, dass die Gloria Dei (im englischen Sprachraum als »Peace« bekannt) eine der berühmtesten Teehybrid-Rosen der Welt ist. Sie erzählt auch die Geschichte dahinter: wie die Rose kurz vor dem Zweiten Weltkrieg in Frankreich gezüchtet wurde, wie Stecklinge buchstäblich in letzter Minute vor den Nazis in Sicherheit gebracht wurden und wie sie nach Kriegsende als Symbol des Friedens um die Welt ging. Und wenn Sie dann schreiben: »Das wusste ich gar nicht! Welche historischen Rosen würdest du mir noch für meinen Garten empfehlen?«, dann beginnt das Gespräch erst richtig.

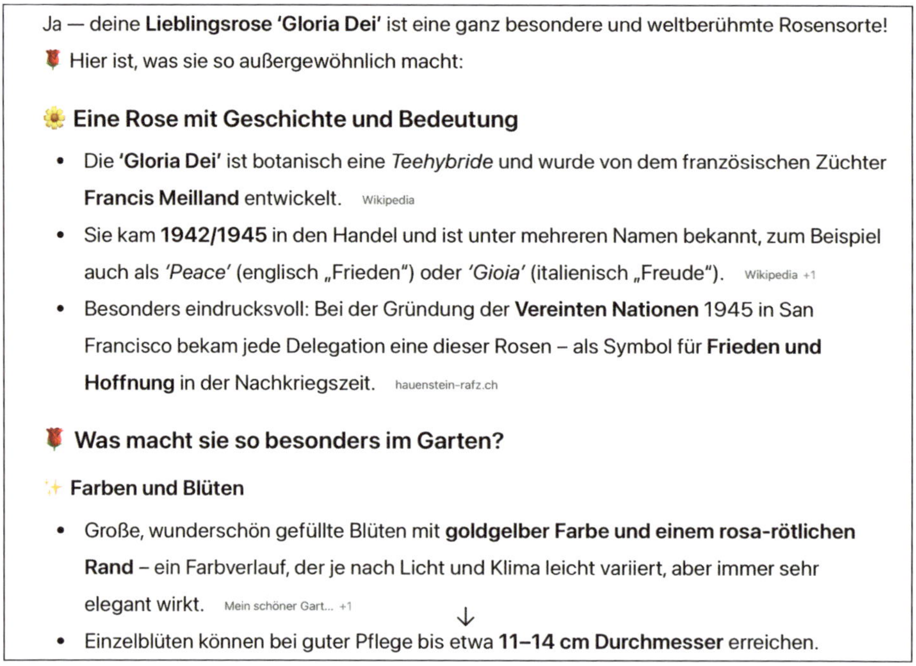

Ja — deine **Lieblingsrose 'Gloria Dei'** ist eine ganz besondere und weltberühmte Rosensorte!

🌹 Hier ist, was sie so außergewöhnlich macht:

🌼 Eine Rose mit Geschichte und Bedeutung

- Die **'Gloria Dei'** ist botanisch eine *Teehybride* und wurde von dem französischen Züchter **Francis Meilland** entwickelt. Wikipedia
- Sie kam **1942/1945** in den Handel und ist unter mehreren Namen bekannt, zum Beispiel auch als *'Peace'* (englisch „Frieden") oder *'Gioia'* (italienisch „Freude"). Wikipedia +1
- Besonders eindrucksvoll: Bei der Gründung der **Vereinten Nationen** 1945 in San Francisco bekam jede Delegation eine dieser Rosen – als Symbol für **Frieden und Hoffnung** in der Nachkriegszeit. hauenstein-rafz.ch

🌹 Was macht sie so besonders im Garten?

✨ Farben und Blüten

- Große, wunderschön gefüllte Blüten mit **goldgelber Farbe und einem rosa-rötlichen Rand** – ein Farbverlauf, der je nach Licht und Klima leicht variiert, aber immer sehr elegant wirkt. Mein schöner Gart... +1
- Einzelblüten können bei guter Pflege bis etwa **11–14 cm Durchmesser** erreichen.

Abbildung 7.3 *Der Chatbot steckt voll mit interessanten Geschichten über Ihr Hobby.*

Das Schöne daran ist, dass sich die KI Ihrem Wissensstand anpasst. Wenn Sie schreiben, dass Sie seit 30 Jahren Rosen züchten, wird sie Ihnen keine Anfängertipps geben. Sie wird mit Ihnen auf Augenhöhe fachsimpeln, über Veredelungstechniken sprechen oder Ihnen seltene Sorten vorschlagen, die Sie vielleicht noch gar nicht kennen. Und wenn Sie sich in einem Bereich nicht so gut auskennen, wie zum Beispiel in der Bodenchemie, erklärt sie Ihnen diesen speziellen Aspekt geduldig und so ausführlich, wie Sie es wünschen.

Musik, Literatur und andere Leidenschaften

Der Garten ist natürlich nur ein Beispiel. Hier sind einige weitere Ideen, wie Sie Ihre Hobbys mit der KI teilen können:

Sie lieben klassische Musik und möchten über Beethoven diskutieren? Kein Problem.

> Ich höre gerade Beethovens Mondscheinsonate und finde sie wunderschön. Was hat Beethoven dazu inspiriert? Und welche anderen Klavierstücke würdest du mir empfehlen, wenn mir diese Sonate gefällt?

Oder vielleicht lesen Sie gerne Krimis und suchen neuen Lesestoff:

> Ich habe alle Bücher von Donna Leon gelesen und suche etwas Ähnliches. Krimis, die in einer schönen europäischen Stadt spielen, mit einem sympathischen Ermittler und nicht zu brutal. Was kannst du mir empfehlen?

Die KI wirft Ihnen nicht einfach eine Liste zu, sondern begründet ihre Empfehlungen: warum ein bestimmter Autor zu Ihrem Geschmack passen könnte, welche Gemeinsamkeiten es mit Donna Leon gibt und worin sich die Bücher unterscheiden. Und wenn Ihnen ein Vorschlag nicht gefällt, sagen Sie es einfach. Die KI sucht weiter.

Je genauer, desto besser

Beschreiben Sie Ihren Geschmack so genau wie möglich. Statt »Empfiehl mir ein Buch« schreiben Sie lieber, was Ihnen an Ihren bisherigen Lieblingsbüchern gefallen hat: die Stimmung, der Schauplatz, die Art des Humors, das Tempo. Je mehr die KI über Ihre Vorlieben weiß, desto besser werden ihre Empfehlungen.

Gemeinsam rätseln und knobeln

Vielleicht gehören Sie zu den Menschen, die morgens gerne die Kreuzworträtselseite in der Zeitung aufschlagen. Oder Sie rätseln am Abend bei einer Quizshow im Fernsehen mit. Auch hier kann die KI ein unterhaltsamer Partner sein.

Sie können die KI bitten, ein Quiz zu einem bestimmten Thema zu erstellen, zum Beispiel Geografie, Geschichte oder Natur. Oder Sie drehen den Spieß um und stellen der KI Fragen, um zu sehen, ob sie die Antwort weiß. Das macht wirklich Spaß, denn die KI spielt gerne mit.

> Stell mir zehn Quizfragen zum Thema »europäische Hauptstädte«. Fang mit leichten Fragen an und werde dann schwieriger. Gib mir die Antwort erst, wenn ich geantwortet habe.

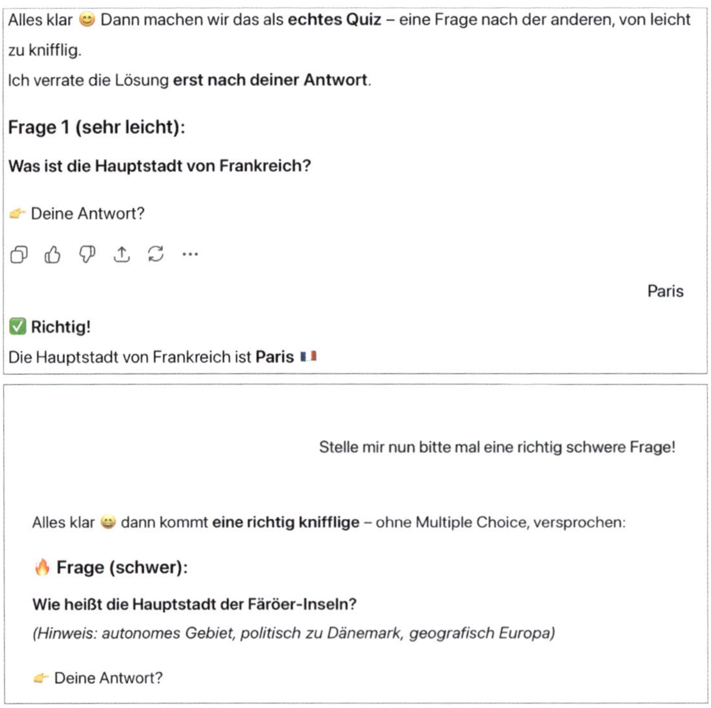

Abbildung 7.4 *Von leicht bis schwer ist alles möglich im KI-gestützten Quiz*

Die KI folgt Ihren Anweisungen und bewertet nach jeder Antwort, ob Sie richtig lagen. Sie kommentiert Ihre Antworten, gibt Hintergrundinformationen und sorgt so für eine kurzweilige halbe Stunde. Und wem Hauptstädte zu einfach sind, der kann auch Fragen zu europäischen Flüssen, Opern oder Filmklassikern der 60er-Jahre stellen.

Viel Wissen, aber nicht unfehlbar

Bei sehr speziellen Fachfragen kann die KI auch einmal danebenliegen, zum Beispiel bei seltenen Pflanzensorten oder regionalen historischen Details. Wenn Ihnen etwas merkwürdig vorkommt, zögern Sie nicht, nachzufragen oder die Information zu überprüfen, wie Sie es in Kapitel 3 gelernt haben. Die KI weiß viel, aber nicht alles.

Schlau plaudern: Fachliche Gespräche mit der KI

Haben Sie sich schon einmal bei der Nachrichtensendung bei dem Gedanken ertappt: »Ich verstehe eigentlich nur die Hälfte davon.«? Sei es die Europäische Zentralbank, der Klimawandel oder neue medizinische Erkenntnisse. Viele Themen werden in den Medien so verkürzt dargestellt, dass man am Ende mehr Fragen hat als vorher. Früher hätte man vielleicht in einem Lexikon nachgeschlagen, aber mal ehrlich: Wer hat schon Lust, sich abends durch einen trockenen Lexikonartikel zu arbeiten?

Mit der KI haben Sie eine viel angenehmere Alternative. Sie können sich die Dinge erklären lassen, als säßen Sie mit einer geduldigen Freundin am Küchentisch. Und das Wichtigste: Man kann so lange nachfragen, bis man es wirklich verstanden hat. Kein Lehrer, der zur nächsten Seite blättert. Kein Wikipedia-Artikel, der nach dem dritten Satz in Fachjargon abdriftet. Die KI passt sich Ihrem Tempo an und erklärt so einfach oder so ausführlich, wie Sie es brauchen.

Nehmen wir ein Beispiel, das vielen Menschen Kopfzerbrechen bereitet: die Inflation. In den Nachrichten hört man ständig davon, aber was genau passiert eigentlich? Und warum wird eine gewisse Inflation manchmal sogar als wünschenswert bezeichnet? Fragen Sie die KI.

> Erkläre mir bitte, was Inflation ist. Ich bin kein Wirtschaftsexperte, sondern einfach jemand, der verstehen möchte, warum alles teurer wird.

Die KI erschlägt Sie nicht mit Fachvokabular, sondern gibt Ihnen eine verständliche Erklärung, die auf Ihrem Vorwissen aufbaut. Und das ist der entscheidende Unterschied zu einem Buch oder einer Webseite: Sie können nachfragen.

Inflation heißt:

👉 *Mit dem gleichen Geld kannst du dir weniger kaufen als früher.*

Oder anders gesagt: **Die Preise steigen – das Geld verliert an Wert.**

Ein ganz einfaches Beispiel 🍞 🥛

- Vor ein paar Jahren hast du für **50 €** einen gut gefüllten Einkaufskorb bekommen.
- Heute bekommst du für **dieselben 50 €** deutlich weniger.

Das Geld ist noch da – **aber seine Kaufkraft ist geschrumpft**.

Abbildung 7.5 *Die KI erklärt verständlich, was Inflation ist.*

> Das leuchtet mir ein. Aber warum sagen Experten, dass eine Inflation von zwei Prozent gut ist? Das klingt doch widersprüchlich.

Und die KI erklärt weiter. Vielleicht mit einem Vergleich aus dem Alltag, vielleicht mit einem kleinen Rechenbeispiel. Wenn das immer noch nicht reicht, fragen Sie weiter. Die KI wird nicht ungeduldig. Sie können zehn oder zwanzig Fragen stellen, und die Erklärungen werden von Mal zu Mal konkreter.

Warum genau 2 % Inflation als „gut" gelten

1. Ein kleiner Preisauftrieb ist wie Schmieröl

Eine **leichte Inflation** sorgt dafür, dass:

- Menschen **kaufen**, statt Geld ewig liegen zu lassen
- Unternehmen **investieren**
- Arbeitsplätze erhalten bleiben

Ohne diesen kleinen Anreiz würde die Wirtschaft „einrosten".

---

2. Die eigentliche Gefahr heißt Deflation

Deflation bedeutet: **Preise sinken dauerhaft.**

Das klingt erst mal super – ist aber giftig für die Wirtschaft:

- „Ich kaufe den Kühlschrank lieber nächstes Jahr, dann ist er billiger."
- Unternehmen verkaufen weniger.
- Sie sparen → entlassen Leute.
- Löhne sinken oder Jobs verschwinden.

Abbildung 7.6 *Schritt für Schritt arbeiten Sie sich in ein für Sie neues Thema ein.*

Der Trick mit dem Erklärniveau

Eine besonders hilfreiche Technik für Fachgespräche mit der KI haben Sie bereits in Kapitel 3 kennengelernt: das Anpassen des Erklärniveaus. Sie können der KI direkt sagen, auf welcher Ebene sie antworten soll. Das funktioniert erstaunlich gut und ist besonders bei technischen Fragen nützlich.

> Erkläre mir den Unterschied zwischen Wetter und Klima so, als wäre ich zehn Jahre alt.

Diese Formulierung ist nicht respektlos gemeint. Im Gegenteil: Sie signalisiert der KI, auf Fachbegriffe zu verzichten und stattdessen anschauliche Bilder und einfache Beispiele zu verwenden. Das Ergebnis ist oft verblüffend anschaulich. Und wenn es doch etwas genauer sein soll, kann man auch noch etwas nachtragen:

> Danke, das war sehr anschaulich. Jetzt erkläre es mir bitte etwas genauer, so wie ein Lehrer es einem interessierten Erwachsenen erklären würde.

So kann man sich Schritt für Schritt in ein Thema einarbeiten, vom großen Ganzen zum Detail. Das fühlt sich nicht wie Lernen an, sondern wie ein gutes Gespräch, bei dem man immer schlauer wird.

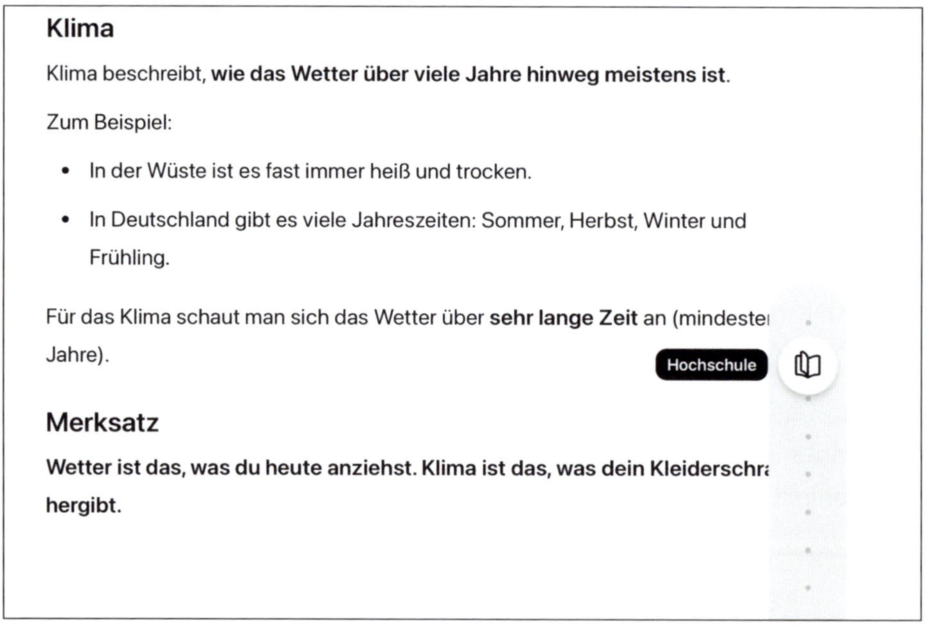

Abbildung 7.7 *ChatGPT bietet mit dem Canvas-Modus eine Möglichkeit, das Leseniveau einfach per Schieberegler anzupassen (siehe Kapitel 3). Durch Herauf- bzw. Herabziehen des Reglers können Sie die Komplexität des Textes erhöhen bzw. verringern.*

Ihre persönliche Volkshochschule ohne Stundenplan

Was in Kapitel 8 noch ausführlich als systematisches Lernen behandelt wird, zum Beispiel Sprachen auffrischen oder Gedächtnistraining, funktioniert hier ganz zwanglos: Sie folgen Ihrer Neugier. Vielleicht läuft gerade eine Dokumentation über das alte Ägypten im Fernsehen, und Sie möchten mehr über die Pyramiden erfahren. Oder Ihr Enkel hat Ihnen erzählt, dass Bäume miteinander »sprechen« können, und Sie wollen wissen, ob das stimmt. Oder Sie fragen sich seit Jahren, wie ein Regenbogen entsteht oder warum der Himmel eigentlich blau ist.

Zusammenfassung zum Schluss

Wenn Sie ein Thema besonders interessant finden, bitten Sie die KI am Ende des Interviews um eine kurze Zusammenfassung. So können Sie später die wichtigsten Punkte noch einmal nachlesen, ohne das gesamte Gespräch noch einmal durchgehen zu müssen.

All diese Fragen eignen sich hervorragend als Gesprächseinstieg. Sie müssen sich nicht für einen Kurs anmelden, kein Lehrbuch kaufen und keinen Termin vereinbaren. Öffnen Sie einfach Ihren Chatbot, und fragen Sie. Die KI erklärt Ihnen den Bau der Pyramiden ebenso gerne wie die Kommunikation von Bäumen über ihre Wurzeln oder die Lichtbrechung in Wassertropfen.

Nachfragen ausdrücklich erwünscht

Die KI ist geduldig. Sie können jedes Thema ansprechen, jede Frage stellen und so oft nachfragen, wie Sie möchten. Machen Sie davon Gebrauch. Es gibt keine dummen Fragen, nur unbefriedigende Antworten. Und für die gibt es eine einfache Lösung: noch einmal fragen.

Die KI als geduldiger Zuhörer: Gedanken ordnen und Entscheidungen durchdenken

Ein altes Sprichwort sagt: Der Kopf ist rund, damit die Gedanken die Richtung ändern können. Doch manchmal dreht man sich im Kopf im Kreis. Eine Entscheidung steht an, die Argumente wiegen sich gegeneinander auf, und je länger man darüber nachdenkt, desto unklarer wird alles. Soll ich das Haus verkaufen oder behalten? Lohnt sich der Kauf eines E-Bikes? Soll ich den Sommerurlaub in der Heimat verbringen oder doch nach Portugal fliegen? In Kapitel 3 habe ich Ihnen bereits einen kleinen Vorgeschmack darauf gegeben, wie KI bei der Abwägung helfen kann. Nun gehen wir einen Schritt weiter.

Laut denken mit der KI

Kennen Sie das Gefühl, dass eine Entscheidung leichter fällt, wenn man sie einmal laut ausgesprochen hat? Genau diesen Effekt können Sie mit KI nutzen. Schreiben Sie einfach als Prompt auf, was Sie beschäftigt, so wie Sie es einer Freundin am Telefon erzählen würden. Die KI hört Ihnen geduldig zu, ordnet ein und stellt vielleicht Fragen, an die Sie selbst noch gar nicht gedacht haben.

> Ich überlege, mein Haus mit dem großen Garten aufzugeben und in eine kleinere Wohnung mit Balkon zu ziehen. Ich bin 72 Jahre alt, lebe allein und schaffe die Gartenarbeit immer schlechter. Aber der Garten bedeutet mir viel, ich habe ihn 30 Jahre lang gepflegt. Hilf mir, die Situation zu überdenken.

Die KI wird diese Frage nicht einfach mit einer Empfehlung beantworten. Vielmehr beleuchtet sie verschiedene Aspekte: die körperliche Belastung, die emotionale Bindung an den Garten, die praktischen Vorteile einer kleineren Wohnung, mögliche Kompromisse wie eine Seniorenwohnung mit Gemeinschaftsgarten oder den Umzug in eine Erdgeschosswohnung mit kleinem Gartenanteil. Sie zeigt Perspektiven auf, die man alleine vielleicht übersehen hätte.

Und dann geschieht etwas Interessantes: Allein dadurch, dass Sie Ihre Gedanken aufgeschrieben haben und die Antwort der KI lesen, wird Ihnen oft klarer, wohin Sie eigentlich tendieren. Vielleicht merken Sie beim Lesen, dass Sie innerlich protestieren, wenn die KI die Vorteile einer Wohnung hervorhebt. Dann wissen Sie es: Eigentlich wollen Sie den Garten behalten und brauchen eher eine Lösung für die körperliche Arbeit. Die KI hat Ihnen die Entscheidung nicht abgenommen, aber sie hat Ihnen geholfen, Ihre eigenen Gedanken zu sortieren.

Abbildung 7.8 *Vom Haus in die Wohnung? Die KI hilft bei wichtigen Überlegungen.*

Die KI als Ideengeberin

KI kann nicht nur bei der Entscheidungsfindung helfen, sondern auch bei der Ideenfindung. Vielleicht planen Sie eine Party, sind auf der Suche nach einem besonderen Geschenk oder überlegen, wie Sie Ihren Balkon neu gestalten können. In solchen Situationen ist die KI wie eine kreative Freundin mit einem unerschöpflichen Vorrat an Vorschlägen.

> Mein Enkel wird 18 und ich möchte ihm etwas Besonderes schenken. Kein Geld und keinen Gutschein, sondern etwas Persönliches, das er in Erinnerung behält. Er interessiert sich für Fotografie und Musik. Hast du Ideen?

Die KI wird Ihnen eine Reihe von Vorschlägen machen, von denen einige Sie vielleicht überraschen werden. Vielleicht ein gemeinsamer Foto-Spaziergang mit anschließendem Abendessen, bei dem Sie Ihrem Enkel Geschichten aus Ihrer Jugend erzählen. Oder ein handgemachtes Fotobuch mit Bildern aus seinem Leben, das Sie zusammenstellen. Oder Konzertkarten für seinen Lieblingskünstler mit einem persönlichen Brief. Wenn Ihnen eine Idee gefällt, können Sie sie gemeinsam mit der KI weiterentwickeln.

> Die Idee mit dem Fotobuch gefällt mir sehr. Wie könnte ich das am besten umsetzen? Ich habe viele Fotos, aber sie sind teils digital auf dem Handy, teils noch als Abzüge in einem Album.

Und schon sind Sie mitten in einem produktiven Gespräch, das aus einer vagen Idee einen konkreten Plan macht.

Die Grenzen der KI als Ratgeberin

Bei aller Begeisterung für die KI als Sparringspartnerin möchte ich an dieser Stelle auch deutlich sagen, wo ihre Grenzen liegen. KI kann helfen, Argumente zu ordnen, Ideen zu entwickeln und Perspektiven aufzuzeigen. Aber sie kennt Sie nicht wirklich. Sie weiß nicht, wie der Garten aussieht, wenn morgens die Sonne durch die Obstbäume scheint. Sie spürt nicht, was das Enkelkind für Sie bedeutet. Und sie kann nicht einschätzen, ob ein Umzug für Ihre persönliche Lebenssituation wirklich das Richtige wäre.

Bei Entscheidungen, die Ihre Gesundheit, Ihre Finanzen oder Ihre Wohnsituation betreffen, sollten Sie sich immer mit Menschen Ihres Vertrauens beraten. Familie, Freunde und bei rechtlichen oder finanziellen Fragen die entsprechenden Fachleute. Die KI ist ein Denkanstoß, keine Lebensberatung.

Guter Rat braucht auch echte Menschen

Die KI ist eine hervorragende Sparringspartnerin, wenn es darum geht, Gedanken zu ordnen, Ideen zu entwickeln oder Entscheidungen zu reflektieren. Aber denken Sie daran: Sie hat keine eigene Meinung und kennt Ihre persönliche Situation nur so gut, wie Sie sie beschreiben. Die letzte Entscheidung liegt immer bei Ihnen. Und bei den wichtigen Fragen des Lebens gehören echte Menschen mit an den Tisch.

Die KI als Ihre persönliche Spezialistin

In Kapitel 6 haben Sie bereits gesehen, wie die KI bei konkreten Problemen im Haushalt helfen kann, vom tropfenden Wasserhahn bis zur Fleckenentfernung. Dabei ging es vor allem um individuelle Anweisungen: Sie beschreiben ein Problem, die KI liefert die Lösung. Das funktioniert wunderbar für klar definierte Aufgaben. Was aber, wenn das Problem nicht so einfach zu fassen ist? Wenn man nicht genau weiß, wo der Fehler liegt?

Genau an dieser Stelle wird die KI als Anleiterin zur echten Gesprächspartnerin. Denn bei vielen technischen und handwerklichen Problemen braucht es den Dialog: Nachfragen, eingrenzen, ausschließen, den nächsten Schritt besprechen. Wie ein geduldiger Freund, der sich auskennt und einen am Telefon durch die Problemlösung führt.

Gemeinsam auf Fehlersuche

Stellen Sie sich folgende Situation vor: Ihr Drucker druckt plötzlich nicht mehr. Sie haben nichts verändert, gestern ging es noch, und heute passiert einfach nichts, wenn Sie auf **Drucken** klicken. In Kapitel 6 hätten Sie vielleicht geschrieben: »Mein Drucker funktioniert nicht. Was kann ich tun?« Und die KI hätte Ihnen eine allgemeine Checkliste gegeben. Das ist hilfreich, reicht aber oft nicht aus.

Hier in Kapitel 7 gehen wir anders vor. Sie führen ein Gespräch mit der KI, in dem Sie gemeinsam das Problem eingrenzen:

> Mein Drucker druckt nicht mehr. Es ist ein HP-Drucker, der über WLAN verbunden ist. Wenn ich auf »Drucken« klicke, passiert gar nichts. Keine Fehlermeldung, kein Geräusch vom Drucker, nichts. Gestern hat er noch funktioniert.

Die KI wird nicht einfach zehn mögliche Ursachen auflisten. Stattdessen fragt sie gezielt nach: Leuchtet am Drucker ein Licht? Ist der Drucker eingeschaltet? Haben Sie kürzlich etwas an Ihrem WLAN geändert? Und Sie beantworten jede Frage, bis der Fehler eingegrenzt ist.

> Ja, das grüne Licht am Drucker leuchtet. Er ist also an. Aber das WLAN-Symbol am Drucker blinkt, statt dauerhaft zu leuchten. Was bedeutet das?

Schon hat die KI den entscheidenden Hinweis: Der Drucker hat die Verbindung zum WLAN verloren. Sie erklärt Ihnen nun Schritt für Schritt, wie Sie die Verbindung wiederherstellen können – angepasst an Ihr konkretes Modell.

Das Entscheidende an diesem Ansatz ist: Sie müssen nicht wissen, wo der Fehler liegt. Sie beschreiben einfach, was Sie sehen, und die KI führt Sie durch die Fehlersuche. Es ist wie ein Telefongespräch mit einem technischen Berater, nur dass dieser nie Mittagspause macht oder einen schlechten Tag hat.

Sehr gut beobachtet 👍 – das ist die entscheidende Information.

Wenn bei einem **HP-Drucker** das **WLAN-Symbol blinkt**, bedeutet das fast immer:

> 📵 Der Drucker ist **nicht mit dem WLAN verbunden**
> oder
> 🔍 Er versucht gerade, eine Verbindung aufzubauen

Also: **Er ist eingeschaltet, aber nicht im Netzwerk.**
Darum passiert beim Drucken „gar nichts".

Was bedeutet das konkret?

Gestern hat er funktioniert → heute blinkt WLAN.

Typische Ursachen:

1. Router wurde neu gestartet
2. WLAN-Passwort geändert
3. 2,4 GHz / 5 GHz Problem
4. Drucker hat die Verbindung „verloren" (kommt bei HP leider vor)

Lösung – wir stellen das WLAN neu ein

Das geht meist am schnellsten über die **HP Smart App**.

Schritt 1: WLAN am Drucker zurücksetzen

Abbildung 7.9 *Schritt für Schritt wird der Fehler eingekreist, identifiziert und schließlich beseitigt.*

Bilder sagen mehr als tausend Worte

Eine besondere Stärke der KI bei technischen Problemen haben wir bereits in Kapitel 4 kennengelernt: die Bilderkennung. Wenn man nicht weiß, wie man ein Problem beschreiben soll, macht man einfach ein Foto und schickt es an die KI. Das funktioniert in erstaunlich vielen Alltagssituationen.

Ihr Fernseher zeigt plötzlich eine Meldung, die Sie nicht verstehen? Fotografieren Sie den Bildschirm. An Ihrer Waschmaschine blinkt ein Symbol, das Sie nicht zuordnen können? Foto machen und ab in den Chat. Im Keller steht ein Gerät, von dem Sie nicht wissen, wozu es gut ist? Auch hier hilft ein Foto.

Ich hänge dir ein Foto an. Meine Spülmaschine zeigt dieses Symbol an und piept dreimal. Was bedeutet das, und was soll ich tun?

In vielen Fällen erkennt die KI das Symbol, ordnet es dem Gerätetyp zu und erklärt, was zu tun ist. Vielleicht ist es nur ein Hinweis darauf, dass der Salzbehälter nachgefüllt werden muss. Vielleicht ist es aber auch eine Fehlermeldung, die eine Reparatur erfordert. In beiden Fällen wissen Sie danach mehr als vorher und können entscheiden, ob Sie das Problem selbst lösen oder lieber den Kundendienst anrufen.

Gute Fotos = bessere Antworten

Achten Sie beim Fotografieren darauf, dass die Anzeige oder das Symbol gut lesbar ist. Bei Bildschirmmeldungen hilft es, den Raum etwas abzudunkeln, damit die Kamera keine Reflexionen einfängt. Und wenn die KI ein Symbol nicht erkennt, beschreiben Sie es zusätzlich in Worten: »Es sieht aus wie ein kleiner Wasserhahn mit einem Ausrufezeichen.«

Wann der echte Handwerker besser ist

So hilfreich die KI bei technischen Problemen auch sein kann, es gibt klare Grenzen. Bei allem, was mit Strom, Gas oder tragenden Bauteilen zu tun hat, sollte man auf keinen Fall selbst Hand anlegen, egal wie detailliert die Anweisungen der KI auch sein mögen. Dies gilt auch für Reparaturen an Heizungsanlagen, an der Hauselektrik oder an wasserführenden Leitungen in der Wand.

Auch hier kann Ihnen die KI weiterhelfen: Beschreiben Sie das Problem, und fragen Sie, ob es etwas ist, was Sie selbst machen können, oder ob Sie eine Fachfirma damit beauftragen sollten. Die KI wird Ihnen ehrlich sagen, ob etwas über eine Do-it-yourself-Reparatur hinausgeht.

Tipps und Tricks für gute Gespräche mit der KI

In den letzten Abschnitten haben Sie gesehen, wie vielseitig KI als Gesprächspartnerin sein kann: beim Plaudern, beim Fachsimpeln, beim Nachdenken und bei der Fehlersuche. Zum Abschluss dieses Kapitels möchte ich Ihnen noch ein paar bewährte Tricks mit auf den Weg geben, die Ihre Gespräche noch besser machen. Einige davon werden Sie aus Kapitel 3 kennen, aber hier geht es speziell um längere dialogische Gespräche.

Geben Sie der KI eine Rolle

Das kann einen großen Unterschied machen. Wenn Sie der KI zu Beginn des Gesprächs sagen, in welcher Rolle sie antworten soll, werden die Antworten sofort konkreter, passender und interessanter. Anstatt einfach nur eine Frage zu stellen, geben Sie der KI eine Art Charakter.

> Du bist ein erfahrener Gärtner mit 40 Jahren Berufserfahrung. Ich möchte mit dir über die beste Bepflanzung für meinen Vorgarten sprechen. Er liegt an der Nordseite und bekommt wenig Sonne.

Die KI verhält sich dann wie ein Gartenprofi: mit Fachwissen, konkreten Sortenempfehlungen und dem Erfahrungsschatz eines echten Gärtners. Das funktioniert mit nahezu jeder Rolle. Sie können die KI als Reiseführer, Kochlehrerin, Geschichtslehrer oder geduldige technische Beraterin einsetzen. Probieren Sie es aus, es macht einen spürbaren Unterschied.

Stellen Sie offene Fragen

In Kapitel 3 haben Sie gelernt, wie wichtig präzise Prompts für konkrete Aufgaben sind. In Interviews ist es aber durchaus möglich, auch weiter gefasste Fragen zu stellen. Offene Fragen laden die KI ein, ausführlicher zu antworten und eigene Gedanken einzubringen.

Der Unterschied ist klar: Die Frage »Wann blühen Tulpen?« liefert eine kurze sachliche Antwort. Die Frage »Was fasziniert dich an Tulpen und welche Geschichten ranken sich um diese Blume?« eröffnet ein Gespräch über die Tulpenmanie in Holland, über seltene Sorten und über die Symbolik der Tulpe in verschiedenen Kulturen. Die zweite Variante macht einfach mehr Spaß und führt oft zu überraschenden Entdeckungen.

So bleibt das Gespräch lebendig

Wenn Sie ein Gespräch am Laufen halten möchten, sind Formulierungen wie »Erzähl mir mehr darüber«, »Was gibt es dazu noch zu wissen?« oder »Das finde ich interessant, kannst du das vertiefen?« echte Gesprächsverlängerer. Die KI nimmt solche Einladungen gerne an.

Bleiben Sie im selben Chat

Diesen Hinweis kennen Sie bereits aus Kapitel 2, aber er ist besonders wichtig bei längeren Chats: Bleiben Sie bei einem zusammenhängenden Thema im selben Chat. Die KI merkt sich alles, was in diesem Chat gesagt wurde, und kann darauf aufbauen. Wenn Sie nach einem Gespräch über Beethovens Symphonien plötzlich einen neuen Chat eröffnen und nach der Mondscheinsonate fragen, weiß die KI nichts mehr von Ihrem vorherigen Gedankenaustausch.

Umgekehrt gilt: Wenn Sie ein ganz neues Thema beginnen wollen, starten Sie einen neuen Chat. So bleibt alles übersichtlich, sowohl für Sie als auch für die KI.

Lassen Sie sich Zusammenfassungen geben

Bei längeren Gesprächen kann es passieren, dass man den Überblick verliert. Wo waren wir stehen geblieben? Was war das noch mal mit den Bodentypen für Rosen? In solchen Momenten ist eine einfache Antwort Gold wert:

Fasse bitte unser bisheriges Gespräch in fünf Punkten zusammen.

Die KI extrahiert das Wesentliche aus dem gesamten Chatverlauf und liefert Ihnen eine kompakte Übersicht. Diese Zusammenfassung können Sie kopieren und als Dokument oder Notiz speichern. So geht nichts verloren, und Sie haben eine Gedächtnisstütze für später.

Nutzen Sie die Spracheingabe

Falls Sie es noch nicht versucht haben: In Kapitel 4 habe ich Ihnen gezeigt, wie Sie die Spracheingabe der KI-Tools aktivieren können. Gerade bei Gesprächen ist diese Funktion sehr hilfreich. Statt zu tippen, sprechen Sie einfach in das Mikrofon. Das fühlt sich viel natürlicher an und senkt die Hemmschwelle, besonders wenn Sie längere Gedanken formulieren möchten. möchten.

Zudem können Sie spontaner reagieren, Ideen direkt aussprechen und müssen sich weniger mit der Formulierung am Bildschirm aufhalten. Oft entstehen so flüssigere und persönlichere Texte, fast wie in einem echten Gespräch.

Abbildung 7.10 *Im Gespräch mit der KI – per Mikrofon und fast wie ein Telefonat.*

Einige KI-Tools wie ChatGPT bieten sogar einen echten Sprachmodus, in dem die KI Ihnen per Stimme antwortet. Sie sprechen, die KI hört zu und antwortet gesprochen. Es ist fast wie ein Telefongespräch, nur dass Ihr Gesprächspartner ein außergewöhnlich gut informierter Gesprächspartner ist, der nie einen schlechten Tag hat.

Wo Sie besser einen Menschen fragen

So vielseitig die KI als Gesprächspartnerin auch ist, es gibt Situationen, in denen ein Gespräch mit einem echten Menschen die bessere Wahl ist. Bei emotionalen Krisen, Trauer, ernsten Gesundheitsfragen oder rechtlichen Angelegenheiten, die Ihr Leben betreffen, sollten Sie sich an Menschen wenden, die Sie kennen und denen Sie vertrauen. Oder an Fachleute.

Die KI kann zuhören und sachliche Informationen liefern. Aber sie kann nicht mitfühlen. Sie kann keine Hand halten und keine ehrliche Einschätzung geben, die auf jahrelanger persönlicher Kenntnis beruht. Nutzen Sie KI für das, was sie gut kann, und Menschen für das, was Menschen besser können.

Was Sie schreiben, wird gespeichert

Geben Sie in Gesprächen mit der KI keine sensiblen persönlichen Daten preis. Keine Kontodaten, keine Passwörter, keine medizinischen Befunde mit persönlichen Informationen. Was Sie im Chat schreiben, wird gespeichert. Ausführliche Hinweise zum Datenschutz finden Sie in Kapitel 11.

Und damit sind Sie bestens gerüstet für Ihr nächstes Gespräch mit der KI. Ob Sie über Ihre Lieblingsthemen plaudern, über eine schwierige Entscheidung nachdenken oder gemeinsam an einem technischen Problem tüfteln: Die KI ist eine Gesprächspartnerin, die sich ganz auf Sie einstellt. Probieren Sie es aus, und lassen Sie sich überraschen, wohin das Gespräch führt.

Kapitel 8
Lernen und das Gedächtnis trainieren

Erinnern Sie sich noch an Ihre Schulzeit? An die Lehrerin, die alles dreimal erklärte, bis es auch der Letzte in der Reihe verstanden hatte? Oder an den Lehrer, der leider genau das nicht tat und schon bei der zweiten Frage mit den Augen rollte? Die KI gehört definitiv zum ersten Typ. Sie erklärt Ihnen etwas, so oft Sie wollen, in so vielen Variationen wie nötig und wird dabei nie ungeduldig, nie genervt und nie müde. Sie werden keinen geduldigeren Lehrer finden.

Vielleicht denken Sie jetzt: Lernen? In meinem Alter? Ich bin doch kein Schulkind mehr! Aber genau das ist der Punkt. Lernen hat kein Verfallsdatum und muss nicht nach Klassenzimmer riechen. Es kann bedeuten, dass Sie Ihr Schulitalienisch für den nächsten Urlaub am Gardasee auffrischen. Dass Sie Ihrem Enkel bei der Integralrechnung helfen können, wenn er Sie darum bittet. Dass Sie endlich herausfinden, wie die Kamera Ihres Smartphones genau funktioniert. Oder dass Sie sich jeden Morgen bei einer Tasse Kaffee ein kleines Quiz gönnen, um Ihre grauen Zellen auf Trab zu bringen.

In diesem Kapitel zeige ich Ihnen, wie die KI zu Ihrem persönlichen Privatlehrer wird. Wir üben gemeinsam Fremdsprachen, helfen den Enkeln bei den Hausaufgaben und vertiefen Hobbys – von der Fotografie bis zur Gartengestaltung. Wir gehen auf Entdeckungsreise durch Geschichte und Allgemeinwissen, trainieren das Gedächtnis mit Quiz und Rätseln und lassen uns Eselsbrücken bauen, die tatsächlich funktionieren. Und wenn das WLAN mal wieder streikt oder man wissen möchte, was dieses seltsame Gerät auf dem Dachboden eigentlich ist, hilft auch hier die KI weiter. Kurzum: Dieses Kapitel macht Lust aufs Lernen.

Lebenslanges Lernen – warum es sich in jedem Alter lohnt

»Ich bin zu alt zum Lernen.« Diesen Satz höre ich erstaunlich oft, und ich kann Ihnen versichern: Er stimmt nicht. Nicht mit 60, nicht mit 70 und auch nicht mit 80. Denn unser Gehirn ist kein Gefäß, das irgendwann voll ist und nichts mehr aufnehmen kann. Es funktioniert vielmehr wie ein Muskel. Je mehr man ihn beansprucht, desto leistungsfähiger bleibt er. Die Wissenschaft nennt das Neuroplastizität: Das Gehirn kann sich ein Leben lang verändern, neue Verbindungen knüpfen und lernen.

Natürlich ändert sich das Lernen mit dem Alter. Für manche Dinge braucht man vielleicht etwas länger als mit zwanzig. Dafür bringen Sie etwas mit, was kein junger Mensch hat: Lebenserfahrung. Man kann neue Informationen in einen viel größeren Zusammenhang einordnen, weil man schon so viel erlebt und gesehen hat. Wer die Berliner Mauer selbst erlebt hat, versteht einen Geschichtstext darüber ganz anders als jemand, der nur darüber gelesen hat.

Was Ihnen bisher vielleicht gefehlt hat, ist ein geduldiger Lernbegleiter. Jemand, der einem abends um halb elf noch erklärt, wie man »Buongiorno« richtig ausspricht. Jemand, der nicht genervt aufseufzt, wenn Sie zum dritten Mal dieselbe Frage stellen. Jemand, der sich Ihrem Tempo anpasst und nicht dem einer ganzen Klasse. Genau das leistet KI.

In den vorangegangenen Kapiteln haben Sie die KI bereits als Helferin im Alltag kennengelernt: beim Schreiben von E-Mails (Kapitel 5), bei der Reiseplanung und im Haushalt (Kapitel 6) oder als Gesprächspartnerin (Kapitel 7). In diesem Kapitel geht es um etwas anderes, nämlich ums Lernen und um Ihre geistige Fitness.

Hausaufgabenhilfe mit KI

Vielleicht kennen Sie das: Ihr Enkelkind bittet Sie um Hilfe bei den Hausaufgaben – und Sie sind sich bei manchen Themen selbst nicht mehr ganz sicher. Genau hier kann die KI unterstützen. Nutzen Sie die KI als Erklärungshilfe – nicht als Spickzettel. Lassen Sie sich Themen so erklären, dass Sie sie Ihrem Enkelkind verständlich weitergeben können, statt fertige Lösungen zu übernehmen. Hilfreich sind Prompts wie: »Erkläre mir das Thema so, dass ein Kind in der 4. Klasse es versteht.« oder »Erkläre mir Schritt für Schritt, wie man Brüche addiert, mit einem einfachen Beispiel.« Auch bei Referaten kann die KI unterstützen, etwa mit einer kindgerechten Gliederung. Den Text sollte Ihr Enkelkind jedoch selbst formulieren – so lernt es am meisten.

Fremdsprachen auffrischen oder neu lernen

Erinnern Sie sich noch an Ihren Französischunterricht? An die unregelmäßigen Verben, die Vokabeltests am Montagmorgen und den strengen Blick der Lehrerin, wenn man mal wieder »le« und »la« verwechselt hatte? Vielleicht ist das dreißig, vierzig oder fünfzig Jahre her. Und vielleicht haben Sie seitdem kaum noch ein französisches Wort gesprochen, obwohl Sie jedes Jahr an die Côte d'Azur fahren und sich jedes Mal vornehmen, beim nächsten Mal wenigstens die Speisekarte ohne fremde Hilfe zu verstehen.

Dann habe ich eine erfreuliche Nachricht für Sie: Die KI ist ein fantastischer Sprachlehrer. Sie ist rund um die Uhr verfügbar, passt sich Ihrem Niveau an und wird nicht ungeduldig, wenn Sie zum fünften Mal fragen, ob es nun »il fait beau« oder »il est beau« heißt. Anders als bei einem Sprachkurs im Volkshochschulprogramm müssen Sie sich nicht an feste Zeiten halten, keine Anfahrt auf sich nehmen und sich nicht vor anderen blamieren, wenn Ihnen ein Wort nicht einfällt. Sie lernen in Ihrem Tempo, wann Sie wollen und wo Sie wollen.

Vokabeln üben – die KI als intelligente Karteikarte

In meiner Schulzeit habe ich zum Vokabellernen mit Karteikarten gearbeitet: Auf der einen Seite einer Karte stand das deutsche Wort, auf der anderen die Übersetzung. Das funktionierte, war aber ziemlich eintönig. Die KI macht nun daraus ein viel lebendigeres Erlebnis, denn sie kann Ihnen Vokabeln im Zusammenhang beibringen, statt einzelne Wörter abzufragen.

> Ich möchte mein Italienisch für den Urlaub auffrischen. Bringe mir bitte die 20 wichtigsten Wörter und Redewendungen bei, die ich im Restaurant brauche. Zeige mir zu jedem Wort einen Beispielsatz auf Italienisch mit deutscher Übersetzung.

Hier sind **20 besonders wichtige Wörter und Redewendungen** mit **Beispielsatz auf Italienisch + deutscher Übersetzung**.

1. Il tavolo – der Tisch

Italiano: Abbiamo prenotato un tavolo per due persone.

Deutsch: Wir haben einen Tisch für zwei Personen reserviert.

2. Il menù – die Speisekarte

Italiano: Posso avere il menù, per favore?

Deutsch: Kann ich bitte die Speisekarte haben?

3. Il cameriere / La cameriera – der Kellner / die Kellnerin

Italiano: Cameriere, scusi!

Deutsch: Entschuldigung, Herr Ober!

Abbildung 8.1 *Die KI generiert einen kleinen Spickzettel für den Restaurantbesuch in Italien.*

Die KI liefert Ihnen nicht nur eine trockene Vokabelliste, sondern bettet jedes Wort in einen Satz ein, den Sie tatsächlich anwenden können. »Vorrei un tavolo per due, per favore« klingt viel einprägsamer als nur »tavolo = Tisch«.

Sie können die KI auch bitten, Sie anschließend abzufragen:

> Frage mich jetzt die Vokabeln ab. Nenne mir das deutsche Wort und ich versuche, die italienische Übersetzung zu geben. Sag mir danach, ob ich richtiglag, und korrigiere mich, wenn nötig.

So wird die KI zur geduldigen Lernpartnerin, die Sie Wort für Wort durch das Programm führt. Und wenn Sie zum dritten Mal an »il conto« (die Rechnung) scheitern, lacht sie nicht, sondern erklärt es einfach noch einmal.

Eselsbrücken von der KI bauen lassen
Bitten Sie die KI, Ihnen zu den schwierigen Wörtern Eselsbrücken zu bauen. Ein Beispiel: »Conto klingt wie Konto. Und wenn die Rechnung kommt, belastet sie Ihr Konto.« So bleiben selbst hartnäckige Vokabeln im Gedächtnis.

Dialoge simulieren – Alltagssituationen in der Fremdsprache üben

Vokabeln zu kennen ist eine Sache. Sie im richtigen Moment anwenden zu können, ist etwas ganz anderes. Und genau hier hat die KI einen großen Vorteil gegenüber jedem Lehrbuch: Sie können mit ihr reale Gesprächssituationen durchspielen. Stellen Sie sich vor, Sie stehen in einer Bäckerei in Paris und möchten ein Croissant und einen Kaffee bestellen. Die KI übernimmt die Rolle des Verkäufers, und Sie üben Ihre Bestellung.

> Lass uns ein Rollenspiel machen. Du bist ein freundlicher Verkäufer in einer französischen Bäckerei. Ich bin der Kunde und versuche, auf Französisch zu bestellen. Antworte mir auf Französisch, aber wenn ich einen Fehler mache, korrigiere mich bitte auf Deutsch und erkläre, was ich hätte sagen sollen. Mein Niveau ist Anfänger.

> Bonjour ! Bienvenue dans notre boulangerie. Qu'est-ce que je peux vous offrir aujourd'hui ?

Und schon sind Sie mittendrin. Sie antworten, so gut Sie können, und die KI reagiert darauf. Wenn Sie »Je veux un croissant« sagen, wird sie Ihnen vielleicht erklären, dass »Je voudrais« die höflichere Form ist. Genauso, wie es ein guter Sprachlehrer tun würde.

Das Besondere daran: Sie können jede erdenkliche Situation durchspielen. Ein Arztbesuch in Spanien, eine Hotelreservierung in England, ein Gespräch mit dem Nachbarn in der Ferienwohnung in der Toskana. Die KI passt sich der Situation an und bleibt dabei immer in der Rolle, die Sie ihr zugewiesen haben.

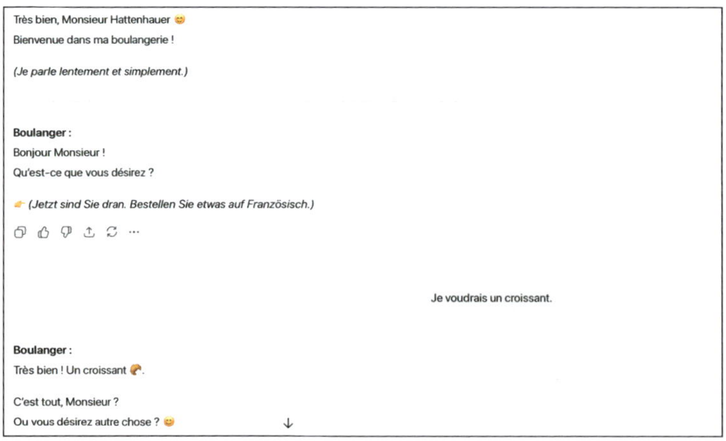

Abbildung 8.2 *Generative KIs eignen sich perfekt für die Simulation von Gesprächen.*

Grammatik verstehen – ohne Angst vor Regeln

Grammatik. Schon das Wort löst bei vielen ein leichtes Unbehagen aus. Konjunktiv, Plusquamperfekt, Futur II ... das klingt nach verstaubten Lehrbüchern und roten Korrekturstiften. Aber keine Sorge: Die KI erklärt Grammatik genau so, wie Sie es brauchen. Nämlich verständlich, an konkreten Beispielen und ohne sich durch seitenlange Regeltabellen quälen zu müssen.

> Erkläre mir den Unterschied zwischen »ser« und »estar« im Spanischen. Ich bin Anfänger und brauche eine einfache Erklärung mit Alltagsbeispielen. Keine Fachbegriffe, bitte.

Die KI wird Ihnen dann vielleicht erklären, dass »ser« für Dinge steht, die sich nicht ändern (wie Nationalität oder Beruf), während »estar« für vorübergehende Zustände verwendet wird (wie Gefühle oder Orte). Und sie wird es mit Beispielen untermauern, die Sie sich merken können: »Soy alemán« (»Ich bin Deutscher« – das ändert sich nicht) versus »Estoy cansado« (»Ich bin müde« – das geht hoffentlich vorbei).

Wenn Ihnen die Erklärung noch nicht klar genug ist, fragen Sie einfach nach. »Kannst du mir noch mehr Beispiele geben?« oder »Ich verstehe den Unterschied immer noch nicht – gibt es eine einfachere Erklärung?«. Die KI wird es Ihnen so lange und so oft erklären, bis der Groschen fällt.

Texte übersetzen und verstehen – mehr als nur ein Wörterbuch

Natürlich gibt es auch spezialisierte Übersetzungstools wie DeepL oder Google Translate, die Ihnen blitzschnell einen Text in eine andere Sprache übertragen. Für schnelle Übersetzungen sind diese Tools hervorragend geeignet. KI kann jedoch etwas, was reine Übersetzungsprogramme nicht können: Sie erklärt, warum etwas so übersetzt wurde.

> Übersetze mir bitte den folgenden italienischen Satz ins Deutsche und erkläre mir die Grammatik dahinter, als wäre ich ein Anfänger: »Avrei voluto un caffè, ma il bar era già chiuso.«

Statt nur die Übersetzung zu liefern (»Ich hätte gerne einen Kaffee gehabt, aber die Bar war schon geschlossen«), erklärt die KI Ihnen auch, dass »avrei voluto« das Konditional der Vergangenheit ist und wann man es verwendet. So lernen Sie beim Übersetzen gleich etwas dazu, statt nur ein Ergebnis abzulesen.

Das ist besonders praktisch, wenn Sie im Urlaub eine Speisekarte, ein Hinweisschild oder eine E-Mail Ihrer ausländischen Ferienhausvermietung verstehen möchten. Sie bekommen nicht nur die Übersetzung, sondern auch den Kontext und die Erklärung dazu.

Aussprache üben – mit Ohr und Mund

Ein Wort richtig zu schreiben, ist das eine. Es richtig auszusprechen, etwas ganz anderes. Hier kommt die KI-Spracheingabe ins Spiel, die Sie bereits aus Kapitel 4 kennen. Sie können der KI ein fremdsprachiges Wort oder einen Satz vorsprechen, und die KI zeigt Ihnen anhand der Transkription, ob Sie richtig gesprochen haben, oder korrigiert sogar Ihre Aussprache.

Probieren Sie es aus: Aktivieren Sie die Spracheingabe (das Mikrofonsymbol neben dem Eingabefeld), und sprechen Sie einen italienischen Satz. Wenn aus Ihrem »Buongiorno, come stai?« im Promptbereich ein »Bongschorno, komme stei?« wird, wissen Sie, dass an der Aussprache noch gefeilt werden muss. Erscheint dagegen der korrekte italienische Text, sind Sie auf einem guten Weg.

Wie spricht man das eigentlich aus?

Bitten Sie die KI, Ihnen die Aussprache eines schwierigen Wortes in Lautschrift zu erklären. Ein Prompt wie »Wie spricht man ›Bruschetta‹ richtig aus? Schreibe es in deutscher Lautschrift« liefert Ihnen dann so etwas wie »Brus-KET-ta« (mit hartem K, nicht mit Sch). Und wenn Sie ChatGPT im Sprachmodus nutzen, können Sie sich die korrekte Aussprache sogar vorlesen lassen und direkt nachsprechen.

Sprachtraining im Schlafanzug

Die KI ersetzt keinen mehrwöchigen Sprachkurs und wird Sie nicht in drei Tagen fließend Französisch oder Italienisch sprechen lassen. Aber sie ist ein fantastischer Begleiter, um verschüttetes Wissen auszugraben, gezielt für den nächsten Urlaub zu üben und den Spaß an einer Fremdsprache wiederzufinden. Und das Beste daran: Sie können jederzeit loslegen, auch abends um zehn in Ihrem Wohnzimmer, im Schlafanzug und mit einer Tasse Tee in der Hand.

Hobbys vertiefen mit KI-Unterstützung

Jeder Mensch hat etwas, das ihn begeistert. Vielleicht fotografieren Sie leidenschaftlich gern, spielen seit Jahren Gitarre oder verbringen jede freie Minute im Garten. Vielleicht stricken Sie Pullover für die ganze Familie, sammeln Briefmarken oder sind der Schrecken Ihrer Gegner im Schachclub. Was auch immer Ihr Hobby ist, KI kann Ihnen helfen, es auf eine neue Ebene zu heben. Nicht als Ersatz für das eigene Tun, sondern als eine Art Experte, den man jederzeit um Rat fragen kann.

Fotografie – vom Schnappschuss zum Hingucker

Sie haben eine gute Kamera oder ein Smartphone mit ordentlicher Kamerafunktion, aber Ihre Fotos sehen trotzdem irgendwie immer gleich aus? Die KI kann Ihnen erklären, woran das liegt, und zwar ohne Fachchinesisch.

> Ich fotografiere gerne Blumen in meinem Garten, aber die Bilder wirken immer langweilig. Was kann ich besser machen? Ich benutze ein Samsung-Smartphone und habe keine Erfahrung mit manuellen Einstellungen. Gib mir bitte 5 einfache Tipps, die sofort einen Unterschied machen.

Die KI kann Ihnen dann raten, morgens oder abends zu fotografieren, wenn das Licht weicher ist. Oder sie empfiehlt, nicht von oben auf die Blume zu fotografieren, sondern sich auf Augenhöhe mit der Blüte zu begeben. Kleine Änderungen, große Wirkung. Und wenn Sie einen Tipp nicht verstehen, fragen Sie einfach nach. »Was genau bedeutet die Drittel-Regel?« Die KI erklärt es Ihnen so oft und so ausführlich, wie Sie wollen.

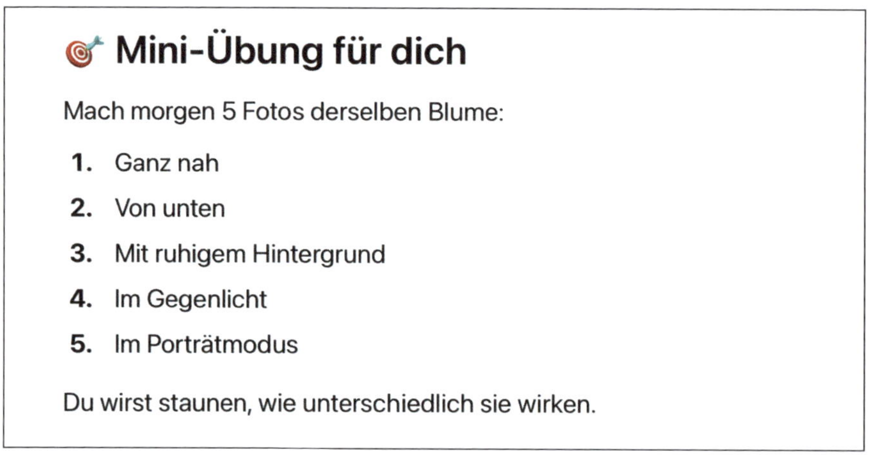

🎯 **Mini-Übung für dich**

Mach morgen 5 Fotos derselben Blume:

1. Ganz nah
2. Von unten
3. Mit ruhigem Hintergrund
4. Im Gegenlicht
5. Im Porträtmodus

Du wirst staunen, wie unterschiedlich sie wirken.

Abbildung 8.3 *Der KI-Bot gibt Ihnen Tipps und Übungen, um Ihre fotografischen Fähigkeiten zu verbessern.*

Musik – Akkorde, Noten und Melodien verstehen

Vielleicht haben Sie früher Klavier oder Gitarre gespielt und möchten nach einer längeren Pause wieder damit anfangen. Oder Sie haben sich schon immer gefragt, warum manche Lieder so fröhlich und andere so melancholisch klingen. Auch hier ist die KI eine geduldige Lehrerin.

> Ich habe früher Gitarre gespielt und möchte wieder anfangen. Kannst du mir die vier einfachsten Akkorde zeigen, mit denen ich möglichst viele bekannte Lieder begleiten kann? Erkläre mir bitte auch, wie ich die Finger auf die Saiten legen muss.

Die KI erklärt Ihnen dann die Akkorde G-Dur, C-Dur, D-Dur und A-Moll und verrät Ihnen, dass Sie mit diesen vier Griffen bereits Hunderte von Liedern spielen können, von »Knockin' on Heaven's Door« bis »Alle Vögel sind schon da«. Und wenn Ihnen ein Griffbild nicht klar ist, bitten Sie die KI einfach, es noch einmal anders zu beschreiben.

Sie können die KI auch bitten, Ihnen Musiktheorie zu erklären, ohne dass es zu sehr nach Konservatorium klingt: »Warum klingt eine Moll-Tonleiter traurig und eine Dur-Tonleiter fröhlich? Erkläre es mir bitte so, dass ich es ohne musikalische Vorbildung verstehe.«

Handarbeit und Kreatives – Anleitungen auf Zuruf

Ob Stricken, Häkeln, Nähen oder Basteln: Irgendwann kommt der Punkt, an dem die Anleitung mehr verwirrt als hilft. Abkürzungen wie »2 re, 1 li, 1 U, 2 re zus« sehen aus wie ein Geheimcode. Die KI entschlüsselt ihn für Sie.

> Ich stricke gerade einen Pullover und verstehe die folgende Anweisung nicht: »In jeder 2. R 1 M re zunehmen.« Kannst du mir erklären, was das bedeutet, und mir Schritt für Schritt sagen, was ich tun muss?

Die KI übersetzt die Abkürzungen in eine verständliche Sprache und erklärt Ihnen, dass Sie in jeder zweiten Reihe eine Masche rechts zunehmen müssen, was bedeutet, dass Ihr Strickstück an dieser Stelle breiter wird. Wenn Sie möchten, können Sie sich auch ein ganzes Strickmuster erklären oder ein neues erstellen lassen, das genau Ihren Wünschen entspricht.

Spiele und Sammlungen – die KI als Vereinskamerad

Schach, Skat, Bridge, Briefmarken, Münzen: Für fast jedes Hobby hat die KI etwas zu bieten. Schachspielerinnen und Schachspieler können sich eine bestimmte Eröffnung analysieren oder taktische Aufgaben geben lassen. Für Skat können Sie sich die Reizwerte noch einmal erklären lassen, und wenn Sie Briefmarken sammeln, können Sie die KI nach dem Hintergrund einer bestimmten Briefmarke fragen.

> Ich spiele mit Freunden gerne ab und zu Skat, habe aber immer Schwierigkeiten mit dem Reizen. Erkläre mir bitte die Grundregeln des Reizens beim Skat so, als wäre ich ein Anfänger. Verwende konkrete Beispiele mit Kartenbildern.

Die KI nimmt sich so viel Zeit wie nötig und erklärt Ihnen Schritt für Schritt, mit Beispielen und ohne Zeitdruck den Reizablauf. Kein drängelnder Mitspieler, keine peinliche Stille am Tisch. Und beim nächsten Skatabend überraschen Sie Ihre Runde mit einem souveränen Grand.

Ein Prompt, der für jedes Hobby funktioniert

Es spielt keine Rolle, welches Hobby Sie haben: Versuchen Sie es mit einer Aufforderung wie: »Ich interessiere mich für [Ihr Hobby]. Was sind die drei häufigsten Fehler, die Anfänger machen, und wie kann ich sie vermeiden?« Die Antworten sind oft überraschend hilfreich, auch für Fortgeschrittene.

Geschichte und Allgemeinwissen entdecken

Wann wurde die Berliner Mauer gebaut? Was genau geschah mit dem Marshallplan? Und warum heißt der Panamakanal eigentlich Panamakanal, wenn er doch nicht von Panama allein gebaut wurde? Solche Fragen tauchen auf, wenn man Zeitung liest, fernsieht oder sich im Freundeskreis unterhält. Früher musste man dann zum Lexikon greifen oder hoffen, dass jemand am Tisch die Antwort weiß. Heute fragt man einfach die KI.

Abbildung 8.4 *Geschichte wird durch KI greifbar und lebendig dargestellt.*

Geschichte lebendig erzählt

Das Besondere an der KI ist, dass sie nicht wie ein Lexikon antwortet. Sie kann Geschichte so erzählen, dass es spannend wird. Man muss sie nur entsprechend fragen.

> Erzähle mir die Geschichte der Berliner Mauer so, als wärst du ein Geschichtenerzähler. Nicht wie ein Schulbuch, sondern lebendig und mit menschlichen Schicksalen. Konzentriere dich auf die wichtigsten Ereignisse und halte die Erzählung auf ungefähr einer Seite.

Statt trockener Jahreszahlen und politischer Schlagworte bekommen Sie dann eine Erzählung, die von Menschen handelt: von der Familie, die plötzlich getrennt wurde, vom Grenzgänger, der alles riskierte, und von der Nacht im November 1989, als eine ganze Stadt vor Freude weinte. Geschichte wird greifbar, wenn sie von Menschen erzählt wird, und die KI kann genau in diese Rolle schlüpfen.

Besonders spannend wird es, wenn Sie die KI nach Ereignissen aus Ihrem eigenen Leben fragen. Was passierte in Ihrem Geburtsjahr? Wie sah der Alltag in den 1960er-Jahren aus? Welche Lieder liefen im Radio, als Sie zwanzig waren? Die KI kann für Sie eine persönliche Zeitreise zusammenstellen, die Erinnerungen weckt und neue Zusammenhänge sichtbar macht.

> Ich bin 1962 im Harz in einem kleinen Dorf namens Wieda geboren. Erzähle mir, wie der Alltag im Harz in den 1960er-Jahren aussah. Was hat die Menschen damals bewegt? Welche Geschäfte gab es in den Dörfern, wie sah der Verkehr aus und was haben Jugendliche in ihrer Freizeit gemacht?

Lieber Herr Hattenhauer,

wenn Sie 1962 in **Wieda im Harz** geboren wurden, dann sind Sie mitten in eine ganz besondere Zeit hineingewachsen: ländliches Leben in Westdeutschland, zwischen Tradition und beginnender Moderne.

📍 **Wieda in den 1960er Jahren**

Wieda war – und ist – ein kleines Harzdorf mit Fachwerkhäusern, engen Straßen und viel Wald ringsum. In den 60ern war das Leben dort deutlich ruhiger, langsamer und stärker gemeinschaftlich geprägt als heute.

🏡 **Der Alltag im Dorf**

1️⃣ **Arbeit und Wirtschaft**

Abbildung 8.5 *ChatGPT schmückt seine Ausgaben mit Bildern. Die beiden Bilder rechts zeigen definitiv nicht mein Heimatdorf. Also Vorsicht vor KI-Halluzinationen!*

Wenn die KI Geschichte erfindet

Beachten Sie, dass die KI bei historischen Details manchmal halluziniert, das heißt Dinge erfindet, die plausibel erscheinen, aber nicht wahr sind (siehe Kapitel 3). Bei allgemeinen historischen Ereignissen liegt sie in der Regel richtig. Bei sehr spezifischen Details, wie zum Beispiel den Namen bestimmter Geschäfte in einer bestimmten Stadt, sollten Sie die Angaben mit einer Suchmaschine oder mit Perplexity überprüfen.

Allgemeinwissen auffrischen und erweitern

Neben Geschichte eignet sich die KI auch wunderbar, um Wissenslücken zu schließen, die man schon immer mal füllen wollte. Warum ist der Himmel blau? Wie funktioniert ein Kühlschrank? Woher kommt das Wort »Kauderwelsch«? Für solche Fragen ist die KI wie geschaffen, denn sie erklärt auch komplizierte Zusammenhänge so, dass man sie versteht, ohne Physik oder Sprachwissenschaft studiert zu haben.

> Erkläre mir bitte, warum der Himmel blau ist. Aber bitte ohne komplizierte Physikformeln. Erkläre es so, dass ich es meinen Freunden beim Kaffeekränzchen erzählen könnte.

Die KI erklärt Ihnen dann in wenigen Sätzen, dass das Sonnenlicht aus verschiedenen Farben besteht und die blauen Anteile von den Partikeln in unserer Atmosphäre stärker gestreut werden als die anderen. Und plötzlich haben Sie beim nächsten Kaffeekränzchen eine nette Geschichte parat.

Der tägliche Wissens-Happen per KI

Wenn Sie Ihr Allgemeinwissen regelmäßig trainieren möchten, sagen Sie der KI einfach: »Erzähle mir jeden Tag eine interessante Tatsache, die kaum jemand kennt.« Sie können auch ein Thema vorgeben, zum Beispiel »Natur«, »Erfindungen« oder »Kurioses aus aller Welt«. Bei modernen Chatbots funktioniert das sogar zeitgesteuert. So starten Sie jeden Morgen mit einem kleinen Aha-Erlebnis in den Tag.

Gedächtnistraining mit Quiz und Rätseln

Wann haben Sie zuletzt ein Kreuzworträtsel gelöst, bei einer Quizshow im Fernsehen mitgeraten oder sich an einem Sudoku versucht? Rätsel und Quizfragen machen nicht nur Spaß, sie halten auch das Gehirn auf Trab. Und mit der KI haben Sie eine Quizmeisterin an Ihrer Seite, die Ihnen maßgeschneiderte Denksportaufgaben liefert. Nicht zu leicht, nicht zu schwer, sondern genau passend für Sie.

Die KI als persönliche Quizmeisterin

Quizsendungen wie »Wer wird Millionär?« oder »Gefragt – Gejagt« sind so beliebt, weil sie einen einfachen Reiz haben: Man will wissen, ob man die Antwort weiß. Dieses Prinzip können Sie sich mit der KI nach Hause holen. Der Unterschied: Sie bestimmen das Thema, den Schwierigkeitsgrad und das Tempo.

Abbildung 8.6 *Die KI als Quizmaster – so macht Lernen Spaß.*

> Erstelle mir ein Quiz mit 10 Fragen zum Thema »Deutsche Geschichte nach 1945«. Die Fragen sollten mittelschwer sein, also nicht zu einfach, aber auch kein Expertenwissen erfordern. Gib mir zu jeder Frage vier Antwortmöglichkeiten und nenne mir die richtige Antwort erst, wenn ich geantwortet habe.

Und schon geht es los. Die KI stellt Ihnen eine Frage, Sie denken nach, geben Ihre Antwort ein, und die KI sagt Ihnen, ob Sie richtiglagen. Wenn Sie falsch geantwortet haben, erklärt Ihnen die KI sofort die Hintergründe, so dass Sie nicht nur raten, sondern auch etwas lernen.

Sehr gerne, Rainer 😊

Hier kommt dein Quiz **„Deutsche Geschichte nach 1945"** – mittelschwer, mit je vier Antwortmöglichkeiten.

Ich verrate dir die richtige Lösung jeweils erst nach deiner Antwort.

Frage 1

Wann wurde die Bundesrepublik Deutschland (BRD) offiziell gegründet?

A) 8. Mai 1945
B) 23. Mai 1949
C) 7. Oktober 1949
D) 17. Juni 1953

Frage 2

Was war der sogenannte „Marshallplan"?

A) Ein militärisches Verteidigungsbündnis

Abbildung 8.7 *Der KI-Quizmaster sorgt für Kurzweil.*

Die Themen sind fast unbegrenzt. Die Musik der 70er-Jahre, die Hauptstädte Europas, berühmte Erfindungen, die Tier- und Pflanzenwelt, Filme und Literatur. Was immer Sie interessiert, die KI macht ein Quiz daraus. Und wenn Ihnen zehn Fragen zu viel sind, fragen Sie einfach nach fünf. Wenn es zu einfach war, sagen Sie: »Mach's nächstes Mal schwieriger.« Die KI passt sich dadurch an.

> Das war zu einfach. Erstelle mir jetzt ein Quiz zum gleichen Thema, aber mit kniffligeren Fragen, die auch in einer Quizshow vorkommen könnten.

Wortspiele und Denksportaufgaben

Neben den klassischen Quizfragen gibt es eine ganze Welt von Wortspielen und Denksportaufgaben, die das Gehirn auf andere Weise fordern. Anagramme, bei denen aus einem Wort ein neues gebildet werden muss.

Wortassoziationen, bei denen Sie Verbindungen zwischen Wörtern finden müssen. Oder Logikrätsel, bei denen man um die Ecke denken muss.

> Gib mir 5 Denksportaufgaben, die ich in jeweils zwei bis drei Minuten lösen kann. Eine Mischung aus Wortspielen, Logikrätseln und Schätzfragen. Nenne mir die Lösung erst, wenn ich sie selbst versucht habe.

Die KI könnte Sie dann zum Beispiel fragen: »Welches Wort wird kürzer, wenn man zwei Buchstaben hinzufügt?« (Antwort: »kurz« – es wird zu »kürzer«). Oder sie stellt Ihnen eine Schätzfrage: »Wie viele Klavierstimmer gibt es ungefähr in Deutschland?« Solche Aufgaben trainieren ganz unterschiedliche Denkfähigkeiten, vom Sprachgefühl über logisches Denken bis hin zur Fähigkeit, mit unsicheren Informationen umzugehen.

3) Schätzfrage (Fermi)

Ohne nachzuschlagen:
Wie viele Klavierstimmer gibt es ungefähr in Berlin?
(Es reicht eine grobe Größenordnung + kurze Begründung: „Ich schätze … weil …")

4) Wortspiel (Doppeldeutigkeit)

Ich bin ein Wort mit **6 Buchstaben**.
Wenn du mich **hinzufügst**, wird etwas **kürzer**.

Frage: Welches Wort?

5) Logik (klassisch, aber kurz)

Ein Vater ist **viermal so alt** wie sein Sohn.
In **20 Jahren** ist der Vater **nur noch doppelt so alt** wie der Sohn.

Frage: Wie alt sind Vater und Sohn **jetzt?**

Abbildung 8.8 *Kurzweilige Rätsel sind nur einen Prompt entfernt.*

Eine tägliche Denkroutine aufbauen

Gedächtnistraining ist besonders wirksam, wenn es zur Gewohnheit wird. Wie der morgendliche Spaziergang oder die Tasse Kaffee nach dem Aufstehen. Sie könnten sich angewöhnen, sich jeden Morgen von der KI eine kleine Denksportaufgabe stellen zu lassen. Fünf Minuten reichen aus, um die grauen Zellen auf Trab zu bringen.

> Gib mir bitte mein Morgenquiz: drei kurze Fragen aus unterschiedlichen Wissensgebieten und ein kleines Logikrätsel. Mittlerer Schwierigkeitsgrad.

Wenn Sie das ein paar Wochen durchhalten, werden Sie merken, dass Ihnen manches leichter fällt. Namen, die Ihnen vorher nicht eingefallen wären. Zusammenhänge, die man schneller erkennt. Denn das Gehirn ist wie ein Muskel: Es wird stärker, wenn man es regelmäßig beansprucht.

Gemeinsam raten macht mehr Spaß
Zu zweit macht das Gedächtnistraining noch mehr Spaß. Setzen Sie sich mit Ihrem Partner, einer Freundin oder einem Bekannten zusammen, lassen Sie die KI ein Quiz erstellen, und raten Sie um die Wette. Oder nutzen Sie die Quizfragen als Gesprächseinstieg beim nächsten Familienbesuch. Die Enkel werden staunen, wenn Oma oder Opa plötzlich Quizmaster sind.

Sudoku, Zahlenrätsel und Co.

Wenn Sie eher ein Zahlenmensch sind und Sudoku oder Zahlenrätsel mögen, kann Ihnen die KI auch hier helfen. Sie kann Ihnen Sudoku-Rätsel in verschiedenen Schwierigkeitsgraden erstellen, Ihnen die Lösungsstrategien erklären oder Ihnen bei einem Rätsel, bei dem Sie nicht mehr weiterkommen, einen Hinweis geben, ohne gleich die ganze Lösung zu verraten.

> Ich hänge bei einem Sudoku fest. In der dritten Zeile fehlen noch die Zahlen 2, 5 und 8. In der dritten Spalte stehen schon 2 und 5. Welche Zahl muss an die Stelle, wo sich die dritte Zeile und die dritte Spalte kreuzen? Hier ein Foto von dem kompletten Rätsel: [...]

Die KI denkt logisch und gibt Ihnen genau den Hinweis, den Sie brauchen, um selbst weiterzukommen. Sie löst nicht das ganze Rätsel für Sie, es sei denn, Sie fragen ausdrücklich danach.

Fitnessprogramm für Ihr Gehirn
Gedächtnistraining muss nicht anstrengend und schon gar nicht langweilig sein. Mit KI können Sie sich jeden Tag aufs Neue herausfordern, in Ihrem Tempo und mit den Themen, die Ihnen Spaß machen. Ob Quizfragen zu Schlagermusik, Logikrätsel bei einer Tasse Tee oder das gemeinsame Rätselraten mit der Familie: Jede Denkaufgabe ist ein kleines Fitnessprogramm für Ihr Gehirn.

KI als Gedächtnisstütze im Alltag

Wo habe ich den Zettel mit der Telefonnummer hingelegt? Wie hieß noch mal der Film, den mir neulich jemand empfohlen hat? Jetzt noch zum Drogeriemarkt – was wollte ich da noch mal besorgen? Solche Momente kennt jeder, und sie haben nichts mit dem Alter zu tun. Unser Alltag ist voll von Informationen, Terminen und Kleinigkeiten, die man sich merken muss, und niemand kann sich alles merken.

Die KI kann hier eine wertvolle Rolle spielen, nicht als Ersatz für das eigene Gedächtnis, sondern als Ergänzung. Stellen Sie sich die KI als eine

Art digitales Notizbuch vor, mit dem Sie nicht nur Dinge aufschreiben, sondern mit dessen Hilfe Sie sich auch besser erinnern können.

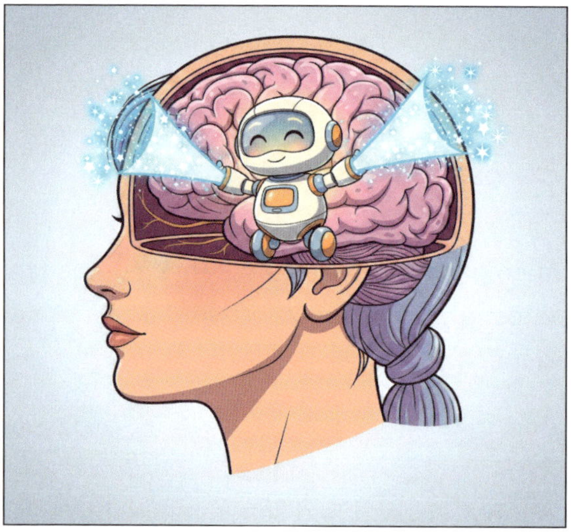

Abbildung 8.9 *Die KI kann eine Gedächtnisstütze in Ihrem Alltag sein.*

Eselsbrücken bauen lassen

Erinnern Sie sich noch an die Eselsbrücke »Mein Vater erklärt mir jeden Sonntag unsere neun Planeten«? Die Anfangsbuchstaben stehen für die Planeten: Merkur, Venus, Erde, Mars, Jupiter, Saturn, Uranus, Neptun, Pluto[1]. Solche Merkhilfen funktionieren erstaunlich gut, weil sie trockene Fakten mit einem einprägsamen Bild oder Satz verknüpfen. Das Problem: Sich selbst eine gute Eselsbrücke auszudenken, ist gar nicht so leicht. Die KI hingegen ist darin richtig gut.

> Ich kann mir die Reihenfolge der deutschen Bundeskanzler einfach nicht merken. Kannst du mir eine lustige Eselsbrücke bauen, die mir hilft, die Kanzler in der richtigen Reihenfolge aufzuzählen?

1 Pluto wurde mittlerweile »degradiert« und zählt nur noch als Zwergplanet.

Die KI wird Ihnen dann einen Merksatz vorschlagen, bei dem die Anfangsbuchstaben der Wörter den Nachnamen der Kanzler entsprechen. Und weil lustige oder absurde Sätze besser hängenbleiben als langweilige, dürfen Sie ruhig darum bitten, dass der Merksatz humorvoll sein soll.

🇩🇪 Die Bundeskanzler in richtiger Reihenfolge

1. **Konrad Adenauer**
2. **Ludwig Erhard**
3. **Kurt Georg Kiesinger**
4. **Willy Brandt**
5. **Helmut Schmidt**
6. **Helmut Kohl**
7. **Gerhard Schröder**
8. **Angela Merkel**
9. **Olaf Scholz**

🧠 Lustige Eselsbrücke als Mini-Geschichte

> **A**lter **E**sel **K**laut **B**laue **S**ocken,
> **K**ocht **S**paghetti,
> **M**erkelnd **S**chlotzt er.

Abbildung 8.10 *Qualitativ ist bei dieser Eselsbrücke sicher noch etwas Luft nach oben: ein Merksatz von ChatGPT zu den Kanzlern und der Kanzlerin der Bundesrepublik. Es fehlt aktuell noch Friedrich Merz.*

Das funktioniert für fast alles: medizinische Fachbegriffe, die Sie beim Arzt gehört haben, die Namen Ihrer neuen Nachbarn oder die Geburtstage Ihrer Enkel. Beschreiben Sie einfach, was Sie sich merken möchten, und die KI findet einen Weg.

Zusammenfassungen als Gedächtnisstütze

Kennen Sie das? Sie haben einen interessanten Zeitungsartikel gelesen, ein spannendes Gespräch geführt oder einen aufschlussreichen Vortrag gehört, aber nach ein paar Tagen sind die Details wie weggeblasen. Hier kann die KI helfen, indem sie kompakte Zusammenfassungen erstellt, die Sie behalten können.

> Ich war heute beim Arzt und er hat mir einiges über meinen Blutdruck erklärt. Ich fasse mal zusammen, was ich behalten habe, und du machst mir daraus bitte eine übersichtliche Notiz, die ich ausdrucken und an den Kühlschrank hängen kann: Der obere Wert sollte unter 140 sein, der untere unter 90. Morgens messen ist besser als abends. Die Tabletten morgens nehmen, nicht abends. Weniger Salz wäre gut.

Die KI macht aus Ihren Stichpunkten eine sauber formulierte Notiz, die Sie ausdrucken oder abschreiben können. So geht nichts verloren, und Sie haben beim nächsten Arztbesuch eine Grundlage, auf der Sie aufbauen können.

Technische Hilfe per KI

Der Bildschirm ist plötzlich viel zu dunkel, das WLAN spinnt mal wieder, und auf dem Smartphone taucht ein Symbol auf, das man noch nie gesehen hat. Technische Probleme gehören zu den Dingen, die einem den Tag verderben können – vor allem, wenn gerade niemand in der Nähe ist, den man fragen könnte. Für technische Fragen gilt dasselbe wie für alle anderen Anfragen an die KI: Je genauer Sie Ihr Problem beschreiben, desto besser kann Ihnen die KI helfen. Sie müssen keine technischen Fachbegriffe verwenden. Beschreiben Sie einfach, was Sie sehen und was nicht funktioniert.

> Mein Laptop-Bildschirm ist seit heute Morgen ganz dunkel, ich kann kaum noch etwas erkennen. Ich habe einen Laptop mit Windows 11. Wie kann ich die Helligkeit wieder hochstellen? Bitte erkläre mir jeden Schritt einzeln und ganz einfach, ich kenne mich mit Computern nicht besonders gut aus.

Die KI wird Ihnen dann mehrere Wege zeigen. Jeder Schritt wird dabei einzeln erklärt, und wenn Sie an einer Stelle nicht weiterkommen, beschreiben Sie einfach, was auf Ihrem Bildschirm zu sehen ist.

Das funktioniert auch bei anderen typischen Alltagsproblemen: Das Smartphone findet kein WLAN, der Drucker druckt nicht, der E-Mail-Anhang lässt sich nicht öffnen, oder die Fotos auf dem Handy sind plötzlich verschwunden.

Fehlermeldung fotografieren statt beschreiben
Wenn Sie ein technisches Problem nicht in Worte fassen können, nutzen Sie die Bilderkennung, die Sie in Kapitel 4 kennengelernt haben. Fotografieren Sie einfach die Fehlermeldung auf Ihrem Bildschirm oder das blinkende Lämpchen an Ihrem Router, und laden Sie das Bild in den Chat hoch. Die KI erkennt in vielen Fällen sofort, worum es sich handelt, und kann Ihnen weiterhelfen.

Bücher und Artikel zusammenfassen lassen

Sie haben ein spannendes Buch gelesen, aber nach ein paar Wochen verschwimmen die Details. Sie erinnern sich, dass es gut war und Sie das Thema berührt hat. Aber wenn jemand fragt, worum es denn genau ging, kommen Sie ins Stocken. Oder Sie stoßen auf einen langen Zeitungsartikel zu einem Thema, das Sie interessiert, aber nach der Hälfte verlieren Sie den Faden, weil der Text einfach zu lang und zu verschachtelt ist.

Für solche Situationen ist die KI wie eine aufmerksame Lesepartnerin, die nie den Überblick verliert. Sie kann lange Texte auf das Wesentliche eindampfen, die Kernaussagen herausfiltern und Ihnen alles in wenigen verständlichen Sätzen zusammenfassen.

Texte zusammenfassen – vom Artikel bis zum Sachbuch

Die einfachste Variante: Sie kopieren einen Text aus dem Internet in den Chat und bitten die KI um eine Zusammenfassung.

> Fasse den folgenden Artikel bitte in fünf Sätzen zusammen. Verwende einfache Sprache und erkläre Fachbegriffe, falls welche vorkommen.
> [Hier den kopierten Text einfügen]

Das funktioniert mit Zeitungsartikeln, Blogbeiträgen, Rezensionen oder auch längeren Texten aus dem Internet. Die KI liest den Text und extrahiert das Wichtigste. Wenn Ihnen die Zusammenfassung zu kurz ist, fragen Sie einfach nach mehr Details. Wenn sie zu ausführlich ist, sagen Sie: »Kürze das bitte auf drei Sätze.«

Bei ganzen Büchern funktioniert das natürlich etwas anders, denn Sie können schlecht ein 300-Seiten-Buch in den Chat kopieren. Aber Sie können die KI bitten, Ihnen eine Zusammenfassung eines bekannten Werks zu geben oder Sie beim Lesen zu begleiten. Voraussetzung ist hier, dass das Buch Eingang in die Trainingsdaten des Sprachmodells gefunden hat.

> Ich habe gerade »Eine kurze Geschichte der Menschheit« von Yuval Noah Harari gelesen und möchte die wichtigsten Thesen noch einmal auf den Punkt gebracht haben. Fasse mir bitte die drei zentralen Aussagen des Buches zusammen, jeweils in zwei bis drei Sätzen.

Abbildung 8.11 *ChatGPT fasst bekannte Bücher zusammen, die bereits im Trainingsdatensatz des Sprachmodells enthalten sind.*

Die KI als Buchclub-Partnerin

Vielleicht noch interessanter als reine Zusammenfassungen ist die Möglichkeit, mit der KI über ein Buch ins Gespräch zu kommen. Wie in einem Buchclub, nur dass der Gesprächspartner das Buch auch »gelesen« hat und immer Zeit für eine Diskussion hat.

> Ich habe gerade den Roman »Der Vorleser« von Bernhard Schlink zu Ende gelesen. Lass uns darüber sprechen. Was denkst du: Ist die Hauptfigur Hanna ein Opfer oder eine Täterin? Und warum ist die Frage der Schuld in diesem Buch so kompliziert?

Die KI wird Ihnen eine differenzierte Antwort geben und verschiedene Perspektiven beleuchten, wie in einer guten Buchclub-Diskussion. Sie können nachfragen, widersprechen oder das Thema in eine andere Richtung lenken. Das ersetzt nicht den Austausch mit realen Menschen, aber es hält die Freude am Lesen lebendig und hilft, das Gelesene zu vertiefen.

KI kennt Bestseller, aber nicht jedes Buch

Wenn Sie die KI nach dem konkreten Inhalt eines Buches fragen, kann es vorkommen, dass sie Details verwechselt oder erfindet, insbesondere bei weniger bekannten Werken. Bei Bestsellern und Klassikern sind die Zusammenfassungen in der Regel zuverlässig. Bei spezielleren Büchern ist eine gesunde Portion Skepsis angebracht (siehe Kapitel 3). Und denken Sie daran: Die KI kann hervorragend über Bücher sprechen. Aber sie kann das eigene Lesen nicht ersetzen. Die schönsten Sätze, die bewegendsten Momente erschließen sich nur, wenn man sie selbst erlebt.

Kapitel 9
Kreativ werden mit KI – Bilder, Geschichten und mehr

In den bisherigen Kapiteln haben Sie erfahren, wie Ihnen KI im Alltag helfen kann: beim Schreiben, beim Verstehen schwieriger Texte, beim Recherchieren und beim Lernen. Jetzt ist es an der Zeit, die spielerische Seite zu entdecken. Denn KI kann mehr als nur nützlich sein. Sie kann auch Spaß machen. Sehr viel Spaß sogar.

In diesem Kapitel zeige ich Ihnen, wie Sie mit einfachen Beschreibungen beeindruckende Bilder erstellen, die niemand von einem echten Foto oder Gemälde unterscheiden kann. Sie lernen, wie Sie persönliche Grußkarten und Einladungen gestalten, bei denen Bild und Text perfekt zusammenpassen. Wir werden gemeinsam Gedichte schreiben, Familiengeschichten festhalten und alte Fotos zum Sprechen bringen.

Sie benötigen dafür kein künstlerisches Talent, keine Vorkenntnisse in Fotografie oder Musikproduktion und schon gar keine teure Software. Alles, was Sie brauchen, haben Sie bereits: ChatGPT, Google Gemini und Ihre Fantasie. Lassen Sie sich überraschen, was aus Ihnen wird, wenn die KI Ihnen die technischen Hürden aus dem Weg räumt.

Bilder erstellen mit einfachen Beschreibungen

Haben Sie früher im Kunstunterricht auch schon mal neidisch auf Ihre Mitschülerinnen und Mitschüler geschaut, die einfach drauflosmalten und beeindruckende Werke schufen, während Ihnen jeder Strich danebenging? Dann habe ich eine gute Nachricht für

Sie: Um mit KI Bilder zu malen, brauchen Sie weder Pinsel noch Talent. Sie brauchen nur Worte. Beschreiben Sie, was Sie sehen möchten, und die KI malt es für Sie oder wandelt es bei Bedarf in ein fotorealistisches Bild um. Das klingt fast zu schön, um wahr zu sein, funktioniert aber tatsächlich erstaunlich gut, wie Sie an den Einstiegsbildern zu den einzelnen Kapiteln dieses Buches sehen können. Diese wurden ausnahmslos von einer KI generiert.

Wie aus Worten Bilder werden

Stellen Sie sich vor, Sie sitzen neben einer begabten Malerin und sagen zu ihr: »Male mir bitte eine verschneite Berghütte bei Sonnenuntergang, mit warmem Licht in den Fenstern und einer Katze auf der Fensterbank.« Die Malerin hört zu, stellt sich das Bild vor und bringt es auf die Leinwand. Genau so funktioniert eine *bildgenerierende KI*, nur dass die Malerin ein Computerprogramm und die Leinwand Ihr Bildschirm ist.

Sie geben eine Beschreibung in das Eingabefeld eines KI-Chatbots ein. Diese Beschreibung nennt man, wie Sie inzwischen wissen, einen Prompt. Die KI analysiert Ihre Worte, zerlegt sie in ihre Einzelteile und setzt daraus ein Bild zusammen. Dabei greift sie auf einen riesigen Fundus an Bildern zurück, mit denen sie trainiert wurde: Millionen von Fotos, Gemälden, Zeichnungen und Illustrationen. Aus diesem Wissen erschafft sie etwas Neues, das es so noch nie gegeben hat. Der gesamte Prozess dauert in der Regel nur wenige Sekunden.

Das Faszinierende daran: Sie müssen der KI nicht erklären, wie eine verschneite Berghütte aussieht. Sie weiß das bereits aus ihren Trainingsdaten. Sie müssen ihr nur sagen, **was** Sie möchten, und sie kümmert sich um das **Wie**. Das ist so, als hätten Sie eine Assistentin, die gleichzeitig Fotografin, Illustratorin und Malerin ist und auf Zuruf arbeitet.

Abbildung 9.1 *Auch das kann KI: dasselbe Motiv fotorealistisch oder im Stil alter Meister darstellen.*

Zwei Werkzeuge für den Einstieg: ChatGPT und Google Gemini

Es gibt mittlerweile eine ganze Reihe von KI-Tools, die Bilder erzeugen können. Für den Anfang empfehle ich zwei, die Sie wahrscheinlich schon aus den vorherigen Kapiteln kennen: **ChatGPT** und **Google Gemini**. Beide bieten die Möglichkeit, Bilder direkt im Chat zu erstellen, so dass Sie kein zusätzliches Programm installieren oder eine neue Webseite aufrufen müssen. Sie geben Ihren Bildwunsch einfach dort ein, wo Sie sonst Ihre Fragen stellen, und sagen noch explizit: »Erstelle ein Bild.« Ein weiterer Vorteil der beiden oben genannten bildgenerierenden KIs in diesem Zusammenhang ist, dass Sie Ihre Prompts in deutscher Sprache formulieren können.

ChatGPT ab GPT-5.2

Zum Zeitpunkt der Drucklegung dieses Buches verwendete ChatGPT zur Bilderzeugung das Sprachmodell GPT-5.2, das Text und Bild in einem einzigen Modell vereint. Der Vorgänger DALL-E, den älteren KI-Enthusiasten vielleicht noch ein Begriff, wurde inzwischen in den Ruhestand geschickt. Das aktuelle Modell versteht Ihre Beschreibung viel besser, erzeugt schärfere Bilder und kann sogar lesbaren Text in Bilder einfügen, was früher eine echte Schwachstelle war.

In der kostenlosen Version von ChatGPT können auch Bilder erstellt werden. Das Kontingent ist jedoch begrenzt: Ohne kostenpflichtiges Abonnement stehen nur wenige Bildgenerationen pro Tag zur Verfügung. Wer mehr will, braucht ein Plus-Abo, das deutlich großzügigere Kontingente bietet. Für die ersten Versuche reicht aber die kostenlose Variante völlig aus. Einige Abbildungen in diesem Buch, die viel Text enthalten, wurden mit ChatGPT und dem Modell GPT-5.2 erstellt.

Google Gemini mit Nano Banana

Googles KI-Assistent Gemini hat mit dem Bildmodell »Nano Banana« mächtig aufgeholt. Die Bilderstellung ist direkt in den Gemini-Chat integriert und funktioniert nach dem gleichen Prinzip: Sie beschreiben Ihren

Bildwunsch, und Gemini liefert das Ergebnis. Ein Vorteil von Gemini ist, dass es besonders gut mit der deutschen Sprache umgehen kann und die Ergebnisse oft einen etwas anderen, manchmal etwas fotorealistischeren Stil haben als die von ChatGPT. Außerdem ist die Bildgenerierung bei Gemini für Nutzerinnen und Nutzer mit einem Google-Account kostenlos. Die Roboter-Bilder zur Illustration der Themen in diesem Buch wurden mit Google Gemini erstellt.

Welches der beiden Instrumente »besser« ist, lässt sich nicht pauschal sagen. Das hängt vom Anlass, vom gewünschten Stil und, ehrlich gesagt, auch ein wenig vom Zufall ab. Mein Tipp: Probieren Sie verschiedene KIs aus, und vergleichen Sie die Ergebnisse. Es ist oft überraschend, wie unterschiedlich zwei KIs dasselbe Motiv interpretieren. Und der Vergleich macht nicht nur Spaß, sondern schärft auch den Blick dafür, worauf es bei einem guten Bild-Prompt ankommt.

ChatGPT und Gemini genügen für den Anfang
Sie benötigen kein weiteres Konto bei einem Bildergenerator wie Midjourney oder Adobe Firefly. Für den Anfang reichen ChatGPT und Gemini völlig aus. Beide erzeugen Bilder direkt im Chat.

Ihr erstes eigenes Bild: Schritt für Schritt

Genug der Theorie. Lassen Sie uns gemeinsam Ihr erstes KI-Bild erstellen. Ich zeige Ihnen die Vorgehensweise am Beispiel von ChatGPT, aber es funktioniert im Prinzip genauso mit Gemini.

SCHRITT FÜR SCHRITT

Ein Bild mit ChatGPT erstellen

1. Öffnen Sie ChatGPT in Ihrem Browser oder in der App auf Ihrem Smartphone. Wie das geht, haben Sie in Kapitel 2 gelernt.

2. Tippen Sie in das Eingabefeld eine Beschreibung dessen, was Sie als Bild sehen möchten. Für den Anfang halten Sie es einfach. Zum Beispiel:

> Erstelle ein Bild von einem kleinen Garten mit blühenden Rosen und einem alten Holzzaun. Im Hintergrund sieht man ein Fachwerkhaus. Sonniges Wetter.

3. Drücken Sie auf **Senden** (den kleinen Pfeil neben dem Eingabefeld), und warten Sie einen Moment. Nach wenigen Sekunden erscheint Ihr Bild direkt im Chatverlauf.
4. Wenn Ihnen das Bild gefällt, klicken Sie es an, und laden Sie es über die **Download**-Schaltfläche (das Symbol mit dem kleinen Pfeil, der nach unten zeigt) auf Ihren Computer oder Ihr Smartphone herunter.

Abbildung 9.2 *Das erste Ergebnis sieht schon ganz brauchbar aus. Lediglich am Bildformat könnte noch etwas gefeilt werden.*

Das war's. In vier Schritten haben Sie Ihr erstes KI-Bild erstellt. Wenn Ihnen das Ergebnis nicht auf Anhieb gefällt, ist das völlig normal. Schicken Sie einfach den gleichen Prompt noch einmal ab. Die KI wird jedes Mal ein anderes Bild erzeugen, da kein Ergebnis dem anderen gleicht. Sie können auch schreiben: »Das Bild gefällt mir, aber mach den Zaun bitte weiß statt braun«, oder »Erstelle das Bild im Format 16:9«. Die KI passt das Bild dann entsprechend an.

Abbildung 9.3 *Durch schrittweises Prompten tastet man sich an das gewünschte Ergebnis heran.*

So geht's in Gemini

Mit Gemini funktioniert es genauso. Öffnen Sie *gemini.google.com*, wählen Sie aus den Optionen unter der Prompteingabezeile die Bilderstellung aus, geben Sie Ihre Bildbeschreibung ein, und warten Sie auf das Ergebnis.

So beschreiben Sie Bilder, die begeistern

Je genauer Sie beschreiben, was Sie sich vorstellen, desto besser wird das Ergebnis. Das ist wie bei einem Einkaufszettel: »Kauf mir was Schönes« führt selten zum gewünschten Ergebnis. »Bring mir bitte eine Tafel Vollmilchschokolade mit ganzen Haselnüssen« schon eher.

Für einen guten Bild-Prompt können Sie sich an fünf Bausteinen orientieren:

1. **Das Motiv:** Was soll auf dem Bild zu sehen sein? Eine Katze, eine Landschaft, ein Stillleben? Je konkreter, desto besser. »Eine Katze« ist in Ordnung. Aber »Eine getigerte Katze, die auf einem Fensterbrett sitzt und nach draußen schaut« ist viel besser.
2. **Stil:** Soll das Bild wie ein Foto, ein Aquarell, ein Ölgemälde oder ein Comic aussehen? Wenn Sie nichts angeben, entscheidet die KI selbst, und das Ergebnis kann von fotorealistisch bis cartoonartig reichen.
3. **Die Stimmung:** Soll das Bild fröhlich, melancholisch, dramatisch oder verträumt wirken? Wörter wie »warmes Abendlicht«, »neblig« oder »strahlend blauer Himmel« beeinflussen die Stimmung enorm.
4. **Die Farben:** Möchten Sie bestimmte Farben betonen? »In Pastelltönen«, »kräftige Farben« oder »schwarz-weiß« geben der KI klare Hinweise.
5. **Das Format:** Soll das Bild quadratisch sein, im Querformat wie ein Fernseher (16:9) oder im Hochformat wie ein Porträt? Bei ChatGPT können Sie das direkt im Prompt angeben, zum Beispiel: »Bildformat: 16:9« (siehe Abbildung 9.3).

Schauen wir uns den Unterschied an einem Beispiel an. Hier ein ganz einfacher Prompt:

> Ein Hund.

Das Ergebnis wird irgendein Hund sein, in irgendeinem Stil, vor irgendeinem Hintergrund. Nicht schlecht, aber auch nicht besonders aufregend. Jetzt der gleiche Wunsch mit mehr Details:

> Ein Golden Retriever, der am Strand entlangläuft. Sonnenuntergang, warmes Licht, Wellen im Hintergrund. Fotorealistischer Stil. Bildformat: Querformat.

Abbildung 9.4 *Das Bild links wurde mit dem einfachen Prompt, das Bild rechts mit dem detaillierten Prompt umgesetzt.*

Man sieht sofort den Unterschied. Der detaillierte Prompt liefert ein Bild, das man sich an die Wand hängen könnte. Der Aufwand für die detaillierte Beschreibung beträgt vielleicht 20 Sekunden mehr, aber das Ergebnis ist um ein Vielfaches besser.

Kein Englisch nötig für Bildprompts
Für die Formulierung der Prompts sind keine Englischkenntnisse erforderlich. Sowohl ChatGPT als auch Gemini verstehen deutsche Bildbeschreibungen sehr gut. Schreiben Sie Ihren Prompt auf Deutsch, so wie Sie das Bild einem Freund beschreiben würden.

Bilder nachträglich verändern und verfeinern

Ihr KI-generiertes Bild ist fast perfekt, aber ein Detail stört Sie? Kein Problem. Einer der großen Vorteile der KI-Bilderzeugung ist, dass Sie das Ergebnis während des laufenden Chats weiterbearbeiten können. Sie setzen einfach das Gespräch mit der KI fort, so als ob Sie einer Malerin über die Schulter schauen und sagen würden: »Gut, aber könntest du noch ...?«

Hier einige Beispiele, wie Sie ein bereits erzeugtes Bild verändern können:

> Das Bild ist schön, aber ändere bitte die Jahreszeit von Sommer auf Herbst. Die Blätter sollen bunt sein.

> Füge im Vordergrund bitte noch eine kleine Bank aus Holz hinzu.

> Mach das Bild etwas heller und freundlicher.

Die KI nimmt Ihre Änderungswünsche auf und erzeugt eine neue Version. Das funktioniert erstaunlich gut, hat aber auch seine Grenzen: Manchmal verändert die KI beim Anpassen eines Details auch andere Bildteile. Wenn etwa die Bank hinzukommt, sieht der Zaun plötzlich anders aus. Dann hilft es, den Prompt noch einmal komplett neu zu formulieren.

Dasselbe Bild im neuen Gewand
Wenn Ihnen ein bestimmtes Bild besonders gut gefällt und Sie es in einem anderen Stil sehen möchten, probieren Sie folgende Formulierung: »Erstelle das gleiche Motiv noch einmal, aber im Stil eines impressionistischen Ölgemäldes.« Das funktioniert derzeit am zuverlässigsten mit Google Gemini »Nano Banana«. So entstehen aus einer einzigen Idee ganz unterschiedliche Kunstwerke.

Abbildung 9.5 *Das gleiche Motiv in vier verschiedenen Stilen: Originalfoto* 1, *Ölgemälde* 2, *Aquarell* 3, *Cartoon* 4. *Die bilderzeugende KI, die für die Bilder 2–4 verwendet wurde, war Google Nano Banana.*

Was die KI (noch) nicht so gut kann

Bei aller Begeisterung für die bildgenerierende KI sollte man wissen, wo die derzeitigen Grenzen liegen. Dann sind Sie nicht enttäuscht, wenn ein Ergebnis nicht perfekt ist, sondern wissen, dass das an der Technik und nicht an Ihnen liegt.

- **Hände und Finger** sind immer noch eine Herausforderung. Auch wenn die neuesten Modelle viel besser geworden sind, kann es immer noch vorkommen, dass eine Person auf einem Bild sechs Finger hat oder die

Hand seltsam verdreht aussieht. Schauen Sie sich daher bei Bildern mit Personen immer die Hände genau an.

- **Text in Bildern** funktioniert mittlerweile recht gut, vor allem bei ChatGPT ab GPT-5.2. Aber gerade bei längeren Texten oder ungewöhnlichen Schriftarten kann es vorkommen, dass einzelne Buchstaben verdreht oder unleserlich sind. Wenn Sie eine Grußkarte mit Text erstellen, überprüfen Sie das Ergebnis genau, und lassen Sie das Bild gegebenenfalls neu generieren.
- **Sehr spezifische Vorgaben** kann die KI manchmal nicht gleichzeitig umsetzen. Wenn Sie in einem einzigen Prompt zwanzig verschiedene Details beschreiben, gehen manche davon verloren. Fangen Sie lieber mit den wichtigsten Elementen an, und ergänzen Sie Details schrittweise.
- **Personen des öffentlichen Lebens** werden von den meisten KI-Tools bewusst nicht dargestellt oder als Stilvorlage übernommen. Wenn Sie also ein Bild des amtierenden Papstes oder von sich selbst »im Stil von Neo Rauch« erstellen möchten, wird dies nicht funktionieren. Diese Einschränkung ist gewollt und dient dem Schutz vor Missbrauch.

Mehrere Versuche sind ganz normal
Lassen Sie sich von kleinen Fehlern nicht entmutigen. Auch professionelle Künstlerinnen und Künstler, die mit KI arbeiten, erstellen oft mehrere Versionen eines Bildes, bis das Ergebnis stimmt. Das Schöne daran: Jeder neue Versuch kostet nur ein paar Sekunden und keinen neuen Vorrat an Farbtuben.

Was darf ich mit KI-Bildern machen?

Diese Frage stellen sich viele: Gehört mir das Bild, das die KI für mich erstellt hat? Und darf ich damit machen, was ich will? Die kurze Antwort: Für den privaten Gebrauch sind Sie auf der sicheren Seite. Wenn Sie ein

KI-Bild als Bildschirmhintergrund verwenden, auf eine Geburtstagskarte drucken oder in ein Fotoalbum kleben, wird Ihnen niemand einen Vorwurf machen.

Die längere Antwort ist etwas komplizierter, da die Rechtslage bei KI-generierten Bildern noch nicht abschließend geklärt ist. Grundsätzlich gilt: Nach derzeitigem Stand genießt ein KI-generiertes Bild in den meisten Ländern keinen Urheberrechtsschutz, da es kein Mensch im klassischen Sinne »geschaffen« hat. Das bedeutet aber auch, dass Sie sich nicht beschweren können, wenn jemand Ihr KI-Bild weiterverwendet.

Für den alltäglichen Gebrauch, und darum geht es in diesem Buch, spielt das kaum eine Rolle. Ob Grußkarte, Vereinszeitung oder persönliches Fotobuch: Solange Sie die Bilder nicht kommerziell vermarkten, können Sie sie bedenkenlos verwenden.

Ein weiterer Punkt ist hilfreich zu wissen: Ein KI-Bild ist nicht unbedingt ein Einzelstück. Es kann sein, dass auch andere Nutzerinnen und Nutzer mit einer ähnlichen Beschreibung ein ganz ähnliches Bild erhalten. Für den privaten Gebrauch spielt das meist keine große Rolle. Sinnvoll ist auch, das Bild noch ein wenig persönlich zu machen – zum Beispiel durch einen eigenen Text, einen Zuschnitt oder kleine Änderungen. So bekommt es mehr von Ihrer eigenen Handschrift. Für den Alltag gilt aber: Solange Sie KI-Bilder mit Augenmaß und Fairness einsetzen, sind Sie in der Regel auf der sicheren Seite.

Was darf ich mit KI-Bildern machen?

KI-generierte Bilder können für private Zwecke also frei verwendet werden. Für eine kommerzielle Nutzung (zum Beispiel ein Bild auf einem T-Shirt, das Sie verkaufen möchten) sollten Sie sich vorher über die Nutzungsbedingungen des jeweiligen Anbieters informieren. Diese finden Sie zum Beispiel in den Einstellungen von ChatGPT bzw. Gemini.

Grußkarten und Einladungen gestalten

Erinnern Sie sich noch an die Zeit, als Sie im Schreibwarenladen vor einem Drehständer mit Glückwunschkarten standen und keine so recht passen wollte? Entweder war das Motiv schön, aber der Text furchtbar kitschig. Oder der Spruch war lustig, aber die Blümchen auf der Vorderseite sahen aus wie aus einem Wartezimmerkalender. Mit KI gehören solche Kompromisse der Vergangenheit an, denn jetzt gestalten Sie Ihre Karten einfach selbst. Und zwar so, dass Motiv und Text perfekt zusammenpassen.

In Kapitel 5 haben Sie bereits erfahren, wie Ihnen die KI bei der Formulierung von Glückwünschen und Einladungstexten helfen kann. Jetzt gehen wir einen Schritt weiter: Es geht nicht nur um die Worte, sondern um das Ganze. Eine Karte, auf der ein individuell gestaltetes Bild und ein persönlicher Text harmonisch zusammenwirken. So etwas finden Sie in keinem Geschäft der Welt, denn diese Karte gibt es nur einmal.

Kunststile ja, Künstlernamen lieber nicht

Auch wenn die KI keine echten Fotos kopiert, können ihre Bilder manchmal Stilelemente bekannter Künstlerinnen und Künstler aufweisen. Vermeiden Sie Formulierungen wie »im Stil von [lebende Künstlerin]«, wenn Sie die Bilder öffentlich verwenden wollen. Auf der sicheren Seite sind Sie hingegen, wenn Sie historische Stile wie »im Stil des Impressionismus« oder »wie ein Gemälde aus der Renaissance« verwenden.

Von der Idee zur fertigen Karte

Das Praktische an ChatGPT ist, dass Text und Bild im selben Chat erstellt werden können. Man muss nicht erst den Text in einem Programm schreiben und dann das Bild in einem anderen erstellen. Alles geschieht an einem Ort, in einem Gespräch. Der Ablauf ist einfach:

SCHRITT FÜR SCHRITT

Illustrierte Karten mit ChatGPT gestalten

1. Überlegen Sie sich zunächst, für welchen Anlass Sie eine Karte benötigen und wer sie erhalten soll. Je mehr Sie über die Person und den Anlass wissen, desto persönlicher wird das Ergebnis.
2. Bitten Sie die KI zunächst um einen passenden Text. Wenn Sie den Text bereits haben, können Sie diesen Schritt natürlich überspringen.
3. Bitten Sie die KI, eine Karte als Bild zu erstellen. Beschreiben Sie das gewünschte Motiv, den Stil und ob der Text auf dem Bild erscheinen soll.
4. Laden Sie das Ergebnis herunter, und drucken oder versenden Sie es digital.

Klingt überschaubar? Ist es auch. Schauen wir uns das an einem konkreten Beispiel an.

Beispiel: Eine Geburtstagskarte gestalten

Ihr Nachbar Herbert wird 70 und ist ein begeisterter Modelleisenbahner. Sie möchten ihm eine Karte schenken, die nicht von der Stange ist. In Kapitel 5 habe ich bereits gezeigt, wie Sie einen passenden Glückwunschtext erstellen lassen. Jetzt soll aber auch das Bild stimmen.

> Erstelle eine Geburtstagskarte für einen Mann, der 70 Jahre alt wird und begeisterter Modelleisenbahner ist. Das Motiv soll eine Modelleisenbahn inmitten einer schönen Landschaftskulisse zeigen. Stil: fröhlich, farbenfrohe Aquarellzeichnung. Oben auf der Karte soll in schöner Schreibschrift stehen: »Alles Gute zum 70. Geburtstag, Herbert!« Bildformat: Hochformat.

Abbildung 9.6 *Da wird sich das Geburtstagskind aber freuen! Links die Variante von Google Gemini, rechts die von ChatGPT.*

ChatGPT (oder Google Gemini) erstellt eine Karte, die Herberts Leidenschaft widerspiegelt und gleichzeitig festlich aussieht. Wenn Ihnen der Text auf der Karte nicht hundertprozentig gefällt oder ein Buchstabe falsch geschrieben ist, sagen Sie es einfach der KI:

> Der Text sieht gut aus, aber schreibe »Herbert« bitte etwas größer. Und füge unten noch »Deine Nachbarn Elke und Manfred« hinzu.

Die KI erstellt eine neue Version mit den gewünschten Änderungen. Manchmal braucht es zwei oder drei Anläufe, bis die Schrift im Bild wirklich sauber aussieht. Das liegt daran, dass die KI zwar den Text in Bildern inzwischen recht gut beherrscht, aber gerade bei Namen und längeren

Sätzen noch gelegentlich Fehler macht. Prüfen Sie daher das Ergebnis immer genau, bevor Sie es ausdrucken.

Beschriftung ist oft Handarbeit
Wenn die KI Schwierigkeiten mit dem Text auf dem Bild hat, gibt es einen einfachen Ausweg: Lassen Sie das Bild ohne Text erstellen, und fügen Sie die Beschriftung anschließend selbst hinzu. Dafür reicht ein einfaches Programm wie Microsoft Paint, die Foto-App auf Ihrem Smartphone oder sogar ein Textverarbeitungsprogramm wie Word. So haben Sie ein perfektes Motiv und gleichzeitig die volle Kontrolle über die Schrift.

Weihnachtskarten, Dankeskarten und mehr

Das Prinzip funktioniert natürlich für jeden Anlass. Hier ein paar Ideen mit den passenden Prompts, die Sie direkt ausprobieren können:

Weihnachtskarte

Erstelle eine stimmungsvolle Weihnachtskarte. Das Motiv soll ein verschneites Dorf bei Nacht zeigen, mit beleuchteten Fenstern und einem geschmückten Tannenbaum auf dem Dorfplatz. Stil: klassische Illustration, warm und gemütlich. Text auf der Karte: »Frohe Weihnachten und ein gesundes neues Jahr!« Bildformat: Querformat.

Dankeskarte

Gestalte eine Dankeskarte mit einem Blumenstrauß aus Wiesenblumen in einer rustikalen Vase. Heller, freundlicher Hintergrund. Stil: zarte Aquarellfarben. Text: »Danke für alles!« Bildformat: Hochformat.

Gute-Besserung-Karte

> Erstelle eine freundliche Gute-Besserung-Karte. Das Motiv soll eine gemütliche Szene zeigen: eine Tasse Tee mit Honig, ein aufgeschlagenes Buch und eine Wolldecke auf einem Sessel. Warme Farben, einladende Atmosphäre. Text: »Gute Besserung!« Bildformat: Hochformat.

Abbildung 9.7 *Karten für jeden Anlass: Weihnachten, Danksagung, Genesungswünsche*

Sie sehen: Ob feierlich, warmherzig oder tröstlich – die KI findet für jede Stimmung das passende Bild. Und wenn Ihnen der erste Vorschlag nicht gefällt, beschreiben Sie einfach, was Sie sich anders wünschen. »Die Farben etwas kräftiger gestalten« oder »den Weihnachtsbaum durch eine Krippe ersetzen« sind Anweisungen, mit denen die KI gut umgehen kann.

Mit KI Videos erstellen

Neben Texten und Bildern können moderne KI-Dienste auch kleine Videoclips aus einer kurzen Textbeschreibung erstellen zum Beispiel eine Landschaftsszene oder einen bewegten Gruß. Allerdings gibt es hier einige Einschränkungen:

- Die Clips sind meist nur wenige Sekunden lang und oft noch etwas holprig.
- Für die Videofunktion ist in der Regel ein kostenpflichtiges Abo nötig.
- Die Technik entwickelt sich sehr schnell weiter – ein Blick lohnt sich, wenn Sie Spaß am Ausprobieren haben.

Das Thema geht ein wenig über die Grundlagen dieses Buches hinaus. Für Interessierte habe ich auf der Webseite des Buches unter *www.rheinwerk-verlag.de/6315* weitere Informationen und Links zu passenden Diensten zusammengestellt.

Einladungen mit dem gewissen Etwas

Was für Grußkarten gilt, gilt auch für Einladungen. Der Unterschied: Bei einer Einladung braucht man mehr Text auf dem Bild, nämlich Datum, Uhrzeit, Ort und vielleicht noch eine kurze Information, was die Gäste erwartet. Das stellt die KI vor eine etwas größere Herausforderung, denn mehr Text auf dem Bild bedeutet auch mehr Fehlerquellen. Aber mit dem richtigen Ansatz funktioniert auch das.

Stellen Sie sich vor, Sie planen Ihre goldene Hochzeit und möchten eine feierliche Einladung verschicken. Statt auf vorgefertigte Vorlagen zurückzugreifen, lassen Sie die KI eine ganz persönliche Karte gestalten, abgestimmt auf Ihren Stil, Ihre Farbwelt und den festlichen Anlass. Wichtig ist dabei vor allem, dass Sie der KI den exakten Wortlaut des Texts vorgeben und das gewünschte Bildformat nennen. Der passende Prompt dafür könnte so aussehen:

> Erstelle eine elegante Einladungskarte für eine goldene Hochzeit. Das Motiv soll zwei verschlungene goldene Ringe zeigen, umgeben von weißen Rosen und dezenten goldenen Ornamenten. Stil: klassisch-festlich, cremefarbener Hintergrund. Auf der Karte soll stehen: »Einladung zur Goldenen Hochzeit von Ingrid und Werner, am 14. September 2026 um 14 Uhr, Gasthof Zur Linde«. Bildformat: Querformat.

Abbildung 9.8 *Eine persönliche Einladung ist schnell per KI (hier: ChatGPT) gestaltet.*

Erst prüfen, dann drucken

Bei Einladungen mit vielen Textdetails (Datum, Uhrzeit, Adresse) empfehle ich eine besonders sorgfältige Prüfung. Gerade bei Zahlen und Eigennamen unterlaufen der KI manchmal kleine Fehler. Aus einer »14« wird eine »41« oder aus »Werner« wird »Wermer«. Schauen Sie also genau hin, bevor Sie die Karten drucken. Im Zweifelsfall erstellen Sie zunächst ein Bild ohne Text und fügen die Informationen mit einem Grafikprogramm wie Photoshop oder Affinity selbst ein, siehe Kasten unten.

Motiv und Text getrennt gestalten

Wenn Sie eine größere Feier planen und viele Einladungen benötigen, lohnt es sich, die Karte als Bild ohne den persönlichen Text zu erstellen. So haben Sie ein schönes Grundmotiv, das Sie in Word oder einem ähnlichen Programm öffnen können, um den Text professionell darüberzusetzen. Das sieht oft besser aus als der Text, den die KI direkt ins Bild schreibt.

Vom Bildschirm auf Papier: Drucken und Versenden

Sie haben Ihre perfekte Karte entworfen. Und was nun? Es gibt zwei Wege, sie zum Empfänger zu bringen: digital oder gedruckt.

- Der digitale Weg ist der einfachste. Laden Sie das Bild herunter, und verschicken Sie es per WhatsApp, E-Mail oder als Anhang in einer Nachricht. Das geht schnell, kostet nichts und eignet sich besonders für spontane Anlässe oder wenn der Empfänger weit weg wohnt. Viele Menschen freuen sich über eine liebevoll gestaltete digitale Karte mindestens genauso wie über eine gedruckte.
- Der Postweg hat seinen eigenen Charme. Eine Karte in der Hand zu halten, ist einfach etwas anderes als ein Bild auf dem Bildschirm. Für den Ausdruck zu Hause benötigen Sie einen Drucker und etwas dickeres Papier, am besten Foto- oder Kartonpapier, das Sie in jedem Schreibwarengeschäft oder online kaufen können. Öffnen Sie das heruntergeladene Bild, wählen Sie **Drucken**, und stellen Sie das Papierformat auf die gewünschte Kartengröße ein. Ein A5-Ausdruck auf festem Papier, einmal in der Mitte gefaltet, ergibt eine schöne Klappkarte.

Wenn Sie keinen eigenen Drucker haben oder ein besonders hochwertiges Ergebnis wünschen, können Sie das Bild auch an den Fotoautomaten in Drogeriemärkten (z. B. dm, Rossmann, Müller ...) ausdrucken lassen. Dort gibt es oft sogar spezielles Kartenpapier und verschiedene Formate zur

Auswahl. Bei einigen Anbietern können auch Fotos direkt vom Smartphone über eine App zum Druck gesendet werden.

Wie groß darf ich KI-Bilder drucken?
KI-generierte Bilder haben in der Regel eine ausreichende Auflösung für Ausdrucke bis zum Format DIN A4. Bei größeren Formaten (z. B. Poster) kann die Qualität abnehmen und das Bild unscharf erscheinen. Für Grußkarten und Einladungen in üblichen Formaten ist die Qualität jedoch ausreichend.

Gedichte und kreative Texte verfassen

Wann haben Sie das letzte Mal ein Gedicht geschrieben? Wahrscheinlich ist das schon eine Weile her. Vielleicht in der Schule, als die Deutschlehrerin darauf bestand, dass sich alles reimen muss. Oder als verliebter Teenager, wenn die Worte zwar holprig waren, aber von Herzen kamen. Das Schöne ist: Die Freude an Reimen und schönen Worten vergeht nie. Und mit der KI an Ihrer Seite müssen Sie sich keine Sorgen mehr machen, dass Ihnen das Versmaß oder die Inspiration ausgeht.

In Kapitel 5 haben Sie bereits erfahren, wie Ihnen die KI bei Glückwünschen und Einladungstexten hilft. Jetzt geht es um etwas anderes: um die pure Freude am Spiel mit der Sprache. Um Gedichte, die berühren oder zum Lachen bringen. Um Limericks, die beim Familienfest für Stimmung sorgen. Und Haikus, die mit wenigen Worten ganze Welten eröffnen.

Gedichte für jeden Anlass

Ob Geburtstag, Hochzeit, Pensionierung oder einfach ein verregneter Sonntagnachmittag: Ein passendes Gedicht zu finden, ist oft schwieriger als gedacht. Die Klassiker von Goethe und Schiller sind schön, passen aber selten zum 70. Geburtstag des Schwagers. Und die Sprüche aus dem Internet sind so abgedroschen, dass jeder sie schon dreimal gelesen hat. Die KI dagegen schreibt Ihnen ein Gedicht, das es nur einmal gibt, maßgeschneidert für Ihren Anlass und Ihre Person.

Nehmen wir ein Beispiel: Ihr Freund Klaus geht nach 40 Jahren in Rente. Er war Elektriker, hat einen feinen Humor und freut sich auf seine Werkstatt im Keller.

> Schreibe ein lustiges Gedicht zum Ruhestand meines Freundes Klaus. Er war 40 Jahre lang Elektriker und ist für seinen feinsinnigen Humor bekannt. Das Gedicht soll sich reimen, etwa 12 Zeilen lang sein und humorvoll auf seinen Beruf anspielen. Am Ende soll ein Wunsch für den Ruhestand stehen.

> Vierzig Jahre Spannung pur,
> Klaus kannte jede Sicherungsspur.
> Wo andre ratlos Kabel sah'n,
> fing er erst richtig an zu plan'n.
>
> Mit Phasenprüfer, Zange, Draht
> hat er so manches Haus verdraht'.
> Wenn irgendwo der Funke sprang,
> war Klaus zur Stelle – Gott sei Dank!
>
> Er brachte Licht in dunkle Ecken,
> ließ selbst den größten Kurzschluss schrecken.
> Nun geht er ohne Strom zur Ruh' –
> doch seine Energie bleibt stets im Nu!
>
> Lieber Klaus, bleib heiter und gesund,
> genieß den Ruhestand – und bleib uns stets verbunden!

Gar nicht so schlecht, oder? Natürlich gewinnt das Gedicht keinen Literaturpreis, aber darum geht es auch gar nicht. Es ist persönlich, es ist lustig, und es passt zu Klaus. Wenn dir einzelne Zeilen nicht gefallen, sagst du der KI einfach: »Die dritte Strophe ist mir zu kitschig, mach sie bitte frecher.« Die KI wird das Gedicht so oft überarbeiten, wie Sie möchten.

Länge und Ton immer mitangeben
Geben Sie der KI immer die Länge des Gedichts und die gewünschte Tonart an. Ohne diese Angaben kann es passieren, dass ein Gedicht mit 20 Strophen erstellt wird, obwohl vier Strophen ausreichend gewesen wären.

Limericks: Fünf Zeilen, die es in sich haben

Kennen Sie Limericks? Das sind kurze, fünfzeilige Scherzgedichte mit einem ganz bestimmten Reimschema. Sie stammen ursprünglich aus dem Englischen und leben von ihrer Pointe in der letzten Zeile. Limericks eignen sich hervorragend als Einlage bei Feiern, als augenzwinkernde Widmung in einem Geschenk oder einfach als Spaß zwischendurch.

Die KI beherrscht die Limerick-Form erstaunlich gut. Probieren Sie es aus:

Schreibe einen lustigen Limerick über eine Frau aus Hannover, die jeden Morgen ihre Yoga-Übungen macht.

Es lebte ’ne Dame aus Hannover,
die übte sich täglich im »Ommmm«-Manöver.
Im Morgengrau’n stand sie bereit,
verbog sich in aller Gelassenheit –
und atmete tiefer als jeder Seelöwer.

Das macht Spaß, und Sie können die KI bitten, gleich mehrere Limericks hintereinander zu einem Thema zu schreiben. Zum Beispiel fünf Limericks über die Mitglieder Ihres Kegelclubs oder über die Eigenheiten Ihrer

Nachbarschaft. So haben Sie im Handumdrehen ein kleines Unterhaltungsprogramm für den nächsten Stammtisch.

Haikus: Große Bilder in wenigen Worten

Während der Limerick zum Lachen anregen soll, geht das Haiku in die entgegengesetzte Richtung. Dieses traditionelle japanische Gedicht besteht aus nur drei Zeilen mit insgesamt siebzehn Silben (fünf, sieben und fünf). Es beschreibt einen Augenblick, eine Naturbeobachtung oder ein Gefühl so knapp und bildhaft wie möglich. Weniger ist hier wirklich mehr.

> Schreibe mir drei Haikus zum Thema Herbst. Sie sollen die Stimmung eines Spaziergangs durch den Wald einfangen.

🍁 **Haiku 1**	🍂 **Haiku 2**	**Haiku 3**
Buntes Blättermeer (5)	**Sonne im Geäst** (5)	**Wind bewegt das Laub** (5)
Leise knistert jeder Schritt (7)	**Fern klopft leis der Specht im Wald** (7)	**Ein einsamer Pfad schweigt still** (7)
Kühler Herbstnebel (5)	**Moos duftet erdig** (5)	**Abend sinkt sanft ein** (5)

Abbildung 9.9 *Drei Haikus zum Thema »Herbst«*

Die kleinen Texte eignen sich wunderbar als Beilage zu einem Geschenk, als Bildunterschrift oder als meditative Übung für zwischendurch. Und wenn Sie Gefallen daran finden, können Sie sich von der KI auch die Regeln des Haiku erklären lassen und gemeinsam an Ihren eigenen Versuchen feilen.

Gedichte und Bilder zusammenbringen

Richtig besonders wird es, wenn Sie die in diesem Kapitel gelernten Fähigkeiten kombinieren: ein Gedicht plus ein passendes Bild. Stellen Sie sich vor, Sie möchten Ihrer Enkelin zum Geburtstag ein kleines Kunstwerk schenken. Etwas, das es kein zweites Mal gibt.

> Schreibe ein kurzes, liebevolles Gedicht für meine Enkelin Lena, die 10 Jahre alt wird. Sie liebt Pferde und Abenteuergeschichten.

> Für Lena zum 10. Geburtstag
>
> Zehn Kerzen leuchten hell und klar,
> wie Sterne in deinem Abenteuerjahr.
> Mit mutigem Herzen, fröhlich und frei,
> reitest du durch Fantasie vorbei.
>
> Ein Pferd galoppiert durch Wald und Wind,
> so stark wie du, mein tapf'res Kind.
> Du liebst Geschichten voller Mut,
> von Heldinnen mit Herz und Glut.
>
> Möge dein neues Lebensjahr
> voll Zauber sein – ganz wunderbar.
> Mit Pferdewiehern, Lachen, Glück
> und tausend Abenteuern Stück für Stück.
>
> Bleib neugierig, träum dich weit –
> die Welt ist groß, und du bist bereit!

Nachdem die KI das Gedicht geliefert hat, können Sie noch einzelne Wörter austauschen, den Tonfall anpassen oder persönliche Details ergänzen. Anschließend folgt der nächste Schritt: Lassen Sie sich per KI ein passendes Bild erstellen, das die Stimmung des Gedichts unterstreicht und das Ergebnis abrundet.

> Erstelle jetzt ein Bild dazu: Ein Mädchen mit braunen Locken reitet auf einem weißen Pferd durch einen Zauberwald. Bunte Schmetterlinge fliegen um sie herum. Stil: Kinderbuch-Illustration, fröhlich und farbenfroh. Bildformat: Hochformat.

Abbildung 9.10 *ChatGPT liefert gleich das passende Bild zum Gedicht.*

Gedicht und Bild zusammen auf ein schönes Blatt Papier drucken, in einen Rahmen stecken – und fertig ist ein Geschenk, das von Herzen kommt und das Lena bestimmt nicht so schnell vergisst. Die Kombination aus persönlichem Text und individuellem Bild hat eine ganz besondere Wirkung. Sie zeigt dem Empfänger: Hier hat sich jemand Gedanken gemacht. Und dass KI dabei geholfen hat? Das macht die Idee und das Ergebnis nicht weniger wertvoll.

Den richtigen Ton vorgeben
Bei Gedichten ist es besonders wichtig, der KI den gewünschten Ton mitzuteilen. »Lustig«, »nachdenklich«, »kindgerecht« oder »feierlich« macht einen großen Unterschied. Ohne diese Angaben entscheidet die KI selbst, und das Ergebnis entspricht nicht immer Ihrem Geschmack.

Familiengeschichten und Erinnerungen aufschreiben lassen

Jeder Mensch hat eine Geschichte zu erzählen. Sogar viele Geschichten. Der erste Schultag mit der viel zu großen Schultüte. Der Sommer, in dem wir mit dem Fahrrad an die Ostsee gefahren sind. Die Hochzeit, bei der es in Strömen regnete und trotzdem alle tanzten. Solche Erinnerungen sind unbezahlbar. Das Problem ist nur: Sie existieren meist nur in unseren Köpfen. Und mit den Jahren verblassen sie, werden lückenhaft oder geraten ganz in Vergessenheit.

Vielleicht haben Sie schon einmal daran gedacht, Ihre Erinnerungen aufzuschreiben. Für sich selbst, für Ihre Kinder oder Enkel, damit sie eines Tages nachlesen können, wie es früher war. Aber dann sitzt man vor einem leeren Blatt und weiß nicht, wo man anfangen soll. Wie erzählt man ein ganzes Leben? Wie bringt man Erinnerungen in eine Form, die andere gerne lesen?

Hier wird die KI zu einer wertvollen Begleiterin. Geben Sie ihr ein paar Stichworte, ein paar Eckdaten, ein paar Erinnerungsfetzen, und sie formt daraus eine zusammenhängende Geschichte. Nicht um Ihr Leben zu erfinden, sondern um Ihre Worte in eine lesbare Form zu bringen. Sie bleiben die ganze Zeit am Steuer und entscheiden, was und wie erzählt wird.

Aus Stichworten wird eine Geschichte

Das Prinzip ist verblüffend einfach. Sie geben der KI ein paar Stichworte zu einer Erinnerung, und sie macht daraus einen zusammenhängenden Text. Dabei müssen Sie nicht auf korrekte Sätze oder schöne Formulierungen achten. Das ist die Aufgabe der KI. Ihre Aufgabe ist es, sich zu erinnern.

Nehmen wir ein Beispiel. Sie möchten die Geschichte Ihres ersten Schultages aufschreiben. Sie haben noch einzelne Bilder im Kopf: die Schultüte, den Geruch des Klassenzimmers, die strenge Lehrerin, den besten Freund auf der Bank nebenan. Mehr fällt Ihnen nicht ein, aber das reicht.

> Schreibe aus den folgenden Stichworten eine lebendige Erinnerungsgeschichte, etwa eine Seite lang. Der Erzähler bin ich (männlich), und es soll sich wie ein persönlicher Rückblick lesen, warmherzig und ein wenig nostalgisch: Erster Schultag 1967, kleines Dorf im Südharz, große Schultüte mit Bonbons und einem Holzlineal, im Klassenzimmer roch es nach Bohnerwachs. Unser Lehrer, Herr Pfeiffer, war für damalige Verhältnisse sehr liberal, wir hatten gern Unterricht bei ihm. Neben mir saß mein Freund Frank. Wir haben uns Zettel zugeschoben und Quatsch gemacht. Nach der Schule spielten wir im Wald.

Ich erinnere mich noch gut an meinen ersten Schultag im Sommer 1967. Unser kleines Dorf im Südharz lag an diesem Morgen still und freundlich da, als hätte es selbst ein wenig Lampenfieber. Die Sonne schien über die sanften Hügel, und ich hielt meine große Schultüte so fest umklammert, als könnte sie mir Mut geben. Sie war fast größer als ich – gefüllt mit Bonbons, einem Apfel und ganz unten, sorgfältig eingewickelt, einem Holzlineal. Dieses Lineal erschien mir damals wie ein richtiges Werkzeug für die „große Welt" der Schule.

Vor dem Schulgebäude standen die anderen Kinder mit ihren Eltern, geschniegelt und geschniegelt, manche mit ernster Miene, andere kichernd. Ich weiß noch, wie ich versuchte, besonders tapfer auszusehen. Als wir das Klassenzimmer betraten, schlug mir dieser ganz eigene Geruch entgegen: Bohnerwachs. Der Boden glänzte, die Fenster waren geputzt, und alles wirkte feierlich und neu. Für mich roch Schule fortan immer nach Bohnerwachs – nach Anfang und Erwartung.

Abbildung 9.11 *ChatGPT & Co. eignen sich hervorragend als Ghostwriter für Ihre Memoiren.*

Die KI formt aus diesen Fragmenten eine Geschichte, die sich liest, als hätten Sie sie an einem ruhigen Nachmittag selbst geschrieben. Die Stimmung stimmt, die Details sind Ihre, die Sprache ist flüssig und lebendig. Natürlich ist nicht jedes Wort perfekt. Vielleicht hat die KI ein Detail hinzugefügt, das nicht stimmt, oder eine Formulierung gewählt, die nicht zu Ihnen passt. Das ist nicht schlimm. Lesen Sie den Text, ändern Sie, was falsch ist, und ergänzen Sie, was fehlt. Die KI liefert den ersten Entwurf, Sie machen die Feinarbeit.

Erzählen statt tippen

Verwenden Sie die Spracheingabe (siehe Kapitel 4), um Ihre Erinnerungen auszusprechen, anstatt sie zu tippen. Viele Menschen erinnern sich besser, wenn sie erzählen, als wenn sie schreiben. Sprechen Sie einfach, und die KI erledigt den Rest.

Eine Familienchronik erstellen

Einzelne Erinnerungen aufzuschreiben ist schön. Richtig wertvoll wird es aber, wenn Sie mehrere Geschichten zu einer Familienchronik zusammenfügen. Eine solche Chronik kann Generationen überdauern und zu einem Schatz werden, den Ihre Familie über Jahrzehnte hüten wird.

Sie müssen nicht gleich ein ganzes Buch schreiben. Fangen Sie klein an. Vielleicht mit drei oder vier Geschichten aus verschiedenen Lebensabschnitten: eine aus Ihrer Kindheit, eine über Ihre Hochzeit, eine über Ihren Beruf und eine über die Geburt Ihrer Kinder oder Enkel. Die KI hilft Ihnen dabei, jede einzelne Geschichte in Form zu bringen, und am Ende können Sie sie zu einem kleinen Büchlein zusammenstellen.

> Ich möchte eine Familienchronik anfangen. Hilf mir, eine Gliederung zu erstellen. Meine Familie stammt aus dem Erzgebirge, mein Großvater war Bergmann, mein Vater hat nach dem Krieg ein kleines Geschäft eröffnet und ich bin 1968 nach Westdeutschland gekommen. Bitte schlage mir fünf oder sechs Kapitel vor, die zusammen eine spannende Familiengeschichte ergeben.

Die KI wird Ihnen eine Gliederung vorschlagen, an der Sie sich orientieren können. Vielleicht beginnt die Chronik mit den Großeltern im Erzgebirge, erzählt dann von der Nachkriegszeit, dem Familienbetrieb, der Flucht in den Westen und dem Neuanfang. Zu jedem Kapitel können Sie dann nach und nach Ihre Stichworte eingeben und die KI den Text formulieren lassen.

Das Besondere daran: Die KI kann Ihnen auch Fragen stellen, die Ihre Erinnerung anregen. Wenn Sie ihr erzählen, dass Ihr Großvater Bergmann war, fragt sie vielleicht zurück: »Wissen Sie noch, was er über seine Arbeit unter Tage erzählt hat? Gab es Rituale oder Geschichten, die in der Familie weitergegeben wurden?« Solche Fragen helfen, verschüttete Erinnerungen an die Oberfläche zu bringen.

> Stelle mir zehn Fragen zu meiner Kindheit im Harz in den 1960er-Jahren, die mir helfen, mich an Details zu erinnern. Frage nach Alltag, Festen, Essen, Spielen, Gerüchen und besonderen Erlebnissen.

Details machen die Geschichte lebendig

Die KI erfindet keine Fakten über Ihr Leben. Sie kann nur mit dem arbeiten, was Sie ihr geben. Je mehr Details, Stichworte und Anekdoten Sie liefern, desto lebendiger und authentischer wird das Ergebnis. Scheuen Sie sich also nicht, der KI auch scheinbar unwichtige Details mitzuteilen: den Namen des Hundes, die Farbe der Küchenvorhänge, das Lieblingsgericht der Großmutter. Gerade diese Details machen eine Geschichte lebendig.

Erinnerungen mit KI-Bildern illustrieren

Jetzt kommen die beiden Fähigkeiten zusammen, die Sie in diesem Kapitel gelernt haben: Text und Bild. Eine Familiengeschichte wird noch eindrucksvoller, wenn sie mit Bildern illustriert ist. Natürlich gibt es für viele Erinnerungen keine Fotos. Wer hat schon ein Bild vom Klassenzimmer 1969? Aber KI kann solche Szenen für Sie rekonstruieren.

Erstelle ein fotorealistisches Bild eines typischen Klassenzimmers einer Grundschule im Harz Ende der 1960er-Jahre. Casala-Stühle, Zweiertische, grüne Tafel, alte Heizkörper einer Zentralheizung. Stil: Foto mit leicht verblassten Farben. Bildformat: Querformat.

Abbildung 9.12 *Geht es Ihnen auch so? Ich kann dieses Bild förmlich riechen …*

Das Ergebnis ist natürlich kein Foto Ihres echten Klassenzimmers. Aber es fängt die Atmosphäre ein und gibt Ihren Leserinnen und Lesern, also Ihren Kindern und Enkeln, eine visuelle Vorstellung davon, wie es damals war. Und das ist viel wirkungsvoller als jede noch so detaillierte Beschreibung.

KI schreibt gut, prüft aber nicht

Die KI kann Ihnen helfen, Ihre Erinnerungen in schöne Worte zu fassen und mit Bildern zu illustrieren. Sie kann jedoch nicht überprüfen, ob die historischen Details korrekt sind. Wenn Sie sich bei Jahreszahlen, Ortsnamen oder Ereignissen unsicher sind, überprüfen Sie diese mit einer Suchmaschine, oder fragen Sie Familienmitglieder. Gerade bei einer Familienchronik, die von Generation zu Generation weitergegeben werden soll, lohnt sich diese Sorgfalt.

Sie können für jede Episode Ihrer Familienchronik ein passendes Bild erstellen lassen: die Werkstatt des Großvaters, das Haus, in dem Sie aufgewachsen sind, die Straße, auf der Sie als Kind gespielt haben. Die KI wird die Szenen nicht genauso darstellen, wie sie waren, aber sie wird die Atmosphäre einfangen. Und wenn ein Detail nicht stimmt, sagen Sie ihr: »Der Ofen war nicht grün, sondern braun, und auf den Bänken standen Tintenfässer.« Die KI passt das Bild an.

Vom Text zum fertigen Buch

Wenn Sie Ihre fertige Familienchronik mit Texten und Bildern zusammenstellen möchten, haben Sie verschiedene Möglichkeiten. Die einfachste: Texte und Bilder in ein Word-Dokument kopieren und ausdrucken. Etwas eleganter geht es mit einem Online-Fotobuch-Service (z. B. von CEWE, Pixum oder dm), bei dem man Texte und Bilder in vorgefertigte Layouts einfügen kann. So wird aus Ihren Erinnerungen ein richtiges kleines Buch, gebunden und mit festem Einband.

Fotoalben beschriften und alte Fotos datieren

In vielen Haushalten schlummern Schuhkartons voller alter Fotos. Schwarz-Weiß-Fotos mit zerknitterten Rändern, vergilbte Farbbilder aus den 70er-Jahren, Polaroids von Familienfeiern. Manche tragen auf der Rückseite eine Notiz in der Handschrift der Großmutter, viele sind unbeschriftet. Wer sind die Personen? Wo wurde das Foto aufgenommen? Und vor allem: Wann? Je mehr Zeit vergeht, desto schwieriger wird es, diese Fragen zu beantworten. Und irgendwann gibt es niemanden mehr, den man fragen kann.

KI kann helfen, Licht ins Dunkel zu bringen. Nicht, indem sie Personen erkennt – das tut sie aus Datenschutzgründen bewusst nicht. Aber sie kann anhand von Details wie Kleidung, Frisuren, Autos, Architektur und

Fototechnik erstaunlich gut einschätzen, aus welcher Zeit ein Foto stammt. Und sie kann beschreiben, was auf dem Foto zu sehen ist, so dass Sie eine nützliche Bildunterschrift haben, die Sie auf die Rückseite schreiben oder in ein digitales Album einfügen können.

Namen können nur Sie ergänzen

Die KI kann keine Personen auf Fotos identifizieren. Sie wird Ihnen also nicht sagen, dass die Dame links Ihre Großmutter Else ist. Das ist eine bewusste Einschränkung zum Schutz der Privatsphäre. Nur Sie können die Namen und die persönlichen Geschichten hinter den Bildern ergänzen.

Alte Fotos von der KI analysieren lassen

Das Vorgehen ist denkbar einfach und funktioniert im Prinzip genauso wie das Hochladen von Bildern, das Sie in Kapitel 4 kennengelernt haben. Scannen Sie ein altes Foto ein, oder fotografieren Sie es mit Ihrem Smartphone ab. Dann laden Sie das Bild in den Chat hoch und stellen Ihre Frage. Die KI wird dann versuchen, Details im Bild zu erkennen, mögliche Orte und Zeiträume einzuordnen. Auch erste Einschätzungen zu Stimmungen oder Zusammenhängen sind möglich, oft fallen dabei Dinge auf, die man selbst übersehen hätte. Dazu ein Beispiel:

Ich habe ein altes Foto von mir beim Klettern im Harz gefunden, das nicht beschriftet ist. Kannst du mir helfen, es zeitlich einzuordnen? Schau dir die Kleidung, die Frisur, die Umgebung und die Qualität des Bildes an und schätze, aus welchem Jahr das Foto stammen könnte. Beschreibe auch, was du auf dem Bild siehst.

Fotoanalyse: Kletterzeit im Harz

Visuelle Analyse

- **Ausrüstung:** Am auffälligsten sind die **großen Hexentrics (Hexes)**, die an deinem Klettergurt hängen. Diese passiven Klemmkeile waren vor allem in den 1970er und 1980er Jahren die Standard-Absicherung, bevor mechanische Klemmgeräte (Friends/Cams) flächendeckend zum Standard wurden. Auch die bunten Bandschlingen und das Seil passen in diese Ära.
- **Bekleidung & Stil:**
  - **Das Stirnband:** Ein absolutes Markenzeichen der 80er Jahre.
  - **Die kurzen Shorts:** Damals war es völlig normal, in sehr kurzen Sporthosen zu klettern.
  - **Das pinkfarbene Shirt:** Kräftige, fast neonartige Farben kamen in der Kletterszene ab Mitte der 80er groß in Mode.
- **Frisur:** Der Schnitt (vorne etwas kürzer, hinten länger – ein klassischer Vokuhila-Ansatz) war in den 80ern das modische Nonplusultra.
- **Bildqualität:** Die Farbsättigung (starkes Rot/Pink) und die Körnigkeit deuten auf einen analogen Abzug aus den 80er oder frühen 90er Jahren hin.

Abbildung 9.13 *Das waren noch Zeiten – beim Klettern im Okertal in den 80er-Jahren.*

Das funktioniert mit Bildern aus allen Epochen. Die KI schaut sich die Details genau an. Vielleicht erkennt sie an den breiten Revers der Anzüge und Hüte, dass es sich um die 1950er-Jahre handeln könnte. Oder sie sieht im Hintergrund einen VW Käfer der ersten Generation, was den zeitlichen Rahmen weiter eingrenzt. Auch die Qualität des Fotos, ob Schwarz-Weiß, Sepia oder ein frühes Farbfoto, gibt weitere Hinweise.

Natürlich ist die KI kein Geschichtsprofessor, und ihre Einschätzungen sind keine Garantie. Aber als Ausgangspunkt für eigene Recherchen sind sie erstaunlich hilfreich. Oft genügt ein Hinweis wie »vermutlich Anfang der 1960er-Jahre«, um die eigene Erinnerung oder die von Familienmitgliedern in Gang zu setzen. »Ach, das muss die Taufe von Onkel Karl gewesen sein, das war 1963!«

Mehrere Fotos im selben Chat hochladen

Wenn Sie mehrere unbeschriftete Fotos haben, können Sie diese nacheinander in denselben Chat hochladen. Die KI behält den Kontext des Chats bei und kann sogar Verbindungen herstellen: »Dieses Foto scheint von derselben Party zu sein wie das vorige, die Kleidung und der Hintergrund sind sehr ähnlich.«

Bildunterschriften erstellen lassen

Neben der zeitlichen Einordnung kann Ihnen die KI auch helfen, passende Bildunterschriften zu formulieren. Dies ist besonders nützlich, wenn Sie ein digitales Fotoalbum anlegen oder Ihre Fotos für die Nachwelt beschriften möchten.

> Beschreibe dieses Foto in einem Satz, der als Bildunterschrift für ein Familienalbum geeignet wäre. Erwähne die Stimmung, die sichtbaren Personen (ohne Namen, die kennst du nicht) und den vermutlichen Anlass.

Die KI könnte dann formulieren: »Drei festlich gekleidete Frauen und ein Mann stehen lächelnd vor einem geschmückten Tannenbaum. Wahrscheinlich ein Weihnachtsfest in den späten 1970er-Jahren.« Diesen Text ergänzt man dann mit den Informationen, die man selbst kennt: die Namen, den genauen Anlass, den Ort. So entsteht nach und nach ein beschriftetes Album, das auch in zwanzig Jahren noch verständlich ist.

> Erstelle mir zu den folgenden fünf Fotos jeweils eine kurze Bildunterschrift im Stil eines Familienalbums: warmherzig, knapp und beschreibend.

Tipps zur digitalen Archivierung

Wenn Sie sich die Mühe machen, alte Fotos zu analysieren und zu beschriften, lohnt es sich, die Ergebnisse auch ordentlich zu archivieren. Hier ein paar einfache Empfehlungen:

- Scannen Sie die Fotos in guter Qualität ein, am besten mit 300 dpi oder mehr. Viele Drogerien bieten Scan-Services an, falls Sie keinen eigenen Scanner haben. Auch mit der Smartphone-Kamera lassen sich passable Ergebnisse erzielen, wenn Sie das Foto bei gutem Licht und ohne Schatten abfotografieren.
- Speichern Sie die digitalen Fotos in einem Ordner auf Ihrem Computer, und benennen Sie die Dateien aussagekräftig, zum Beispiel **1963_Taufe_Onkel_Karl.jpg** statt **IMG_4738.jpg**. So finden Sie jedes Bild auch Jahre später auf Anhieb wieder.
- Wenn Sie möchten, können Sie die beschrifteten Fotos in einem Online-Fotobuch zusammenstellen (z. B. bei CEWE oder Pixum) und so ein physisches Album erstellen, das Sie an Ihre Familie weitergeben können. Kombiniert mit den Familiengeschichten entsteht so ein Erinnerungsschatz, der Generationen überdauert.

Fremde Gesichter verpixeln als Vorsichtsmaßnahme
Wenn Sie Fotos an eine KI senden, werden diese auf den Servern des Anbieters verarbeitet. Bei Familienfotos ist das in der Regel kein Problem, aber bedenken Sie, dass dabei auch die Gesichter anderer Personen übertragen werden.
Wenn Sie das vermeiden wollen, können Sie die Gesichter vor dem Hochladen mit einem einfachen Bildbearbeitungsprogramm verpixeln und die KI trotzdem um eine Zeitschätzung bitten. Kleidung, Autos und Architektur im Hintergrund reichen oft für eine Datierung aus.

Geschenkideen finden und personalisieren

Das kennen Sie sicher auch: Der Geburtstag steht vor der Tür, und man weiß nicht, was man schenken soll. Der Jubilar hat eigentlich alles, Gutscheine wirken unpersönlich, und der dritte Bildband über die Toskana wäre doch etwas einfallslos. Gerade Menschen, die einem nahestehen, möchte man etwas Besonderes schenken. Etwas, das zeigt: Ich habe nachgedacht.

KI kann dabei auf zwei Arten helfen. Erstens als Ideengeberin, die auf Basis weniger Informationen überraschend passende Vorschläge macht. Und zweitens als kreative Partnerin, mit der Sie individuelle Geschenke kreieren können, die es in keinem Geschäft zu kaufen gibt.

Die KI als Geschenkberaterin

Statt stundenlang durch Online-Shops zu scrollen, beschreiben Sie der KI einfach die Person und den Anlass. Je mehr Details Sie angeben, desto passender werden die Vorschläge.

> Meine Schwester wird 65 und geht in den Ruhestand. Sie liebt ihren Garten, kocht gerne italienisch, liest am liebsten Krimis und freut sich auf mehr Zeit mit ihren drei Enkeln. Budget: ca. 50 Euro. Hast du kreative Geschenkideen, die nicht von der Stange sind?

Die KI wird Ihnen nicht einfach einen »Blumenstrauß« vorschlagen, sondern auf Ihre Angaben eingehen. Vielleicht empfiehlt sie ein personalisiertes Kräuterset für die italienische Küche mit einem handgeschriebenen Rezeptheft. Oder einen Gutschein für einen Krimiabend mit Snackvorschlägen. Wenn Ihnen ein Vorschlag gefällt, können Sie nachhaken: »Die Idee mit dem Kräuterset ist toll. Was genau sollte da drin sein und wo bekomme ich so etwas?« Die KI gibt dann konkrete Einkaufstipps.

Geschenke für alle auf einmal finden

Wenn Sie zum Beispiel vor Weihnachten für mehrere Personen gleichzeitig Geschenke suchen, können Sie der KI eine kleine Liste geben: »Ich brauche Geschenkideen für folgende Personen: meinen Mann (72, Hobbyschreiner), meine Nachbarin (68, liebt es, Vögel zu beobachten), meinen Enkel (12, begeisterter Fußballspieler).« Die KI schlägt für jede Person individuelle Ideen vor und erspart Ihnen stundenlanges Grübeln.

Personalisierte Geschenke mit KI gestalten

Geschenke werden zu etwas ganz Besonderem, wenn Sie die kreativen Möglichkeiten nutzen, die Sie in diesem Kapitel kennengelernt haben. Sie können nämlich alles, was die KI hervorbringt, in ein physisches Produkt verwandeln. Hier einige Ideen:

- **Ein persönlicher Kalender:** Lassen Sie die KI zwölf Bilder erstellen, die zu den Hobbys oder Lieblingsorten des Beschenkten passen. Für jeden Monat ein anderes Motiv, etwa der Garten im Frühling, die Berge im Sommer, der Kaminabend im Winter. Diese Bilder können Sie anschließend bei einem Fotodienst wie CEWE, Pixum oder dm hochladen und einen Wandkalender bestellen. Ein solches Geschenk kostet nicht viel, sieht aber aus wie vom Profi gemacht.
- **Poster oder Leinwanddruck:** Zu Beginn des Kapitels haben Sie gelernt, wie man eindrucksvolle Bilder gestaltet. Ein besonders gelungenes Motiv, vielleicht ein Fantasiebild vom Lieblingsort der Freundin oder eine Landschaft im Stil des Lieblingsmalers, können Sie als großformatiges Poster oder auf Leinwand drucken lassen. Auch das gibt es bei den gängigen Fotodiensten, und die Preise beginnen bei unter 20 Euro.

- **Ein illustriertes Gedicht:** Kombinieren Sie ein persönliches Gedicht mit einem passenden KI-Bild, drucken Sie beides auf ein schönes Blatt Papier, und stecken Sie es in einen Rahmen. Fertig ist ein Geschenk, das garantiert Eindruck macht und von Herzen kommt.
- **Ein Familienbüchlein:** Wenn Sie bereits Familiengeschichten aufgeschrieben und mit Bildern illustriert haben, können Sie daraus ein kleines gedrucktes Buch machen. Fotobuchdienste machen dies bereits ab einer Auflage von einem Exemplar möglich. Ein solches Buch ist als Weihnachtsgeschenk für die ganze Familie unbezahlbar, auch wenn es in der Herstellung nur 20 bis 30 Euro kostet.

Musik mit KI erstellen

Neben Texten, Bildern und Videos kann KI auch kurze Musikstücke erzeugen. Sie beschreiben in einfachen Worten, wie das Lied klingen soll – zum Beispiel Stil, Stimmung und Anlass – und die KI komponiert dazu einen etwa 30 Sekunden langen Track, oft sogar mit Gesang und Text. Solche Stücke eignen sich gut für:

- ein persönliches Geburtstagslied
- Hintergrundmusik für eine Fotoshow oder ein Video
- kleine Hymnen für Verein oder Kegelclub

Die Musik ist in der Regel nur für den privaten Gebrauch gedacht und häufig mit einem unsichtbaren Wasserzeichen versehen. Das Thema geht allerdings ein wenig über die Grundlagen dieses Buches hinaus. Für Interessierte habe ich auf der Webseite des Buches unter *www.rheinwerk-verlag.de/6315* weitere Informationen zusammengestellt.

Kapitel 10
Mit KI Dokumente verstehen und organisieren

Kennen Sie das? Der Ordner mit den Versicherungsunterlagen quillt über, irgendwo zwischen Stromrechnung und Mietvertrag schlummert die Patientenverfügung, und der Brief von der Rentenversicherung liegt seit drei Wochen ungelesen auf dem Küchentisch, weil er einfach zu lang und zu kompliziert ist. Willkommen im Club!

Dokumente gehören zu den Dingen im Leben, die niemand gerne liest, die aber trotzdem wichtig sind. Verträge, Bescheide, Vollmachten, Gebrauchsanweisungen. Alles Texte, bei denen man oft schon nach dem zweiten Absatz das Gefühl hat, man bräuchte ein Jurastudium, um sie zu verstehen. Und je älter man wird, desto mehr solcher Texte sammeln sich an.

In den vorangegangenen Kapiteln haben Sie bereits gelernt, wie die KI einzelne Textabschnitte in verständliche Sprache übersetzen kann. Jetzt gehen wir einen großen Schritt weiter: Sie lernen, wie Sie der KI komplette PDFs und andere Dokumente übergeben, diese in Sekundenschnelle zusammenfassen lassen und gezielte Fragen dazu stellen können. Mit NotebookLM lernen Sie außerdem ein spezielles Tool kennen, das mehrere Dokumente gleichzeitig lesen und vergleichen kann.

Ich zeige Ihnen außerdem, wie KI Sie bei wichtigen Lebensdokumenten wie Patientenverfügung, Vorsorgevollmacht oder Testament unterstützen kann. Und schließlich bringen wir gemeinsam Ordnung in Ihre digitalen Unterlagen, vom durchdachten Ablagesystem auf dem Computer bis hin zur Cloud, in der Ihre Dokumente sicher gespeichert und von überall abrufbar sind. Vom Papierstapel zur digitalen Leichtigkeit sozusagen.

Vom Textschnipsel zum ganzen Dokument: PDFs an die KI übergeben

In den bisherigen Kapiteln haben Sie schon einiges mit der KI und Ihren Dokumenten erlebt. Sie haben einzelne Textpassagen kopiert und in den Chat eingefügt, um sich Behördenbriefe erklären oder Versicherungsbedingungen übersetzen zu lassen. Das hat prima funktioniert, aber mal ehrlich: Bei einem zweiseitigen Brief ist das Kopieren und Einfügen kein Problem. Doch was machen Sie mit einem Mietvertrag, der 20 Seiten hat? Oder mit einer Bedienungsanleitung, die dicker ist als mancher Roman?

Genau dafür gibt es eine elegantere Lösung: Sie laden das gesamte Dokument einfach direkt in den Chat hoch. Die KI liest es dann komplett durch und kann Ihnen anschließend Fragen dazu beantworten, es zusammenfassen oder die wichtigsten Punkte herausfiltern. Stellen Sie sich das vor wie einen sehr schnellen Assistenten, dem Sie einen ganzen Aktenordner auf den Schreibtisch legen und der Ihnen nur wenige Minuten später sagen kann, was drinsteht.

So laden Sie ein PDF hoch

Das Hochladen funktioniert bei allen großen KI-Diensten nach dem gleichen Prinzip, und wenn Sie in Kapitel 4 schon einmal ein Foto an die KI gesendet haben, wird Ihnen der Ablauf bekannt vorkommen.

SCHRITT FÜR SCHRITT

Hochladen eines Dokuments in ChatGPT

1. Öffnen Sie einen neuen Chat auf der ChatGPT-Webseite oder in der App.
2. Klicken Sie auf das **Plus**-Zeichen und schließlich auf das Büroklammersymbol neben dem Eingabefeld.

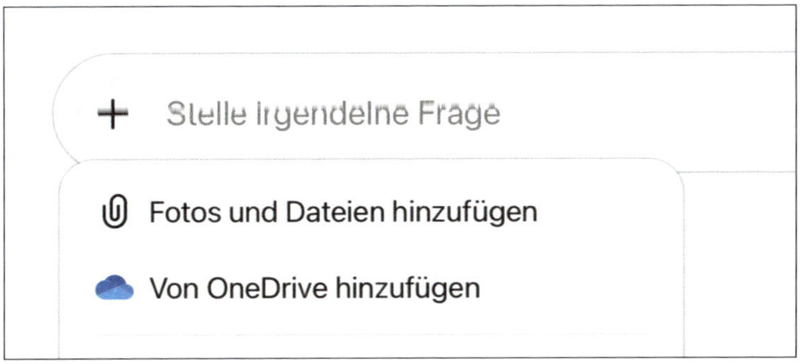

3. Wählen Sie die Datei von Ihrem Computer, Tablet oder Smartphone aus.
4. Das Dokument erscheint als kleine Vorschau im Eingabefeld.
5. Schreiben Sie Ihre Frage dazu, zum Beispiel: »Fasse dieses Dokument bitte in einfachen Worten zusammen.«
6. Senden Sie die Nachricht ab.

Bei Claude und Gemini funktioniert das ganz ähnlich. Wenn Sie es bei einem der Dienste geschafft haben, können Sie es auch bei den anderen.

Warum abtippen, wenn's auch einfacher geht?
Sie müssen ein Dokument nicht Seite für Seite abtippen oder kopieren. Laden Sie es einfach als Datei hoch. Die KI liest das gesamte Dokument und kann Ihnen dann alle Fragen dazu beantworten.

Welche Dateiformate versteht die KI?

PDF ist das mit Abstand am weitesten verbreitete Format für amtliche Dokumente, und alle KI-Dienste können damit umgehen. Aber es gibt noch mehr. Die folgende Übersicht zeigt Ihnen, welche Dateitypen Sie hochladen können. Die Dateiformate funktionieren mit ChatGPT, Claude und Gemini.

Format/Endung	Typische Verwendung
PDF (.pdf)	Verträge, Bescheide, Anleitungen
Word (.docx)	Briefe, eigene Texte
Textdatei (.txt)	einfache Notizen
Excel (.xlsx)	Tabellen, Listen
PowerPoint (.pptx)	Präsentationen

Tabelle 10.1 *Gängige Dateiformate, die von generativen KI-Tools verarbeitet werden können*

Wie schon oben erwähnt: PDF ist das wichtigste Format im Alltag. Wenn Ihnen jemand ein Dokument per E-Mail schickt, handelt es sich fast immer um eine PDF-Datei. Und genau diese können Sie direkt an die KI weiterleiten. Die KI kann Inhalte zusammenfassen, wichtige Punkte hervorheben oder konkrete Fragen zum Dokument beantworten. So sparen Sie Zeit und behalten schneller den Überblick.

Kein digitales Dokument? Kein Problem!
Wenn Sie ein Dokument nur in Papierform haben, können Sie es mit Ihrem Smartphone abfotografieren und das Foto hochladen. Noch besser: Scannen Sie es mit der Scanfunktion Ihres Smartphones oder Druckers als PDF ein. Sowohl iPhones als auch Android-Geräte haben diese Funktion integriert, meist in der Notizen-App oder der Kamera-App. Profis nutzen die Adobe Scan App, die eingescannte Dokumente sofort in das PDF-Format umwandelt. Achten Sie dabei auf gute Beleuchtung und darauf, dass das Dokument gerade liegt – das verbessert die Lesbarkeit deutlich.

Wenn die KI das Dokument nicht lesen kann

PDF ist nicht gleich PDF, und hier lauert ein kleiner Stolperstein. Es gibt zwei Arten von PDF-Dateien:

- **Digitale PDFs** entstehen, wenn jemand ein Dokument am Computer erstellt und als PDF abspeichert. Dies ist beispielsweise mit Microsoft Word problemlos möglich. Der Text wird dann als Text gespeichert und kann von der KI problemlos gelesen werden. Die meisten Dokumente, die Sie per E-Mail erhalten, wie Rechnungen, Vertragsunterlagen oder Kontoauszüge, fallen in diese Kategorie. Hier kann die KI besonders zuverlässig arbeiten, da sie direkt auf den Text zugreift.
- **Gescannte PDF-Dateien** entstehen, wenn jemand ein Papierdokument einscannt. Das Ergebnis ist eigentlich nur ein Foto, das in ein PDF eingebettet ist. Die KI sieht zwar das Bild, kann aber den Text darauf nicht immer zuverlässig erkennen, vor allem wenn die Qualität schlecht ist oder das Dokument schief eingescannt wurde. In solchen Fällen kann die Texterkennung ungenauer sein oder länger dauern.

Wie erkennt man den Unterschied? Öffnen Sie das PDF auf Ihrem Computer, und versuchen Sie, mit der Maus Text zu markieren. Wenn Sie einzelne Wörter blau markieren können, handelt es sich um ein digitales PDF. Wenn Sie nichts markieren können, haben Sie ein eingescanntes PDF vor sich.

Plan B für schwierige Scans

Wenn Ihre Lieblings-KI ein eingescanntes PDF nicht lesen kann, versuchen Sie es mit ChatGPT oder Google Gemini. Deren Bilderkennungsfunktion ist besonders gut darin, Text aus Bildern und Scans zu extrahieren. Sie können auch einzelne Seiten abfotografieren und die Fotos hochladen, wie wir es in Kapitel 4 mit der Packungsbeilage gemacht haben.

Lange Dokumente zusammenfassen und gezielt befragen

Jetzt wissen Sie, wie Sie ein Dokument hochladen können. Aber was tun Sie damit? Grundsätzlich haben Sie zwei Möglichkeiten: Sie können die KI bitten, das gesamte Dokument zusammenzufassen, um sich einen schnellen Überblick zu verschaffen. Oder Sie können gezielte Fragen stellen, um eine ganz bestimmte Information aus dem Dokument herauszufiltern. Beides zusammen macht die KI zu einer Art persönlicher Dokumentenassistentin, die für Sie liest und filtert.

Persönliche Daten vor dem Hochladen schützen

Bevor Sie ein Dokument hochladen, überlegen Sie kurz, welche Daten es enthält. Verträge und Bescheide enthalten oft Ihre Adresse, Kontonummer oder andere persönliche Informationen. Die KI-Anbieter verarbeiten diese Daten auf ihren Servern. Bei allgemeinen Dokumenten wie Bedienungsanleitungen oder Informationsbroschüren ist das kein Problem. Bei hochsensiblen Dokumenten wie Ihrem Testament oder Kontovollmachten sollten Sie vorher Kopien anfertigen und die persönlichen Daten darin schwärzen oder die KI nur mit einzelnen, anonymisierten Textpassagen füttern. Am einfachsten machen Sie das so, dass Sie das betreffende Dokument einmal ausdrucken die kritischen Passagen mit einem Edding-Stift schwärzen und erneut einscannen. Profis verwenden dazu spezielle Werkzeuge wie PDF-Expert (*https://pdfexpert.com/de*). Mehr zum Thema Datenschutz finden Sie in Kapitel 11.

Auf Knopfdruck: Das Wichtigste zusammenfassen

Stellen Sie sich vor, Sie haben gerade Ihren Mietvertrag als PDF erhalten. 20 Seiten, eng bedruckt, voller Paragraphen. Eigentlich wollen Sie nur wissen, was drinsteht, ohne sich durch jede einzelne Klausel kämpfen zu müssen. Genau dafür ist KI wie geschaffen.

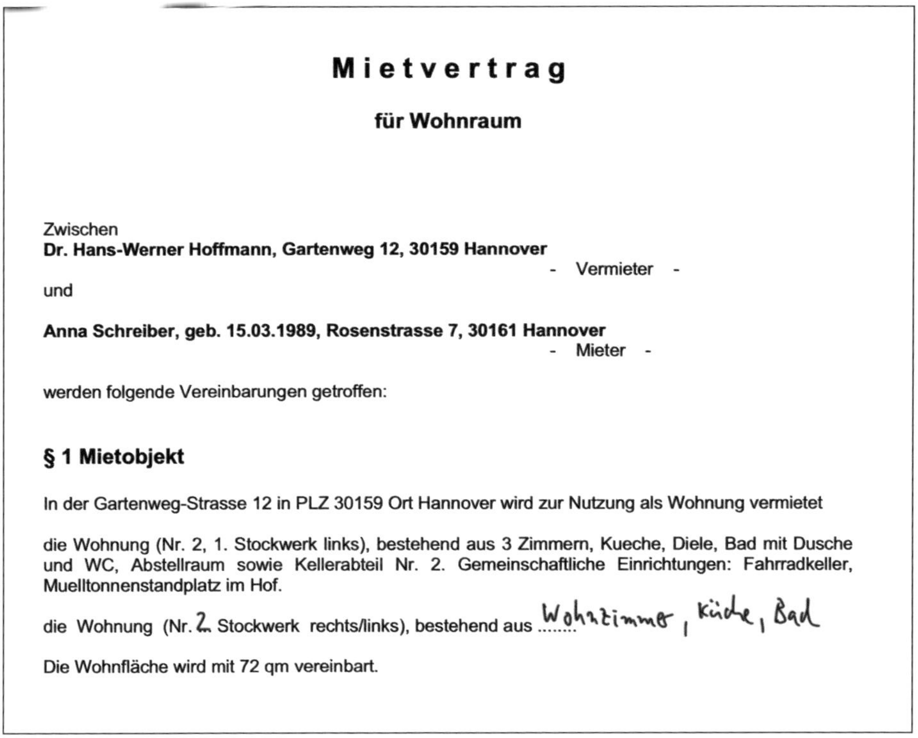

Mietvertrag

für Wohnraum

Zwischen
Dr. Hans-Werner Hoffmann, Gartenweg 12, 30159 Hannover
- Vermieter -

und

Anna Schreiber, geb. 15.03.1989, Rosenstrasse 7, 30161 Hannover
- Mieter -

werden folgende Vereinbarungen getroffen:

§ 1 Mietobjekt

In der Gartenweg-Strasse 12 in PLZ 30159 Ort Hannover wird zur Nutzung als Wohnung vermietet

die Wohnung (Nr. 2, 1. Stockwerk links), bestehend aus 3 Zimmern, Kueche, Diele, Bad mit Dusche und WC, Abstellraum sowie Kellerabteil Nr. 2. Gemeinschaftliche Einrichtungen: Fahrradkeller, Muelltonnenstandplatz im Hof.

die Wohnung (Nr. 2 Stockwerk rechts/links), bestehend aus .... Wohnzimmer, Küche, Bad

Die Wohnfläche wird mit 72 qm vereinbart.

Abbildung 10.1 *Ein Mietvertrag verliert seinen Schrecken, wenn man ihn sich Punkt für Punkt von der KI erklären lässt.*

Laden Sie das Dokument hoch, und schreiben Sie dazu:

> Fasse diesen Mietvertrag bitte in einfacher Sprache zusammen
> Nenne die wichtigsten Punkte, die ich als Mieterin oder Mieter kennen sollte.

In Sekundenschnelle liefert die KI eine übersichtliche Zusammenfassung: Wie hoch ist die Kaltmiete, welche Nebenkosten kommen hinzu, wie lange ist die Kündigungsfrist, gibt es eine Renovierungspflicht beim Auszug?

All das extrahiert die KI aus dem Dokument und präsentiert es Ihnen in verständlichen Sätzen.

✅ Die wichtigsten Punkte für dich als Mieter/in

✔ 880 € monatlich zahlen (bis zum 3. Werktag)

✔ 2.040 € Kaution hinterlegen

✔ Kleinreparaturen bis 100 € selbst zahlen

✔ Renovierungspflichten beachten

✔ Haustiere & Untervermietung nur mit Erlaubnis

✔ Nebenkostenabrechnung einmal jährlich prüfen

Wenn du möchtest, kann ich dir zusätzlich:

- 🔎 eine **rechtliche Einschätzung kritischer Klauseln** geben
- 📋 eine **Checkliste für die Wohnungsübergabe** erstellen
- 📊 oder den Vertrag bewerten („fair", „üblich", „problematisch?")

Abbildung 10.2 *Zusammenfassung der wichtigsten Punkte des Vertrags in einfacher Sprache*

Das funktioniert natürlich nicht nur mit Mietverträgen. Hier einige weitere Beispiele aus dem Alltag:

> Fasse diese Nebenkostenabrechnung zusammen. Stimmt die Berechnung, oder gibt es Auffälligkeiten?

> Ich habe die Hausordnung meiner Wohnanlage hochgeladen. Was sind die wichtigsten Regeln, an die ich mich halten muss?

Die Qualität der Zusammenfassung hängt auch davon ab, wie konkret Sie Ihre Frage formulieren. »Fasse zusammen« ist gut, aber »Fasse zusammen und nenne die fünf wichtigsten Punkte für mich als Mieter« ist besser. Je genauer Sie sagen, was Sie brauchen, desto nützlicher wird das Ergebnis sein.

Zu lang? Zu kurz? Einfach nachhaken!

Wenn Ihnen eine Zusammenfassung zu lang oder zu kurz ist, sagen Sie es der KI einfach. »Verkürze das bitte auf drei Sätze« oder »Kannst du das etwas ausführlicher erklären?« funktioniert wunderbar. Die KI passt sich an und liefert genau den Detaillierungsgrad, den Sie brauchen.

Gezielt fragen statt alles lesen

Die Zusammenfassung gibt einen Überblick. Aber manchmal geht es nicht um das große Ganze, sondern um eine ganz bestimmte Stelle im Dokument. Vielleicht möchten Sie wissen, ob Ihr Vertrag eine Schönheitsreparaturklausel enthält. Oder Sie suchen in einer 50-seitigen Bedienungsanleitung die Antwort auf eine einzige Frage: Wie stelle ich die Zeitschaltuhr ein?

Für solche Fälle müssen Sie das Dokument nicht erst komplett lesen oder die Suchfunktion Ihres PDF-Programms bemühen. Laden Sie das Dokument einfach hoch, und stellen Sie Ihre Frage direkt.

> Muss ich laut diesem Mietvertrag beim Auszug die Wände streichen?

Die KI durchsucht das gesamte Dokument, findet die relevante Passage und gibt Ihnen eine klare Antwort. Oft zitiert die KI sogar die entsprechende Stelle, damit Sie nachvollziehen können, woher die Information stammt.

Ein weiteres Beispiel: Sie haben sich ein neues Küchengerät gekauft, und die Bedienungsanleitung liegt als PDF vor. Statt 80 Seiten zu wälzen, laden Sie die Anleitung einfach hoch.

> Ich habe die Bedienungsanleitung meiner neuen Kaffeemaschine hochgeladen. Wie entkalke ich das Gerät? Erstelle mir dazu eine einfache Schritt-für-Schritt-Anleitung. Zeige mir auch, auf welcher Seite der Anleitung der Originaltext steht.

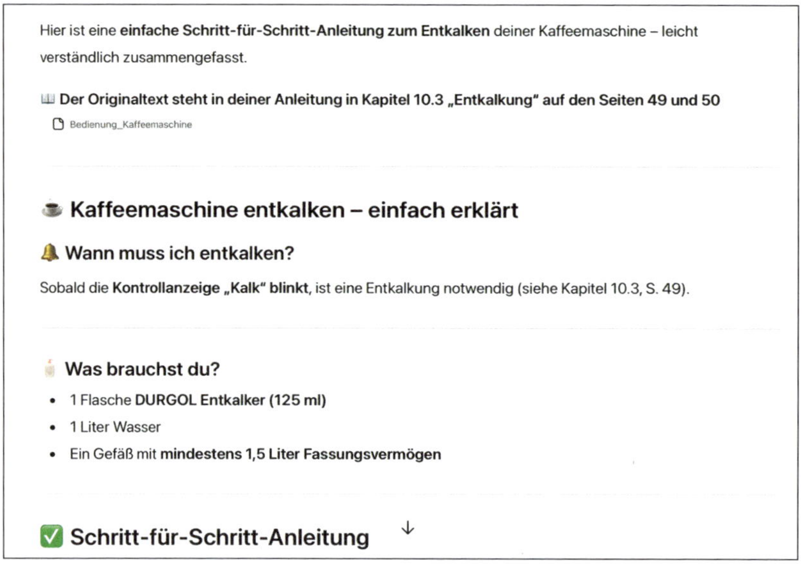

Abbildung 10.3 *Die KI »übersetzt« die Bedienungsanleitung einer Kaffeemaschine in leicht verständliche Form.*

Die KI findet die entsprechende Stelle und erklärt Ihnen den Vorgang Schritt für Schritt – mit Verweisen auf die entsprechenden Seiten in der Bedienungsanleitung. Und wenn Sie etwas nicht verstehen, fragen Sie einfach nach: »Was bedeutet Brühgruppe?« Die KI erklärt auch Fachbegriffe aus dem Dokument, ohne dass Sie selbst nachschlagen müssen.

Das Gespräch mit dem Dokument

Der eigentliche Clou bei der Arbeit mit hochgeladenen Dokumenten ist, dass Sie sich nicht auf eine Frage beschränken müssen. Sie können ein richtiges Gespräch über das Dokument führen, ähnlich wie wir es in Kapitel 7 bei den Gesprächen mit der KI kennengelernt haben. Die KI »merkt« sich das hochgeladene Dokument für die Dauer des Chats, und Sie können beliebig viele Fragen dazu stellen.

Ein typischer Gesprächsverlauf mit einem Versicherungsvertrag könnte so aussehen:

> Fasse diesen Versicherungsvertrag bitte kurz zusammen.

> Was genau ist bei Wasserschäden versichert?

> Gibt es eine Selbstbeteiligung? Wenn ja, wie hoch ist sie?

> Bis wann muss ich einen Schaden melden?

Mit jeder Frage tauchen Sie tiefer ins Dokument ein, und die KI beantwortet alles auf Basis des hochgeladenen Textes. Sie können das Dokument regelrecht »interviewen«. Das ist besonders praktisch bei Verträgen, in denen die wichtigen Informationen über viele Seiten verstreut sind und man sie durch normales Lesen leicht übersieht.

Nicht alles lesen, gezielt fragen

Sie müssen ein Dokument nicht von Anfang bis Ende lesen. Laden Sie es herunter, lassen Sie sich eine Zusammenfassung geben, und stellen Sie dann gezielte Fragen zu den Punkten, die Sie interessieren. Die KI ist wie eine Kollegin, die das Dokument bereits gelesen hat und Ihre Fragen geduldig beantwortet.

Bei Verträgen: KI ist nur der erste Schritt
So hilfreich KI bei der Analyse von Dokumenten auch sein mag, bei rechtsverbindlichen Verträgen, bei denen es um viel Geld oder wichtige Entscheidungen geht, sollte man sich nicht ausschließlich auf KI verlassen. KI kann helfen, ein Dokument zu verstehen und die richtigen Fragen zu stellen. Aber wenn es um die rechtliche Beurteilung geht, ob zum Beispiel eine Vertragsklausel zulässig ist oder nicht, ist ein Anwalt oder eine Verbraucherberatungsstelle der bessere Ansprechpartner. KI ist ein ausgezeichneter erster Schritt, aber nicht der letzte.

Google NotebookLM: Der Spezialist für eigene Dokumente

In den vorhergehenden Abschnitten haben Sie gesehen, wie man in ChatGPT, Claude oder Gemini ein einzelnes Dokument hochlädt und Fragen dazu stellt. Das funktioniert gut, hat aber einen Haken: In einem normalen Chat kann man meist nur ein oder zwei Dokumente gleichzeitig bearbeiten, und wenn man den Chat schließt, verschwindet das Dokument aus dem Kontext. Für ein einzelnes Dokument ist das kein Problem. Was aber, wenn Sie mehrere Dokumente haben, die zusammengehören und die Sie gemeinsam auswerten möchten? Zum Beispiel den Mietvertrag zusammen mit der letzten Nebenkostenabrechnung und der Hausordnung?

Genau dafür gibt es NotebookLM. Dieses kostenlose Google-Tool haben wir bereits in Kapitel 1 kurz kennengelernt. Jetzt schauen wir uns an, was es in der Praxis kann, und ich verspreche Ihnen: Wenn Sie regelmäßig mit Dokumenten zu tun haben, wird NotebookLM schnell eines Ihrer Lieblingswerkzeuge werden.

Was macht NotebookLM besonders?

Der entscheidende Unterschied zu ChatGPT und Co. liegt im Konzept. Bei einem normalen Chatbot lädt man ein Dokument in einen Chat und stellt Fragen. Bei NotebookLM erstellt man ein Notebook, eine Art digitalen Ordner, in dem man mehrere Dokumente als Quellen ablegt. Die KI liest alle diese Quellen und kann dann Fragen beantworten, die sich auf mehrere Dokumente gleichzeitig beziehen.

Abbildung 10.4 *Fragen an viele Dokumente zugleich: Genau dafür ist NotebookLM gedacht.*

Stellen Sie es sich so vor: Bei ChatGPT legt man dem Assistenten einen einzelnen Brief auf den Tisch. Bei NotebookLM übergibt man ihm einen ganzen Ordner und sagt: »Lies alles durch und beantworte mir meine Fragen zu den Inhalten des Ordners.«

Ein weiterer Vorteil: Ihre Dokumente bleiben dauerhaft im Notebook gespeichert. Sie können das Notebook heute anlegen, morgen weitere Dokumente hinzufügen und nächste Woche neue Fragen stellen. Die KI vergisst nichts, solange das Notebook existiert.

Darüber hinaus versucht die mit NotebookLM verbundene KI, also Gemini, sich bei der Beantwortung von Fragen strikt auf den Inhalt der übergebenen Dokumente zu beschränken. Dadurch wird die Gefahr von Halluzinationen minimiert.

Das richtige Werkzeug für Ihre Dokumente

NotebookLM ist besonders nützlich, wenn Sie mehrere zusammengehörige Dokumente haben und Informationen aus diesen vergleichen oder zusammenführen möchten. Für individuelle Fragen zu einem einzelnen Dokument reichen ChatGPT oder Claude völlig aus.

Ein Notebook anlegen: Schritt für Schritt

Um NotebookLM nutzen zu können, benötigen Sie ein Google-Konto. Wenn Sie bereits Gmail, Gemini oder Google Drive verwenden, haben Sie bereits ein solches. Falls nicht, können Sie ein kostenloses Google-Konto einrichten. Wie das geht, ist in Kapitel 2 beschrieben.

SCHRITT FÜR SCHRITT

Ein Notebook in NotebookLM anlegen

1. Öffnen Sie in Ihrem Browser die Webseite *notebooklm.google.com*.
2. Melden Sie sich mit Ihrem Google-Konto an.
3. Klicken Sie auf **Neues Notebook erstellen** (1).
4. Geben Sie Ihrem Notebook einen aussagekräftigen Namen, zum Beispiel »Meine Wohnungsunterlagen« oder »Versicherungen«.
5. Klicken Sie auf **Quellen hinzufügen**, und wählen Sie die Dokumente aus (3), die Sie hochladen möchten. Sie können PDFs, Word-Dokumente, Textdateien und sogar Webseiten-Links (2) als Quellen hinzufügen.
6. Warten Sie einen Moment, bis NotebookLM die Dokumente verarbeitet hat. Bei längeren Dokumenten kann das ein paar Sekunden dauern.

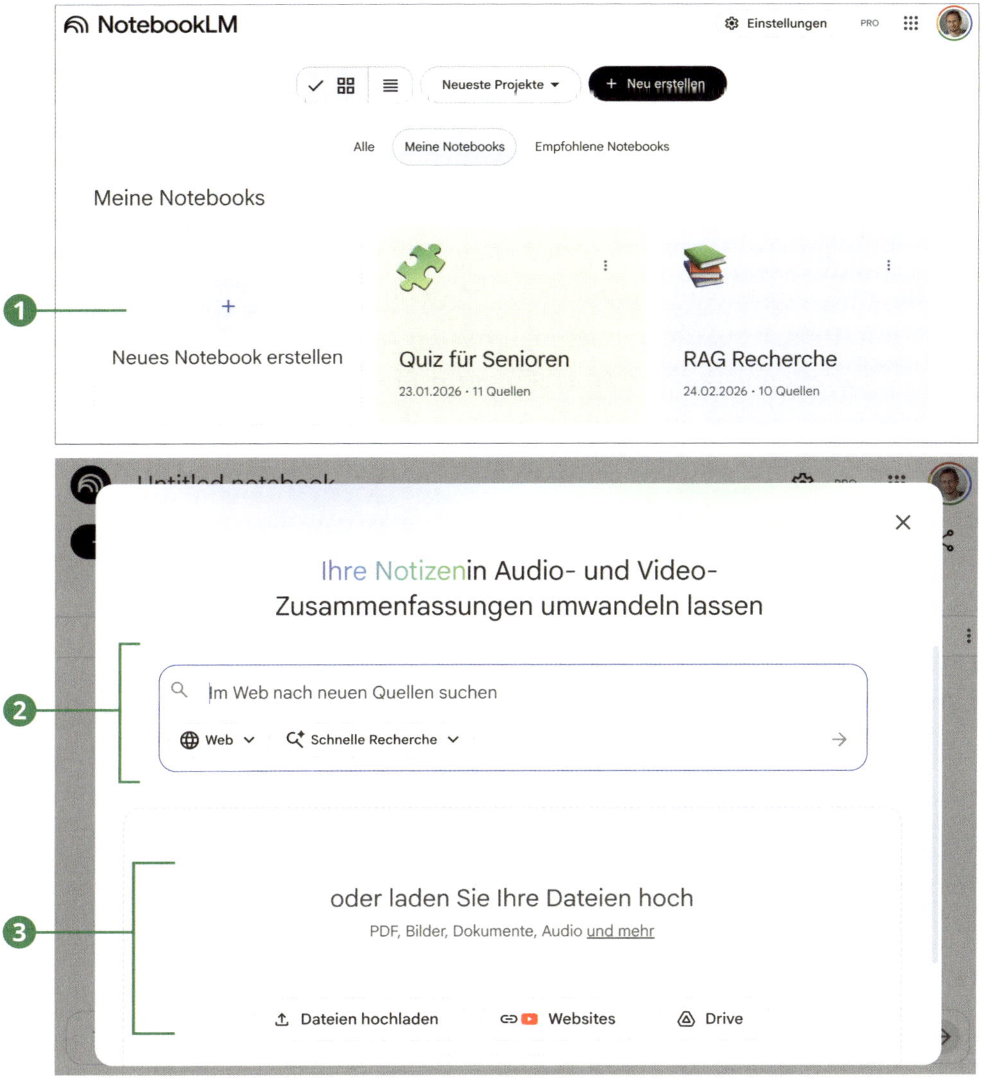

Abbildung 10.5 *Ein neues Notebook wird erstellt und mit Quellen befüllt.*

Sobald die Quellen geladen sind, sehen Sie auf der linken Seite eine Übersicht aller hochgeladenen Dokumente. In der Mitte befindet sich das Chatfenster, in dem Sie Ihre Fragen stellen können. Hier gibt NotebookLM bereits eine kurze Zusammenfassung über den Inhalt der Dokumente. NotebookLM schlägt Ihnen sogar automatisch einige Fragen vor, die zu Ihren Dokumenten passen. Ein praktischer Einstieg, wenn man nicht genau weiß, wo man anfangen soll.

Gute Quellen aus dem Netz automatisch finden

Sie können NotebookLM auch anweisen, im Internet nach Quellen zu einem bestimmten Thema zu suchen. Klicken Sie dazu auf **Im Web nach neuen Quellen suchen**, und geben Sie eine Suchanfrage ein, zum Beispiel: »Suche nach den besten Anleitungen, Tipps und Tricks zum Schneiden von Obstbäumen.« Sie können zwischen einer schnellen und einer detaillierten Suche wählen. Letztere dauert länger, findet aber wesentlich mehr Quellen.

Mehrere Dokumente gleichzeitig befragen

Hier spielt NotebookLM seine Stärken aus. Ein konkretes Beispiel: Sie haben alle Dokumente zu Ihrer Mietwohnung auf ein Notebook geladen – den Mietvertrag, die aktuelle Nebenkostenabrechnung und die Hausordnung. Nun können Sie Fragen stellen, die sich auf mehrere Dokumente beziehen.

> Welche Nebenkosten sind laut meinem Mietvertrag umlagefähig, und stimmen diese mit den Posten in meiner Nebenkostenabrechnung überein?

NotebookLM durchsucht beide Dokumente gleichzeitig, vergleicht die Daten und zeigt Ihnen eventuelle Unstimmigkeiten an. Dies hätte Sie früher per Hand viel Zeit und Nerven gekostet.

Ein weiteres Beispiel: Sie haben mehrere Versicherungspolicen in einem Notebook gesammelt und möchten wissen, ob es Überschneidungen bei der Deckung von Schadensfällen gibt.

Ich habe meine Hausrat- und meine Haftpflichtversicherung hochgeladen. Gibt es Bereiche, in denen sich der Versicherungsschutz überschneidet?

Besonders hilfreich: NotebookLM zeigt Ihnen bei jeder Antwort an, aus welcher Quelle die jeweilige Information stammt. Sie können die entsprechenden Links anklicken und gelangen dann direkt an die entsprechende Stelle im zitierten Dokument. So sehen Sie sofort, ob eine Aussage aus dem Mietvertrag, der Nebenkostenabrechnung oder der Hausordnung stammt. Das schafft Transparenz und hilft Ihnen, die Antworten der KI zu überprüfen.

Ihr persönliches Dokumentenarchiv

In der kostenlosen Version von NotebookLM können Sie bis zu 50 Quellen in ein Notebook laden, in der kostenpflichtigen Version bis zu 300. Nutzen Sie diese Möglichkeit, um Dokumente, die thematisch zusammengehören, zu bündeln: ein Notebook für die Wohnung, eines für Versicherungen, eines für Gesundheitsunterlagen. So entsteht nach und nach Ihr persönliches KI-gestütztes Dokumentenarchiv. Sie können einen Gemini-Chat auch direkt mit einem oder mehreren Notebooks verbinden, was sehr praktisch ist, wenn Sie themenübergreifende Fragen stellen möchten.

Sich Dokumente vorlesen lassen / Podcasts

NotebookLM hat eine Funktion, die auf den ersten Blick überrascht und auf den zweiten fasziniert: Es kann aus Ihren Dokumenten eine Art Audiozusammenfassung in Form eines sogenannten *Podcasts* erstellen. Dabei erzeugt die KI ein Gespräch zwischen zwei computergenerierten Stimmen, die sich über den Inhalt Ihrer

Dokumente unterhalten. Das klingt ein wenig wie eine Radiosendung, in der zwei Moderatoren über die wichtigsten Punkte Ihrer Dokumente diskutieren.

SCHRITT FÜR SCHRITT

Erstellen einer Audio-Übersicht

1. Öffnen Sie Ihr Notebook mit den hochgeladenen Quellen.
2. Klicken Sie im rechten Bereich auf **Audio-Zusammenfassung**. NotebookLM erstellt nun das Audio. Das kann je nach Umfang der Dokumente ein bis zwei Minuten dauern.

   Möchten Sie die Audiozusammenfassung nach Ihren persönlichen Vorstellungen anpassen, so klicken Sie zunächst auf das Stiftsymbol. Danach können Sie einen entsprechenden angepassten Prompt eingeben.
3. Sobald die Audiodatei fertig ist, können Sie sie direkt im Browser abspielen.

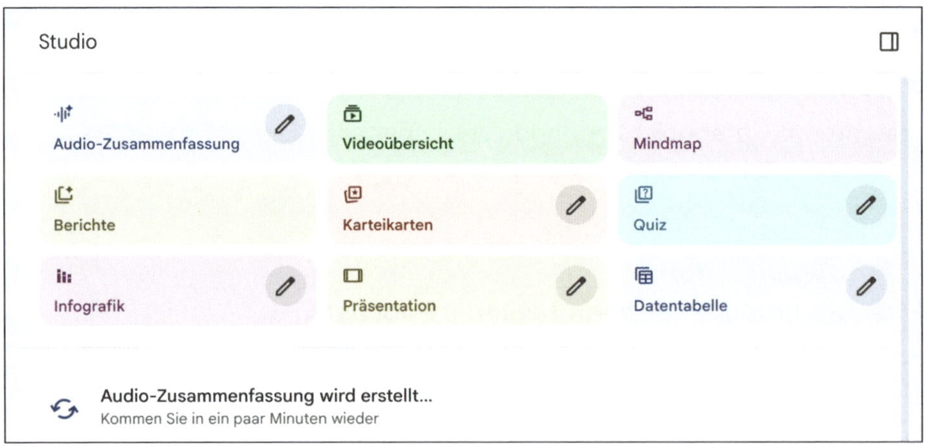

Abbildung 10.6 *Im NotebookLM-Studio lassen sich neben Audio-Zusammenfassungen auch Videoübersichten, Mindmaps oder Quizze erstellen.*

Zugegeben, das ist eher ein Gimmick als eine Notwendigkeit. Aber für manche Menschen ist es angenehmer, die Inhalte zu hören, als sie zu lesen, besonders wenn die Augen müde sind oder man nebenbei noch etwas anderes tun möchte. Die Audio-Übersicht gibt einen guten ersten Eindruck von dem, was in den Dokumenten enthalten ist, auch wenn sie natürlich nicht alle Details abdecken kann.

Für die gängigen Smartphone-Systeme (Android, iOS) gibt es auch eine NotebookLM-App. Damit kann man sich auch während einer langweiligen Autofahrt den erstellten Podcast anhören und sich unterwegs weiterbilden.

Ihre Daten liegen bei Google!

NotebookLM speichert Ihre Dokumente auf den Servern von Google. Das ist praktisch, weil Sie von überall auf Ihre Notebooks zugreifen können, bedeutet aber auch, dass Ihre Daten bei Google in den USA liegen. Überlegen Sie sich daher genau, welche Dokumente Sie hochladen. Allgemeine Dokumente wie Bedienungsanleitungen oder Informationsbroschüren sind unbedenklich. Bei Dokumenten mit sehr sensiblen personenbezogenen Daten sollten Sie abwägen, ob der Komfort das Risiko wert ist. Wenn Sie sich nicht sicher sind, können Sie die persönlichen Daten vorher schwärzen, wie ich es zu Beginn des Kapitels empfohlen habe.

Wichtige Dokumente des Lebens mit KI bearbeiten

Es gibt Dokumente, die niemand gerne liest, über die aber jeder froh ist, wenn er sie im Notfall zur Hand hat: die Patientenverfügung, die Vorsorgevollmacht, das Testament. Diese Dokumente regeln, was geschehen soll, wenn man selbst nicht mehr entscheiden kann. Und obwohl die meisten Menschen wissen, dass sie solche Dokumente haben sollten, schieben viele das Thema vor sich her. Zu kompliziert, zu unangenehm, zu viel Juristendeutsch.

Die KI kann Ihnen diese Arbeit nicht abnehmen, aber sie kann sie erheblich erleichtern. Sie hilft Ihnen, vorhandene Dokumente zu verstehen, erklärt Fachbegriffe und kann sogar einen ersten Entwurf erstellen, den Sie dann mit einer Fachperson besprechen können. Betrachten Sie die KI hier als eine Art vorbereitende Assistentin: Sie leistet die Vorarbeit, damit Sie gut informiert in das Gespräch mit dem Anwalt oder der Notarin gehen können.

Die Patientenverfügung: Was steht da eigentlich drin?

Eine Patientenverfügung legt fest, welche medizinischen Maßnahmen Sie wünschen oder ablehnen, wenn Sie sich nicht mehr selbst äußern können. Vielleicht haben Sie schon vor Jahren eine Patientenverfügung verfasst und fragen sich, ob sie noch aktuell ist. Oder Sie haben ein Formular von einer Verbraucherzentrale erhalten und verstehen nicht alles.

Laden Sie das Dokument einfach hoch und fragen Sie die KI:

> Ich habe meine Patientenverfügung hochgeladen. Erkläre mir bitte in einfachen Worten, was darin festgelegt ist. Gibt es Punkte, die unklar oder möglicherweise veraltet sind?

Die KI liest Ihnen das gesamte Dokument vor und erklärt Ihnen Absatz für Absatz, was die einzelnen Bestimmungen bedeuten. Begriffe wie »künstliche Ernährung«, »Reanimation« oder »Palliativpflege« werden in verständlicher Sprache erklärt. Das ist eine große Hilfe, wenn Sie Ihr Dokument nach Jahren noch einmal lesen möchten.

Wenn Sie noch keine Patientenverfügung haben, kann Ihnen die KI helfen, einen ersten Entwurf zu erstellen. Beschreiben Sie einfach, was Ihnen wichtig ist:

> Ich möchte eine Patientenverfügung erstellen. Ich bin 72 Jahre alt. Mir ist wichtig, dass ich bei einer unheilbaren Erkrankung keine lebensverlängernden Maßnahmen wünsche, aber eine gute Schmerzbehandlung erhalten möchte. Erstelle mir bitte einen Entwurf, den ich mit meinem Hausarzt besprechen kann.

Die KI erstellt einen strukturierten Entwurf, der die üblichen Bestandteile einer Patientenverfügung enthält: Ihre Wünsche zur medizinischen Behandlung, Festlegungen zur künstlichen Ernährung und Beatmung, Ihre Vorstellungen zur Schmerztherapie und Angaben zur Organspende. Diesen Entwurf können Sie ausdrucken und als Gesprächsgrundlage verwenden.

Ohne Unterschrift keine Gültigkeit

Der Entwurf einer Patientenverfügung ist ein Ausgangspunkt, kein fertiges Rechtsdokument. Damit eine Patientenverfügung rechtsgültig ist, muss sie von Ihnen persönlich unterschrieben werden. Außerdem ist es ratsam, den Entwurf mit dem behandelnden Arzt zu besprechen, damit die medizinischen Formulierungen präzise genug sind. Ein Arzt kann Ihnen auch erklären, was bestimmte Maßnahmen in der Praxis konkret bedeuten.

Vorsorgevollmacht und Betreuungsverfügung

Neben der Patientenverfügung gibt es zwei weitere Dokumente, die im Alter wichtig werden: die Vorsorgevollmacht und die Betreuungsverfügung. Viele Menschen verwechseln die beiden oder wissen nicht genau, worin der Unterschied besteht. KI bringt Licht ins Dunkel.

> Erkläre mir bitte den Unterschied zwischen einer Vorsorgevollmacht und einer Betreuungsverfügung. Für wen ist welches Dokument sinnvoll? Und brauche ich beides?

Die KI erklärt, dass eine Vorsorgevollmacht einer Person Ihrer Wahl die Befugnis gibt, für Sie Entscheidungen zu treffen, wenn Sie selbst dazu nicht mehr in der Lage sind. Eine Betreuungsverfügung richtet sich an das Betreuungsgericht und legt fest, wen das Gericht als Betreuer bestellen soll, wenn keine Vorsorgevollmacht vorliegt.

3. Der wichtigste Unterschied (Kurzvergleich)

Merkmal	Vorsorgevollmacht	Betreuungsverfügung
Wer entscheidet?	Ihre Vertrauensperson	gerichtlich bestellter Betreuer
Gericht beteiligt?	nein	ja
Geschwindigkeit	sehr schnell	langsamer
Kontrolle	wenig staatliche Kontrolle	gerichtliche Kontrolle
Voraussetzung	großes Vertrauen	weniger Vertrauen nötig

Abbildung 10.7 *Die KI klärt auf über den Unterschied zwischen Vorsorge- und Betreuungsvollmacht.*

Auch hier kann die KI einen Entwurf vorbereiten:

> Erstelle einen Entwurf für eine Vorsorgevollmacht. Meine Tochter Maria soll mich in allen gesundheitlichen, finanziellen und behördlichen Angelegenheiten vertreten dürfen, falls ich selbst nicht mehr entscheiden kann. Als Ersatzperson soll mein Sohn Thomas eingesetzt werden.

Die KI erstellt ein Dokument, das die wichtigsten Bereiche abdeckt: Gesundheitsfürsorge, Vermögensangelegenheiten, Behördenangelegenheiten, Wohnungsangelegenheiten und Benennung einer Ersatzperson. Lesen Sie den Entwurf sorgfältig durch, und passen Sie ihn gegebenenfalls an.

Vollmacht: mit oder ohne Notar?

Eine Vorsorgevollmacht bedarf zu ihrer Wirksamkeit keiner notariellen Beurkundung. Ihre Unterschrift genügt. Eine notarielle Beglaubigung empfiehlt sich jedoch, wenn die Vollmacht auch für Grundstücksgeschäfte oder Bankangelegenheiten gelten soll, da viele Banken nur beglaubigte Vollmachten akzeptieren. Zögern Sie nicht, die KI zu fragen, welche Form für Ihre Situation am besten geeignet ist.

Das Testament: KI als Formulierungshilfe

Bei Testamenten sind die gesetzlichen Anforderungen besonders streng. Ein handschriftliches Testament muss vollständig von Hand geschrieben und unterschrieben sein, um gültig zu sein. Ein ausgedruckter Text genügt nicht. Dennoch kann die KI eine wertvolle Hilfe bei der inhaltlichen Vorbereitung sein.

> Ich möchte mein Testament aufsetzen. Mein Vermögen besteht aus einer Eigentumswohnung und einem Sparkonto. Ich habe zwei Kinder und möchte, dass die Wohnung an meine Tochter geht und das Sparkonto zu gleichen Teilen aufgeteilt wird. Meine Enkelin soll meine Schmucksammlung erhalten. Erstelle mir einen Entwurf, den ich als Vorlage für mein handschriftliches Testament verwenden kann.

Die KI erstellt einen klar strukturierten Entwurf mit den üblichen Bestandteilen: Einleitung mit vollem Namen und Geburtsdatum, Widerruf früherer Testamente, die einzelnen Verfügungen und eine Schlussformel. Diesen Entwurf schreiben Sie handschriftlich mit Ort, Datum und Unterschrift ab.

Gut vorbereitet zum Notar

Die KI kann Ihnen bei der Formulierung behilflich sein, ersetzt aber keine Rechtsberatung. Insbesondere bei komplizierteren Konstellationen, zum Beispiel wenn es um Pflichtteilsansprüche, Immobilien in verschiedenen Ländern oder Patchworkfamilien geht, sollten Sie unbedingt einen Notar oder Fachanwalt für Erbrecht hinzuziehen. Der KI-Entwurf ist eine gute Vorbereitung für dieses Gespräch, denn Sie kommen mit klaren Vorstellungen und konkreten Formulierungen, statt bei null anzufangen.

Pflegeanträge vorbereiten

In Kapitel 6 haben wir bereits gesehen, wie die KI dabei helfen kann, Behördenbriefe im Zusammenhang mit Pflege zu verstehen. Hier gehen wir einen Schritt weiter: Die KI kann Ihnen helfen, einen Pflegeantrag inhaltlich vorzubereiten, noch bevor Sie das offizielle Formular ausfüllen.

> Ich möchte für meine Mutter einen Antrag auf Pflegegrad stellen. Sie ist 84 Jahre alt, lebt allein und braucht Hilfe beim Anziehen, beim Kochen und bei der Medikamenteneinnahme. Außerdem vergisst sie häufig Termine und verlegt wichtige Dinge. Welche Informationen brauche ich für den Antrag, und kannst du mir ein Begleitschreiben formulieren, das die Situation meiner Mutter beschreibt?

Die KI erstellt ein ausführliches Begleitschreiben, in dem die Einschränkungen Ihrer Mutter in den verschiedenen Lebensbereichen beschrieben werden. Genau diese Bereiche werden später beim Gutachterbesuch überprüft: Mobilität, kognitive Fähigkeiten, Selbstversorgung, Umgang mit krankheitsbedingten Anforderungen und Alltagsgestaltung. Ein gut formulierter Begleitbrief kann zu einer realistischen Einschätzung der Situation beitragen.

Die KI als Ausfüllhilfe

Laden Sie den Pflegeantrag als PDF herunter, und lassen Sie sich von der KI Feld für Feld erklären, was Sie wo eintragen müssen. So vermeiden Sie Fehler und vergessen keine wichtigen Informationen. Zusammen mit dem Begleitschreiben sind Sie bestens vorbereitet. Die KI ist eine hervorragende Hilfe bei der Vorbereitung wichtiger Dokumente. Sie erklärt Fachbegriffe, erstellt Entwürfe und hilft, die Gedanken zu sortieren. Bei Patientenverfügung, Testament und Vorsorgevollmacht gilt aber: Lassen Sie den endgültigen Text immer von einer Fachperson prüfen. Bei medizinischen Fragen sprechen Sie mit Ihrer Ärztin oder Ihrem Arzt, bei rechtlichen Fragen lassen Sie sich anwaltlich oder notariell beraten. Die KI liefert den ersten Entwurf, den letzten Stempel setzen die Profis.

Ordnung schaffen: Dokumente digital organisieren

Hand aufs Herz: Wie sieht es auf Ihrem Computer aus? Liegen die heruntergeladenen PDFs alle im Ordner **Downloads**? Heißen Ihre Dateien so etwas wie **Dokument(1).pdf** oder **Scan_20240315.pdf**, und Sie wissen schon nach zwei Wochen nicht mehr, was sich dahinter verbirgt? Dann sind Sie in bester Gesellschaft. Die meisten Menschen haben kein wirkliches System für ihre digitalen Unterlagen, und mit jedem Jahr wird der Dateiberg größer.

Die gute Nachricht: Die KI kann Ihnen helfen, Ordnung zu schaffen. Sie kann Ihnen zunächst ein durchdachtes Ablagesystem entwerfen, das zu Ihrem Leben passt. Moderne agentische KI-Systeme wie Claude können sogar Ihre Dateien automatisch verschieben und in passend benannten Ordnern unterbringen, wenn Sie der KI Zugriff auf die entsprechenden Dateien gewähren. Stellen Sie sich die KI als eine erfahrene Büroorganisatorin vor, die mit Ihnen gemeinsam überlegt, wie Sie Ihre Unterlagen am besten sortieren.

Ein Ablagesystem entwerfen lassen

Der schwierigste Schritt bei der digitalen Organisation ist der erste: Welche Ordner brauche ich überhaupt? Und wie sollen die Unterordner heißen? Hier kann die KI helfen, denn sie kennt typische Ablagestrukturen und kann diese an Ihre persönliche Situation anpassen.

> Ich möchte meine wichtigsten Dokumente auf dem Computer ordentlich ablegen. Ich bin Rentnerin, lebe zur Miete und habe eine private Krankenversicherung, eine Haftpflichtversicherung und eine Hausratversicherung. Außerdem habe ich zwei erwachsene Kinder. Erstelle mir bitte eine Ordnerstruktur, die übersichtlich und leicht zu pflegen ist.

Die KI schlägt Ihnen eine Struktur vor, die etwa so aussehen könnte:

> Meine Dokumente
>
> - 01_Wohnung/ (Mietvertrag, Nebenkostenabrechnung, Hausordnung, Schriftverkehr mit Vermieter)
> - 02_Versicherungen/ (Unterordner je Versicherung: Kranken, Haftpflicht, Hausrat)
> - 03_Finanzen/ (Kontoauszüge, Steuerbescheide, Rentenbescheide)
> - 04_Gesundheit/ (Arztbriefe, Befunde, Medikamentenplan, Impfpass)
> - 05_Vorsorge/ (Patientenverfügung, Vorsorgevollmacht, Testament)
> - 06_Vertraege/ (Strom, Telefon, Internet, Zeitschriften)

- 07_Familie/ (Wichtige Dokumente der Kinder, Geburts-/Heiratsurkunden)
- 08_Sonstiges/ (Bedienungsanleitungen, Garantiescheine, Verschiedenes)

Sie können sich das Ganze auch in grafischer Form anzeigen lassen:

Ich möchte, dass du mir zu der Dateiablagestruktur eine grafische Darstellung mit entsprechenden Icons erstellst.

Das Ergebnis zeigt Abbildung 10.8.

Abbildung 10.8 *Die Grafik macht die Ordnerstruktur greifbar.*

Die Nummerierung am Anfang sorgt dafür, dass die Ordner immer in der gleichen Reihenfolge angezeigt werden, egal ob Ihr Computer alphabetisch oder nach Erstellungsdatum sortiert ist. Ein kleiner Trick, der erstaunlich viel Übersicht bringt.

Ihre Ordner, Ihre Regeln
Sie können die KI auch bitten, die Ordnerstruktur an Ihre Bedürfnisse anzupassen. »Füge einen Ordner für Reiseunterlagen hinzu« oder »Ich brauche keinen Ordner für Familie, aber einen für meinen Verein«. Die KI passt den Vorschlag beliebig oft an.

Dateien sinnvoll benennen

Eine gute Ordnerstruktur ist die halbe Miete. Die andere Hälfte sind verständliche Dateinamen. **Scan_003.pdf** sagt Ihnen in drei Monaten gar nichts mehr. **2024-06_Nebenkostenabrechnung_Musterstrasse.pdf** dagegen sofort. Das Prinzip ist einfach: Datum, Dokumenttyp, Stichwort. Aber wer denkt schon jedes Mal daran, wenn er schnell etwas abspeichert? Die KI kann Ihnen eine Namenskonvention vorschlagen, also eine Regel, nach der Sie Ihre Dateien benennen:

> Schlage mir bitte ein einfaches System vor, wie ich meine Dateien benennen soll, damit ich sie auch nach Jahren noch wiederfinde. Es soll nicht zu kompliziert sein.

Die KI empfiehlt typischerweise das Format: **JJJJ-MM_Dokumenttyp_Stichwort.pdf**, also zum Beispiel:

- **2025-01_Mietvertrag_Musterstrasse.pdf**
- **2025-03_Nebenkostenabrechnung_2024.pdf**
- **2025-06_Arztbrief_Dr-Mueller.pdf**
- **2024-11_Haftpflicht_Police.pdf**

Das Datum am Anfang hat einen praktischen Vorteil: Wenn Sie Ihre Dateien nach Namen sortieren, erscheinen sie automatisch in chronologischer Reihenfolge. Die neuesten Dokumente stehen dann immer unten.

Umlaute in Dateinamen vermeiden
Verwenden Sie in Dateinamen keine Sonderzeichen wie ä, ö, ü, ß oder Leerzeichen. Manche Systeme haben damit Probleme. Schreiben Sie stattdessen »ae«, »oe«, »ue« und »ss«, und verwenden Sie Bindestriche oder Unterstriche statt Leerzeichen. Aus »Ärztlicher Befund« wird dann »Aerztlicher_Befund«.

Bestehende Dateien automatisch aufräumen

Vielleicht denken Sie jetzt: »Schön und gut, aber was mache ich mit den Hunderten von Dateien, die sich bereits auf meinem Computer befinden?« Auch hier kann die KI helfen. Inzwischen kann sie auch direkt auf Ihren Computer zugreifen und Dateien verschieben. Dazu müssen Sie der KI Schreibzugriff auf die Verzeichnisse gewähren, in denen sich die Dateien befinden, was aus Gründen der Datensicherheit nicht ganz unkritisch ist.

> Ich habe in meinem Download-Ordner etwa 200 Dateien angesammelt, die ich nie sortiert habe. Darunter sind PDFs von Verträgen, Fotos, heruntergeladene Rechnungen und diverse andere Dinge. Sortiere die Dateien selbstständig in die entsprechenden Ordner.

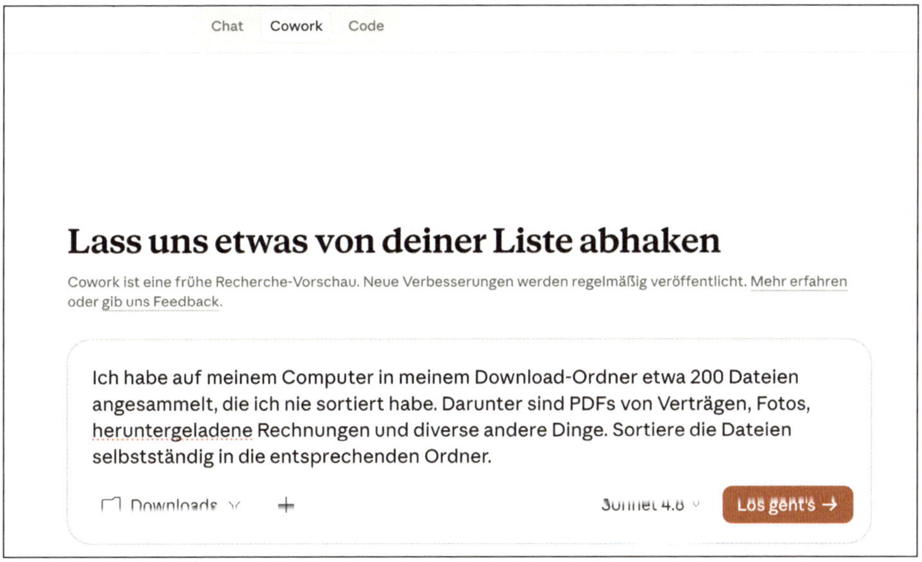

Abbildung 10.9 *Claude Cowork kann als Agent auf den lokalen Rechner zugreifen, selbstständig Ordner erstellen und Dateien hineinverschieben, sofern der entsprechende Arbeitsbereich freigegeben wurde.*

Sollte Ihnen das agentische Arbeiten der KI nicht so ganz geheuer sein, können Sie auch um eine Anleitung zum Sortieren von Hand bitten:

> Erstelle mir bitte einen Schritt-für-Schritt-Plan, wie ich das Chaos auf meinem Computer bändige und das Ordnen der Dateien in überschaubare Schritte aufteile, ohne dass ich alles auf einmal machen muss.

Die KI wird Ihnen einen realistischen Plan vorschlagen, zum Beispiel: »Nehmen Sie sich jeden Tag 15 Minuten Zeit, um jeweils 20 Dateien zu sortieren. Beginnen Sie mit den neuesten, weil Sie sich an diese am besten erinnern. So wird aus dem gefühlten Berg ein machbares Projekt.«

Was ist das nochmal für ein Dokument?
Wenn Sie beim manuellen Sortieren auf eine Datei stoßen, deren Inhalt Sie nicht mehr zuordnen können, öffnen Sie diese, und kopieren Sie die erste Seite als Screenshot in den Chat. Die KI sagt Ihnen, worum es sich handelt, und schlägt sofort einen passenden Dateinamen und Speicherort vor.

Im Zweifel nicht löschen!
Löschen Sie beim Aufräumen keine Dateien, von denen Sie nicht sicher sind, ob Sie sie noch benötigen. Verschieben Sie solche Dateien lieber in einen Ordner namens »Zu prüfen«, und schauen Sie in ein paar Wochen noch einmal nach. Endgültig löschen können Sie sie immer noch. Eine Wiederherstellung ist jedoch oft nicht möglich.

Kapitel 11
Tipps & Tricks für mehr Sicherheit und Schutz

Wenn Sie an Ihre Haustür denken, ist die Sache klar: Sie schließen ab, wenn Sie das Haus verlassen. Sie öffnen nicht jedem Fremden, der klingelt. Und den Schlüssel legen Sie auch nicht unter die Fußmatte, wo ihn jeder finden kann. Genauso funktioniert Sicherheit auch im Umgang mit KI und dem Internet. Es braucht kein Informatikstudium und keine besondere technische Begabung. Es braucht nur ein gesundes Maß an Aufmerksamkeit und ein paar Gewohnheiten, die schnell zur Routine werden.

In diesem Kapitel zeige ich Ihnen, wie Sie sichere Passwörter erstellen können, ohne sich Dutzende von Zeichenkombinationen merken zu müssen. Sie erfahren, wie Betrüger heutzutage vorgehen, denn mit der KI hat auch die dunkle Seite des Internets aufgerüstet: Phishing-Mails werden immer überzeugender, und der berüchtigte »Enkeltrick« kommt mittlerweile mit täuschend echter Stimme daher. Außerdem werfen wir einen Blick auf die häufigsten Probleme, die bei der Arbeit mit KI-Chatbots auftreten können, und wie Sie diese entspannt lösen können. Am Ende des Kapitels erwartet Sie eine praktische Checkliste: zehn gute Gewohnheiten und zehn typische Stolpersteine auf einen Blick.

Sichere Passwörter erstellen und verwalten

Hand aufs Herz: Wie lautet Ihr Passwort? Wenn es »Harro1962« ist, der Name Ihres Hundes gefolgt von Ihrem Geburtsjahr, dann sind Sie leider nicht allein. Studien zeigen immer wieder, dass die beliebtesten Passwörter in Deutschland Klassiker wie »123456«, »hallo« oder »passwort« sind. Für jemanden, der in Ihren Computer eindringen will, ist das so, als hätten Sie einen Zettel mit der Aufschrift »Bitte eintreten« an Ihre Haustür geklebt.

Das Problem dabei: Ein unsicheres Passwort schützt nicht nur Ihren KI-Zugang schlecht, sondern möglicherweise auch Ihr E-Mail-Konto, Ihren Zugang zum Online-Shop und im schlimmsten Fall Ihr Bankkonto. Wenn dann noch das gleiche Passwort für mehrere Dienste verwendet wird, hat ein Angreifer mit einem Treffer sofort Zugang zu allen. Stellen Sie sich vor, Sie hätten denselben Schlüssel für Ihre Haustür, Ihr Auto, Ihren Safe und Ihr Gartentor. Praktisch? Ja, das ist es. Aber wenn dieser eine Schlüssel in die falschen Hände gerät, stehen alle Türen offen.

Die Passphrasen-Methode: Sicher und trotzdem merkbar

Viele Menschen glauben, ein sicheres Passwort müsse wie eine zufällige Zeichenfolge aussehen: **xK9$mP2!qL**. Das ist zwar schwer zu knacken, aber auch schwer zu merken. Zum Glück gibt es einen eleganteren Weg: die sogenannte Passphrase.

Eine Passphrase ist ein kurzer Satz, den Sie sich leicht merken und leicht variieren können. Angenommen, Sie erinnern sich gerne an Ihren ersten Urlaub an der Nordsee. Das könnte das Passwort werden:

MeinErsterUrlaub1978!Nordsee

Das sind 28 Zeichen, eine Mischung aus Groß- und Kleinbuchstaben, Zahlen und einem Sonderzeichen. Für einen Computer, der Passwörter zufällig durchprobiert, ist das extrem schwer zu knacken. Für Sie hingegen ist es leicht zu merken, da es sich um eine persönliche Erinnerung handelt.

Eine andere Variante funktioniert mit Anfangsbuchstaben. Denken Sie sich einen Satz aus, den nur Sie kennen, zum Beispiel: »Jeden Sonntag backe ich einen Kuchen für meine 3 Enkelkinder!« Nehmen Sie von jedem Wort den Anfangsbuchstaben, behalten Sie die Zahl und das Satzzeichen bei:

JSbieKfm3E!

Auch das ist ein starkes Passwort, und Sie müssen sich nur den Satz merken, nicht die Zeichenfolge.

Inspiration ja, kopieren nein

Die KI kann Ihnen helfen, eine Passphrase zu erstellen, ohne dass Sie Ihr echtes Passwort preisgeben müssen. Fragen Sie einfach: »Nenne mir fünf Beispiele für sichere Passphrasen, die man sich leicht merken kann.« Lassen Sie sich von den Vorschlägen inspirieren, und modifizieren Sie sie mit Ihrem eigenen Gedächtnis. Verwenden Sie niemals ein von der KI vorgeschlagenes Passwort eins zu eins, denn theoretisch könnte jemand anderes denselben Vorschlag erhalten.

Der Passwort-Manager: Ihr digitaler Schlüsselbund

Selbst mit der besten Passphrasen-Methode stößt man irgendwann an eine Grenze. Schließlich soll man ja für jeden Dienst ein eigenes Passwort verwenden: eines für ChatGPT, eines für den E-Mail-Account, eines für Amazon, eines für die Online-Apotheke und so weiter. Wer soll sich denn das alles merken?

Genau dafür gibt es Passwort-Manager. Stellen Sie sich einen Passwort-Manager wie einen Safe vor, in dem alle Ihre Schlüssel sicher aufbewahrt sind. Sie müssen sich nur ein einziges Passwort merken, das sogenannte Master-Passwort, mit dem Sie den Tresor öffnen. Den Rest erledigt der Passwort-Manager für Sie. Er speichert Ihre Zugangsdaten, füllt sie auf

Wunsch automatisch in Anmeldeformulare ein und kann sogar sichere Passwörter für Sie generieren.

Die einfachste Variante ist der Passwort-Manager, der bereits in Ihrem Browser eingebaut ist. Sowohl Google Chrome als auch Microsoft Edge bieten diese Funktion an. Wenn Sie sich irgendwo anmelden, fragt der Browser: »Soll ich dieses Passwort speichern?« Wenn Sie zustimmen, müssen Sie es beim nächsten Mal nicht mehr eintippen. Der Browser füllt es automatisch für Sie aus.

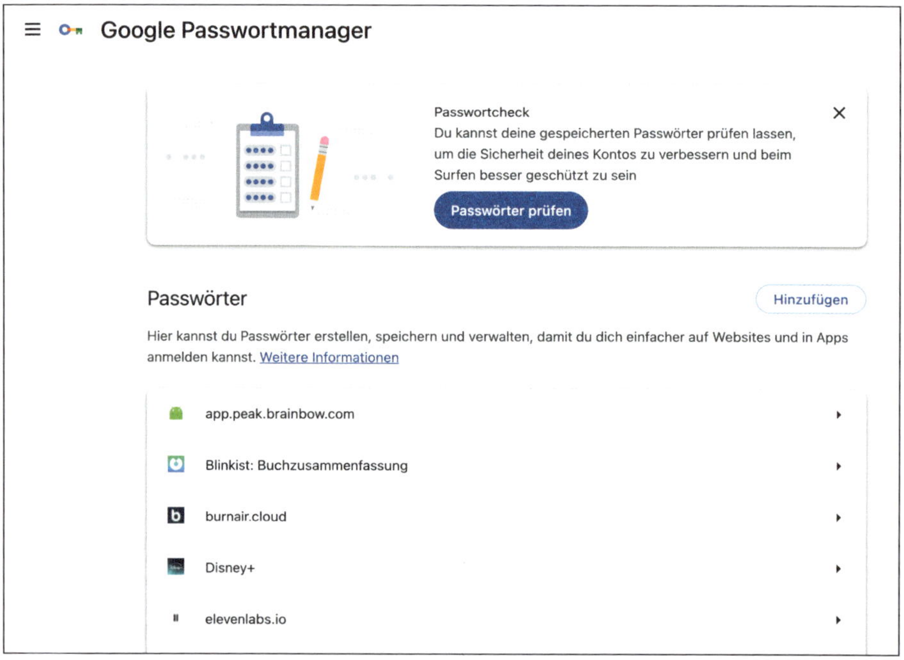

Abbildung 11.1 *Der in Google Chrome integrierte Passwort-Manager*

Für diejenigen, die es etwas professioneller möchten, gibt es eigenständige Passwort-Manager wie Bitwarden (kostenlos) oder 1Password (kostenpflichtig). Diese Programme funktionieren geräteübergreifend: Wenn Sie ein Passwort auf dem Computer speichern, steht es auch auf Ihrem Smartphone zur Verfügung. Die Einrichtung ist unkompliziert, und die KI kann Ihnen dabei helfen. Fragen Sie einfach: »Erkläre mir Schritt für Schritt, wie ich Bitwarden auf meinem Computer einrichte.«

Name	Kostenlos?	Unbegrenzte Geräte?
Bitwarden	ja	ja
Proton Pass	ja	ja
NordPass	ja (1 Gerät)	nein
1Password	nein	ja
SafeInCloud	ja (für Mobilgeräte: nein)	ja
LastPass	ja (eingeschränkt)	Premium

Tabelle 11.1 *Einige prominente Passwort-Manager*

Der Generalschlüssel zu Ihren Passwörtern
Ob Browser oder eigenständiges Programm: Jeder Passwort-Manager ist besser als der Zettel neben Ihrem Computer. Und das Master-Passwort, mit dem Sie den Manager öffnen, sollte Ihr bestes und sicherstes Passwort sein. Denn es ist der Generalschlüssel zu allen anderen.

Zwei-Faktor-Authentifizierung: Doppelt hält besser

Vielleicht ist Ihnen bei der Anmeldung bei einem Online-Dienst schon einmal aufgefallen, dass Sie nach der Eingabe Ihres Passworts zusätzlich einen Zahlencode eingeben müssen, der an Ihr Smartphone gesendet wird. Das ist die sogenannte Zwei-Faktor-Authentifizierung, oft abgekürzt mit 2FA oder MFA (Multi-Faktor-Authentifizierung).

Das Prinzip ist einfach und aus dem Alltag bekannt: Wer am Geldautomaten Geld abheben will, braucht seine Bankkarte (etwas, das er besitzt) und seine Geheimzahl (etwas, das er kennt). Nur beides zusammen öffnet den Zugang. Genauso funktioniert die 2FA im Internet: Selbst wenn jemand Ihr Passwort herausfindet, kann er trotzdem nicht auf Ihr Konto zugreifen, weil ihm der zweite Faktor fehlt, nämlich der Code, der an Ihr Telefon gesendet wurde.

Bei den meisten KI-Diensten können Sie die Zwei-Faktor-Authentifizierung in den Einstellungen aktivieren. Bei ChatGPT finden Sie die Option unter **Einstellungen** und dann im Bereich **Sicherheit**. Der Vorgang ist bei allen Anbietern ähnlich: Sie hinterlegen Ihre Handynummer, und bei jeder Anmeldung von einem neuen Gerät erhalten Sie per SMS oder einer speziellen Authenticator-App (Microsoft, Google ...) einen sechsstelligen Code, den Sie zusätzlich zum Passwort eingeben.

Abbildung 11.2 *Im vorliegenden Fall wurde für ChatGPT bzw. OpenAI eine Zwei-Faktor-Authentifizierung über eine spezielle Authenticator-App eingerichtet. Rechts zu sehen ist die Zahlenkombination in der App auf dem Smartphone.*

Ich empfehle Ihnen, die Zwei-Faktor-Authentifizierung zu aktivieren, wo immer dies möglich ist. Das gilt nicht nur für KI-Dienste, sondern vor allem auch für Ihr E-Mail-Konto, denn über die E-Mail-Adresse lassen sich die Passwörter für viele andere Dienste zurücksetzen. Wer also Zugriff auf Ihre E-Mail hat, hat indirekt Zugriff auf fast alles.

Nicht aussperren beim Handywechsel

Wenn Sie Ihre Handynummer oder Ihr gesamtes Handy wechseln, denken Sie daran, die Zwei-Faktor-Authentifizierung für alle Dienste zu aktualisieren. Sonst sperren Sie sich im schlimmsten Fall selbst aus, weil der Bestätigungscode an eine Nummer oder ein Gerät gesendet wird, das Sie nicht mehr verwenden.

Betrugsversuche erkennen: Phishing, Deepfakes und der Enkeltrick 2.0

Betrüger gab es schon immer. Früher klingelten sie an der Haustür und gaben sich als Handwerker aus, die »nur mal kurz nach dem Zähler schauen« wollten. Dann kamen die dubiosen E-Mails von angeblichen Prinzen, die Millionen vererben wollten. Die meisten Menschen haben gelernt, bei solchen Dingen misstrauisch zu sein. Doch jetzt hat sich das Spiel verändert, denn auch die Betrüger nutzen inzwischen künstliche Intelligenz. Und das macht ihre Maschen deutlich schwerer zu durchschauen.

Phishing-Mails: Wenn die »Bank« schreibt

Phishing ist ein Kunstwort aus »Password« und »Fishing«, also so etwas wie »Passwort-Angeln«. Die Idee dahinter ist simpel: Sie erhalten eine E-Mail, die aussieht, als käme sie von Ihrer Bank, von Amazon, von der Post oder von einem anderen Dienst, dem Sie vertrauen. In der E-Mail steht, dass etwas dringend erledigt werden muss: Ihr Konto wurde gesperrt, ein Paket konnte nicht zugestellt werden, oder Ihre Kreditkarte läuft ab. Sie sollen dann auf einen Link in der Mail klicken und anschließend Ihre Daten eingeben. Genau dort liegt die Falle, denn der Link führt nicht zur echten Website, sondern zu einer täuschend echten Kopie, die von Betrügern betrieben wird.

Früher konnte man Phishing-Mails oft an holprigem Deutsch, seltsamer Grammatik oder offensichtlichen Rechtschreibfehlern erkennen. Eine Mail, die mit »Sehr geehrteter Kunde, ihr Konto wurde gespert« begann, hat kaum jemanden getäuscht. Doch seitdem Betrüger KI-Textgeneratoren nutzen, sind diese Zeiten vorbei. Die E-Mails klingen heute perfekt formuliert, höflich und professionell. Die Absenderadresse ist geschickt gefälscht, das Logo sieht echt aus, und sogar der Ton stimmt.

Trotzdem gibt es Merkmale, an denen Sie eine Phishing-Mail erkennen können:

- Die Absenderadresse stimmt nicht. Schauen Sie genau hin: Steht dort wirklich *sparkasse.de* oder eher *sparkasse-kundenservice.xyz*? Fahren Sie mit dem Mauszeiger über den Absendernamen, ohne zu klicken. Dann zeigt Ihr E-Mail-Programm die tatsächliche Adresse an.
- Die Mail erzeugt Zeitdruck: »Handeln Sie sofort, sonst wird Ihr Konto gesperrt!« Seriöse Unternehmen setzen Ihnen keine solchen Fristen per E-Mail.
- Sie werden aufgefordert, auf einen Link zu klicken und dort persönliche Daten einzugeben. Keine Bank und kein seriöser Dienst wird Sie jemals per E-Mail nach Ihrem Passwort, Ihrer PIN oder Ihrer Kreditkartennummer fragen.
- Die Anrede ist unpersönlich. »Sehr geehrter Kunde« statt Ihres Namens kann ein Hinweis sein, muss es aber nicht, denn auch hier werden die Betrüger immer besser.

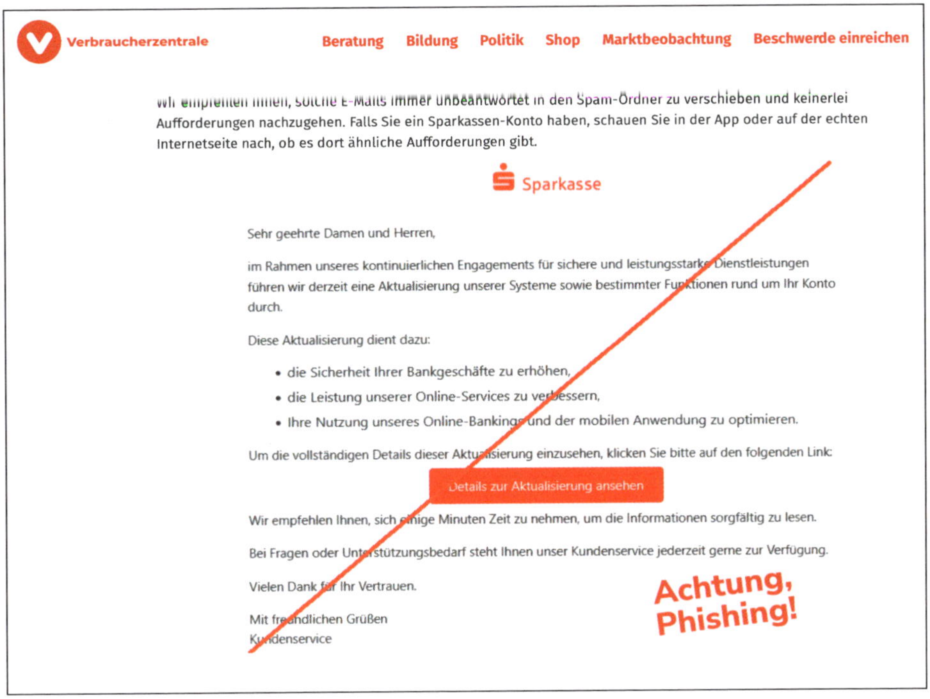

Abbildung 11.3 *Auf der Webseite der Verbraucherzentrale finden Sie Beispiele für Phishing-Mails, die aktuell im Umlauf sind.*
Quelle: www.verbraucherzentrale.de

Im Zweifel: Adresse selbst eintippen

Wenn Sie sich nicht sicher sind, ob eine E-Mail echt ist, klicken Sie auf keinen Fall auf den Link in der E-Mail. Öffnen Sie stattdessen Ihren Browser, und geben Sie selbst die Adresse des vermeintlichen Absenders ein, zum Beispiel *sparkasse.de*. Loggen Sie sich dort wie gewohnt ein. Wenn tatsächlich etwas mit Ihrem Konto nicht stimmt, erfahren Sie es dort.

Deepfakes und der Enkeltrick 2.0

Der klassische Enkeltrick funktionierte bisher so: Jemand rief an und sagte mit weinerlicher Stimme: »Oma, ich bin's! Ich hatte einen Unfall und brauche dringend Geld!« Viele ältere Menschen fielen darauf rein, weil die Sorge um die Enkelkinder jedes Misstrauen überwiegt. Die Polizei warnt seit Jahren davor, und viele Menschen haben mittlerweile gelernt, bei solchen Anrufen hellhörig zu werden.

Doch nun gibt es eine neue Dimension: Mit KI lässt sich eine Stimme täuschend echt imitieren. Dafür reichen wenige Sekunden Audiomaterial, zum Beispiel aus einem öffentlichen Video, einem Anrufbeantwortertext, einer Sprachnachricht oder einem Social-Media-Beitrag. Die KI analysiert die Stimme und kann dann beliebige Sätze in genau dieser Stimme generieren. Man spricht bei solchen Fälschungen von *Deepfakes*. Der Begriff setzt sich zusammen aus »Deep Learning« (das ist eine Form der KI) und »Fake« (Fälschung).

Abbildung 11.4 *KI kann leider auch für täuschend echte Betrugsversuche missbraucht werden.*

Stellen Sie sich vor, Sie erhalten einen Anruf und hören am anderen Ende die Stimme Ihres Enkels. Nicht irgendeine ähnliche Stimme, sondern genau seine Stimme, mit seiner typischen Art zu sprechen, vielleicht sogar mit seinem Dialekt. Er erzählt aufgeregt, dass er im Ausland in einen Unfall verwickelt war und sofort Geld für die Kaution braucht. Was tun Sie?

Genau für solche Situationen sollten Sie vorsorgen – und zwar jetzt, in aller Ruhe, und nicht erst, wenn der Anruf kommt. Die folgenden Strategien können Sie und Ihre Familie schützen: Einigen Sie sich in der Familie auf ein Codewort. Ein Wort oder eine Frage, die nur Ihre engsten Verwandten kennen. Wenn jemand anruft und behauptet, Ihr Enkel, Ihre Tochter oder Ihr Sohn zu sein, fragen Sie nach dem Codewort. Ein Betrüger wird es nicht wissen, egal wie perfekt seine Stimme klingt.

Eine andere Möglichkeit ist, sofort aufzulegen und den vermeintlichen Anrufer unter der Nummer anzurufen, die man im persönlichen Adressbuch gespeichert hat. So kann der Betrug schnell aufgedeckt werden.

Und ganz wichtig: Lassen Sie sich nicht unter Druck setzen. Betrüger leben vom Zeitdruck. »Es muss sofort passieren!« »Die Polizei ist schon da!« »Sag niemandem Bescheid!« Genau solche Sätze sollten Ihre Alarmglocken schrillen lassen. In einer echten Notsituation wird Ihr Enkel verstehen, wenn Sie erst einmal kurz auflegen und die Lage prüfen. Je dringlicher ein Anrufer Sie zu einer Handlung drängt, desto wahrscheinlicher ist es, dass es sich um einen Betrugsversuch handelt. Zeitdruck ist die Masche der Betrüger.

Die KI als Betrugsdetektor

Interessanterweise kann die KI Ihnen auch dabei helfen, Betrug zu erkennen. Wenn Sie eine verdächtige E-Mail erhalten, können Sie den Text kopieren und in einen KI-Chat einfügen, natürlich ohne dabei persönliche Daten preiszugeben.

> Ich habe die folgende E-Mail erhalten. Bitte überprüfe, ob es sich um eine Phishing-Mail handeln könnte, und erkläre mir, woran ich das erkennen kann: [Text der verdächtigen E-Mail hier einfügen, aber persönliche Daten vorher entfernen].

Die KI analysiert den Text und teilt Ihnen mit, welche Merkmale auf einen Betrugsversuch hindeuten. Die KI kann zum Beispiel erkennen, dass die Absenderadresse nicht zu dem angeblichen Unternehmen passt, dass der Link zu einer verdächtigen Domain führt oder der Tonfall der E-Mail typisch für Phishing ist.

Auch bei verdächtigen Nachrichten auf dem Smartphone, seltsamen Angeboten auf Internetseiten oder Kettenbriefen in WhatsApp-Gruppen können Sie die KI um eine Einschätzung bitten. Sie ersetzt zwar nicht Ihr eigenes Urteilsvermögen, ist aber ein nützlicher Sparringspartner, der Ihnen hilft, Warnsignale zu erkennen.

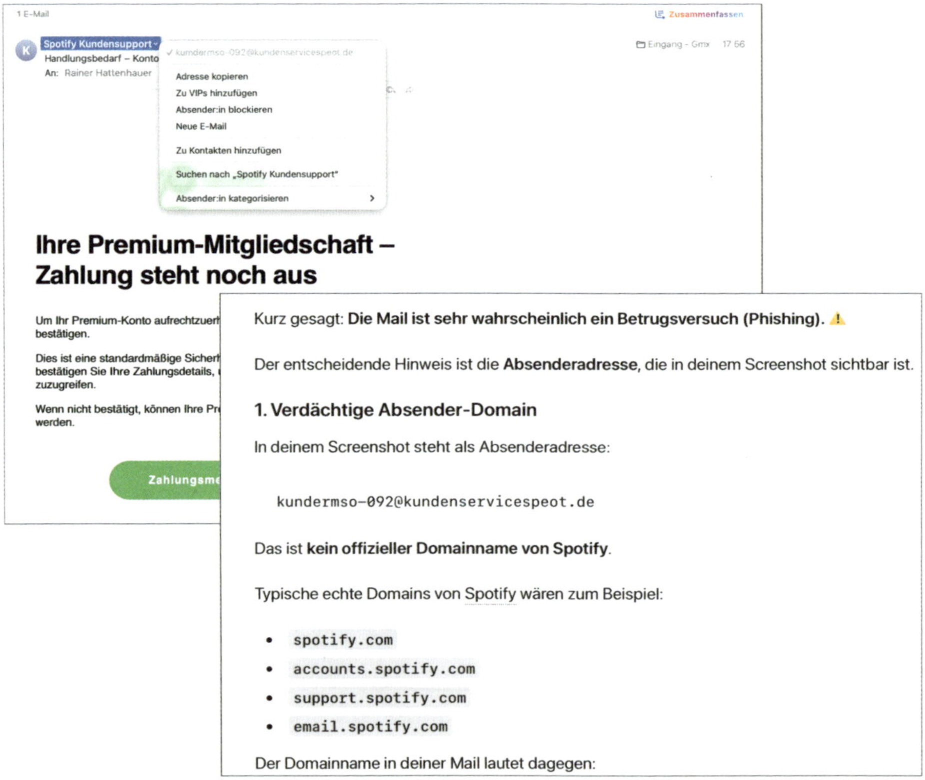

Abbildung 11.5 *ChatGPT identifiziert einen Phishing-Versuch anhand eines Screenshots.*

Keine echten Daten in den Chat!

Auch für die Betrugsanalyse gilt: Geben Sie keine sensiblen Daten in den Chat ein. Entfernen Sie Ihren Namen, Ihre Adresse und Ihre Kontonummer aus dem Text, bevor Sie ihn der KI zeigen. Die Analyse funktioniert auch ohne diese persönlichen Angaben.

Häufige Probleme und ihre Lösung

In diesem Buch haben Sie viel gelernt und ausprobiert. Meistens funktioniert die Arbeit mit KI-Chatbots reibungslos. Manchmal gibt es aber auch Probleme. In Kapitel 2 habe ich Ihnen bereits die häufigsten Stolpersteine im Umgang mit der KI selbst aufgezeigt, zum Beispiel wenn die KI auf Englisch antwortet, zu kompliziert erklärt oder Ihre Frage missversteht. An dieser Stelle möchte ich mich den etwas hartnäckigeren Problemen widmen. Die Momente, in denen man nicht weiterkommt, obwohl man eigentlich alles richtig macht. Und ich verspreche Ihnen: Für fast jedes dieser Probleme gibt es eine einfache Lösung.

»Die Seite lädt nicht« oder »Es passiert einfach nichts«

Sie öffnen Ihren Browser, geben die Adresse Ihres KI-Dienstes ein, und nichts passiert. Die Seite bleibt weiß, ein Ladekreisel dreht sich endlos, oder Sie erhalten eine Fehlermeldung wie »Diese Seite ist nicht verfügbar«. Keine Panik. In den meisten Fällen liegt das Problem nicht bei Ihnen.

Prüfen Sie zunächst, ob Ihre Internetverbindung funktioniert. Der einfachste Test: Öffnen Sie eine andere Webseite, zum Beispiel *google.de*. Wird diese ohne Probleme angezeigt, liegt das Problem nicht bei Ihrem Internetzugang, sondern beim KI-Dienst selbst. In diesem Fall hilft nur

Geduld. Alle großen Anbieter haben gelegentlich Ausfälle, besonders zu Spitzenzeiten, wenn Millionen von Menschen gleichzeitig ihre Fragen stellen. Bei ChatGPT können Sie auf der Seite *status.openai.com* nachsehen, ob gerade eine Störung vorliegt.

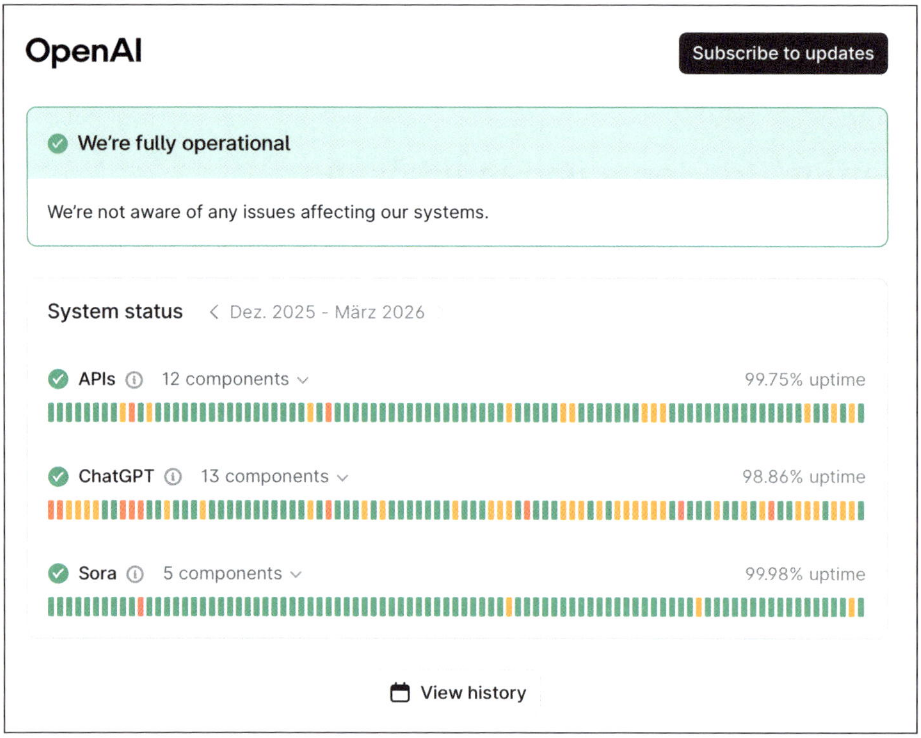

Abbildung 11.6 *Die Statusseite von OpenAI gibt Auskunft darüber, ob ChatGPT voll funktionsfähig ist.*

Wenn auch andere Webseiten nicht geladen werden, überprüfen Sie Ihre WLAN- bzw. Netzverbindung. Ist das WLAN-Symbol in der Taskleiste unten rechts noch aktiv? Manchmal hilft es, den Router kurz vom Stromnetz zu trennen, zehn Sekunden zu warten und ihn dann wieder anzuschließen. Das klingt verblüffend einfach, löst aber viele Verbindungsprobleme.

Plan B: Einfach eine andere KI fragen

Wenn die Seite eines bestimmten KI-Dienstes nicht funktioniert, probieren Sie einfach eine andere aus. Wenn ChatGPT streikt, können Sie Ihre Frage an Claude, Gemini oder Perplexity stellen. Es schadet nicht, mehrere Optionen zu kennen, und genau aus diesem Grund habe ich Ihnen die verschiedenen Dienste in Kapitel 1 vorgestellt.

»Mein Konto ist gesperrt« oder »Ich komme nicht rein«

Sie geben Ihre E-Mail-Adresse und Ihr Passwort ein, aber statt des gewohnten Chatfensters erscheint eine Fehlermeldung. Möglicherweise steht dort »Ungültige Anmeldedaten« oder »Ihr Konto wurde vorübergehend gesperrt«. Dies kann verschiedene Gründe haben.

Die häufigste Ursache ist ein Tippfehler beim Passwort. Stellen Sie sicher, dass die Feststelltaste (das ist die Taste über der linken Umschalttaste) nicht versehentlich aktiviert ist. Wenn sie aktiviert ist, werden alle Buchstaben als Großbuchstaben eingegeben und »MeinPasswort« wird zu »MEINPASSWORT«, was natürlich nicht funktioniert. Überprüfen Sie auch, ob Sie die richtige E-Mail-Adresse verwenden. Möglicherweise haben Sie sich mit einer anderen Adresse registriert.

Wenn Sie sich wiederholt mit dem falschen Passwort anmelden, sperren einige Dienste Ihr Konto vorübergehend als Schutzmaßnahme. Warten Sie in diesem Fall etwa 15 bis 30 Minuten, und versuchen Sie es dann erneut. Wenn nichts mehr geht, nutzen Sie die Funktion **Passwort vergessen**, die Sie auf jeder Login-Seite finden. Sie erhalten dann eine E-Mail mit einem Link, über den Sie ein neues Passwort vergeben können.

Passwort-Mail verschwunden? Spam prüfen!
Schauen Sie auch im Spam-Ordner Ihres E-Mail-Postfachs nach, wenn Sie die E-Mail zum Zurücksetzen des Passworts nicht erhalten haben. Manche E-Mail-Programme sortieren automatische Nachrichten von Internetdiensten fälschlicherweise als Werbung ein.

»Die KI erzählt Unsinn« – Halluzinationen erkennen

Wir haben dieses Phänomen bereits in Kapitel 3 angesprochen, aber da es für viele Nutzerinnen und Nutzer immer noch eine Quelle der Unsicherheit ist, fasse ich es hier noch einmal zusammen. KI-Chatbots denken sich manchmal einfach Dinge aus. Fachleute nennen das »Halluzinationen«. Die KI behauptet mit voller Überzeugung etwas, was schlichtweg falsch ist. Sie zitiert Bücher, die gar nicht existieren. Sie zitiert Studien, die nie veröffentlicht wurden. Oder sie gibt medizinische Empfehlungen ohne seriöse Grundlage.

Abbildung 11.7 *Wenn die KI durcheinanderkommt: Nicht jede Antwort stimmt.*

Das Tückische daran: Die KI klingt dabei genauso sicher und kompetent wie bei einer korrekten Antwort. Sie erkennen den Unterschied nicht am Tonfall, sondern erst, wenn Sie die Antwort überprüfen. Deshalb lautet eine goldene Regel, die Sie bereits aus Kapitel 3 kennen: Vertrauen ist gut, Kontrolle ist besser. Überprüfen Sie wichtige Aussagen der KI immer mit einer zweiten Quelle, besonders wenn es um Gesundheit, Recht oder Finanzen geht. Die KI selbst kann Ihnen dabei behilflich sein: Bitten Sie

sie, Quellen für ihre Aussagen zu nennen, und prüfen Sie dann, ob diese Quellen tatsächlich existieren.

Die fünf häufigsten Probleme auf einen Blick

Für einen schnellen Überblick habe ich die wichtigsten Probleme und ihre Lösungen in einer Tabelle zusammengestellt. Bitte drucken Sie diese Seite aus, und legen Sie sie griffbereit neben Ihren Computer.

Problem	Was Sie tun können
Die Seite des KI-Dienstes lädt nicht.	Prüfen Sie Ihre Internetverbindung. Versuchen Sie es nach einigen Minuten erneut. Testen Sie einen alternativen KI-Dienst.
Die Anmeldung funktioniert nicht.	Überprüfen Sie E-Mail-Adresse und Passwort. Achten Sie auf die Feststelltaste. Nutzen Sie die »Passwort vergessen«-Funktion des Anbieters.
Die KI antwortet auf Englisch.	Schreiben Sie: »Bitte antworte auf Deutsch.« Oder stellen Sie die Sprache in den Einstellungen um (siehe Kapitel 2).
Die KI gibt falsche oder erfundene Informationen.	Prüfen Sie die Antwort mit einer unabhängigen Quelle. Fragen Sie die KI nach ihren Quellen. Nutzen Sie Perplexity für faktenbasierte Recherchen.
Die KI scheint das Gespräch vergessen zu haben.	Starten Sie einen neuen Chat und fassen Sie kurz zusammen, worum es ging. Bei sehr langen Gesprächen lässt die Erinnerung der KI nach (siehe Kapitel 2).

Tabelle 11.2 *Häufige Probleme und ihre Lösungen*

Einfach die KI selbst fragen!

Wenn Sie ein Problem nicht lösen können: Fragen Sie die KI selbst. Ja, es klingt paradox. Aber Fragen wie »Warum verstehst du meine Frage nicht?« oder »Kannst du mir erklären, warum du gerade auf Englisch geantwortet hast?« führen oft zu erstaunlich hilfreichen Antworten. In vielen Fällen ist die KI ihre eigene beste Gebrauchsanweisung.

Hilfreiche Websites, Anlaufstellen und Lernressourcen

Dieses Buch ist Ihr Reiseführer in die Welt der KI. Aber wie bei jeder Reise gibt es auch abseits des Reiseführers interessante Orte zu entdecken. In diesem Abschnitt stelle ich Ihnen einige Anlaufstellen vor, die Ihnen weiterhelfen, wenn Sie Fragen haben, auf ein Problem stoßen oder einfach noch mehr lernen möchten. Alle genannten Angebote sind kostenlos oder zumindest in der Grundversion ohne Gebühren nutzbar.

Wenn etwas schiefgeht: Beratung und Hilfe

Manchmal reicht die Selbsthilfe nicht aus. Vielleicht sind Sie auf einen Betrugsversuch hereingefallen, haben versehentlich Daten preisgegeben oder fühlen sich im Umgang mit einem Online-Dienst überfordert. Für solche Situationen gibt es in Deutschland gut erreichbare Anlaufstellen, die speziell auf die Bedürfnisse älterer Menschen eingestellt sind.

- Die **Verbraucherzentralen** sind eine der besten Adressen, wenn es um Fragen rund um Datenschutz, Online-Betrug oder zweifelhafte Geschäftspraktiken im Internet geht. Jedes Bundesland hat eine eigene Verbraucherzentrale mit persönlicher Beratung, per Telefon, online oder direkt vor Ort. Auf der zentralen Website *verbraucherzentrale.de* finden Sie außerdem aktuelle Warnungen vor Betrugsmaschen und Phishing-Kampagnen. Wenn Sie sich also fragen, ob eine bestimmte E-Mail oder ein Angebot seriös ist, lohnt sich ein Blick dorthin.

- Für Fragen rund um Internetkriminalität ist die **Polizeiliche Kriminalprävention** eine gute Anlaufstelle. Unter *polizei-beratung.de* finden Sie verständlich aufbereitete Informationen zu Themen wie Phishing, Identitätsdiebstahl und Online-Betrug. Wenn Sie tatsächlich Opfer einer Straftat geworden sind, erstatten Sie Anzeige bei Ihrer örtlichen Polizeidienststelle. Das geht in vielen Bundesländern inzwischen auch online.
- Speziell für ältere Menschen gibt es den **Digitalen Engel** (*digital-engel.org*). Das ist ein Projekt des gemeinnützigen Vereins »Deutschland sicher im Netz«, der mit einem mobilen Beratungsangebot in ganz Deutschland unterwegs ist. Die Beraterinnen und Berater erklären geduldig und ohne Fachchinesisch, wie man sich sicher im Internet bewegt. Auf der Website finden Sie Termine und Standorte in Ihrer Nähe sowie hilfreiche Materialien zum Herunterladen.

Wichtige Seiten immer griffbereit

Speichern Sie sich die wichtigsten Adressen als Lesezeichen in Ihrem Browser. Dann haben Sie sie im Ernstfall schnell zur Hand, ohne erst suchen zu müssen. Wie Sie Lesezeichen anlegen, können Sie übrigens auch die KI fragen: »Wie speichere ich ein Lesezeichen in Microsoft Edge?«

Weiterlernen: Kurse, Websites und Lektüre

Wenn Sie dieses Buch gelesen haben, sind Sie in Sachen KI schon viel weiter als die meisten Menschen Ihrer Altersgruppe. Aber vielleicht haben Sie Lust bekommen, noch tiefer einzutauchen. Oder Sie möchten das Gelernte in einem Kurs mit anderen üben. Die Möglichkeiten sind vielfältig.

- Die **Volkshochschulen** (VHS) in Ihrer Nähe bieten immer mehr Kurse zu KI und digitalen Themen an, oft speziell für Seniorinnen und Senioren. Die Kurse finden in kleinen Gruppen statt, das Tempo ist angenehm, und es gibt immer jemanden, den man fragen kann. Unter *volkshochschule.de* können Sie nach Angeboten in Ihrer Nähe suchen. Auch viele Seniorenbüros und Mehrgenerationenhäuser bieten regelmäßig Computertreffs an, bei denen Sie Ihre Fragen mitbringen und gemeinsam an Lösungen arbeiten können.
- Im **Internet** gibt es einige deutschsprachige Seiten, die sich speziell an Anfängerinnen und Anfänger richten. Die Seite *www.silver-tipps.de* ist ein Gemeinschaftsprojekt mehrerer Landesmedienanstalten und bietet verständliche Artikel zu digitalen Themen, von der Smartphone-Bedienung bis zur künstlichen Intelligenz. Auch *klicksafe.de*, eigentlich für die Medienkompetenz von Jugendlichen gedacht, hat einen gut verständlichen Bereich für ältere Nutzerinnen und Nutzer, vor allem zum Thema Sicherheit im Netz.
- Und natürlich steht Ihnen der beste Lernpartner jederzeit zur Verfügung: **die KI selbst**. Scheuen Sie sich nicht, dem Chatbot Fragen über ihn selbst zu stellen. »Welche neuen Funktionen gibt es seit letztem Monat?« oder »Was kannst du, was ich vielleicht noch nicht weiß?« sind Fragen, die oft zu überraschenden und nützlichen Antworten führen. KI entwickelt sich ständig weiter, und mit ein wenig Neugier entdeckt man immer wieder neue Möglichkeiten.

Schritt für Schritt, nicht alles auf einmal

Sie müssen nicht alle Quellen auf einmal ausprobieren. Nehmen Sie sich ein Thema nach dem anderen vor, probieren Sie es in Ruhe aus, und freuen Sie sich über jeden kleinen Fortschritt. Der erste Schritt ist der wichtigste, und den haben Sie schon getan.

Die KI-Checkliste für Senioren

Wir sind am Ende dieses Buches angekommen und damit am Ende einer Reise, die Sie von den ersten Schritten mit einem KI-Chatbot bis hierher geführt hat. Sie haben gelernt, ein Konto einzurichten, gute Prompts zu formulieren, E-Mails zu schreiben, Reisen zu planen, Bilder zu erstellen, Dokumente zu analysieren und vieles mehr. Das ist eine ganze Menge, und Sie können stolz auf sich sein.

Zum Schluss möchte ich Ihnen noch etwas mit auf den Weg geben, das Sie sich vielleicht aus den Begleitmaterialien ausdrucken und neben Ihren Computer legen können: eine Checkliste mit den zehn wichtigsten Gewohnheiten für einen sicheren Umgang mit KI und daneben die zehn häufigsten Stolpersteine, die es zu vermeiden gilt. Sehen Sie es als eine Art Spickzettel. Nicht, weil Sie sich nichts merken können, sondern weil es manchmal einfach gut ist, kurz nachzuschauen und sich zu vergewissern: Ja, ich mache das richtig.

Zehn sichere Gewohnheiten im Umgang mit KI

1. Verwenden Sie für jeden Dienst ein eigenes, sicheres Passwort. Nutzen Sie die Passphrasen-Methode oder einen Passwort-Manager, damit Sie sich nicht alles merken müssen (siehe zu Beginn dieses Kapitels).
2. Aktivieren Sie die Zwei-Faktor-Authentifizierung, wo immer es möglich ist. Das gilt besonders für Ihr E-Mail-Konto und Ihre KI-Dienste. Der zusätzliche Schutz kostet Sie nur wenige Sekunden bei der Anmeldung.
3. Geben Sie keine sensiblen Daten in den Chat ein. Keine Passwörter, keine Kontonummern, keine Ausweisdaten, keine Kreditkarteninformationen. Wenn Sie persönliche Dokumente analysieren lassen möchten, schwärzen Sie vorher die persönlichen Angaben (siehe Kapitel 6).

4. Deaktivieren Sie das Training mit Ihren Daten. In den Einstellungen der meisten KI Dienste können Sie verhindern, dass Ihre Gespräche zum Training der KI verwendet werden. Eine Schritt-für-Schritt-Anleitung finden Sie in Kapitel 2.

5. Prüfen Sie wichtige KI-Antworten immer gegen. Besonders bei Gesundheit, Recht und Finanzen gilt: Vertrauen ist gut, Kontrolle ist besser. Fragen Sie die KI nach ihren Quellen, und vergleichen Sie die Antwort mit einer zweiten, unabhängigen Quelle (siehe Kapitel 3).

6. Verwenden Sie getrennte Chats für verschiedene Themen. Ein Chat für Rezepte, einer für Briefe, einer für die Reiseplanung. So behält die KI den Überblick und Sie auch.

7. Seien Sie misstrauisch bei unerwarteten E-Mails, Anrufen und Nachrichten. Wenn jemand Zeitdruck erzeugt und Sie zu sofortigem Handeln auffordert, ist das fast immer ein Warnsignal. Legen Sie auf, rufen Sie zurück, prüfen Sie die Absenderadresse (siehe zu Beginn dieses Kapitels).

8. Halten Sie Ihren Browser und Ihr Betriebssystem aktuell. Updates schließen Sicherheitslücken und sorgen dafür, dass Ihr Computer gegen die neuesten Bedrohungen geschützt ist. Sagen Sie nicht: »später«, wenn Ihr Computer ein Update anbietet.

9. Vereinbaren Sie ein Codewort in der Familie für den Fall, dass jemand anruft und sich als Angehöriger ausgibt. In Zeiten von KI-generierten Stimmen ist das kein übertriebener Aufwand, sondern eine kluge Vorsichtsmaßnahme.

10. Bleiben Sie neugierig, und probieren Sie neue Dinge aus. Die größtmögliche Sicherheit entsteht durch Verständnis. Je besser Sie die KI kennen, desto sicherer fühlen Sie sich im Umgang mit ihr. Und wenn etwas schiefgeht, ist das kein Weltuntergang: Es gibt immer einen Weg zurück.

Abbildung 11.8 *Zehn Dinge zum sicheren Umgang mit KI, die man unbedingt berücksichtigen sollte*

Neun Dinge, die Sie vermeiden sollten

Verwenden Sie niemals dasselbe Passwort für mehrere Dienste. Wenn ein Konto gehackt wird, sind sonst alle anderen gleich mit betroffen.

1. Geben Sie Ihr echtes Passwort nicht in einen KI-Chat ein, auch nicht mit der Frage »Ist mein Passwort sicher?«. Die KI kann Ihnen allgemeine Tipps geben, aber Ihre tatsächlichen Zugangsdaten gehen sie nichts an.
2. Klicken Sie nicht auf Links in verdächtigen E-Mails. Öffnen Sie stattdessen die Website des angeblichen Absenders direkt in Ihrem Browser, indem Sie die Adresse selbst eintippen.
3. Laden Sie keine Ausweisdokumente, Kontoauszüge oder andere sensible Dokumente ungeschwärzt in einen KI-Chat hoch. Entfernen Sie vorher alle persönlichen Angaben wie Name, Adresse und Kontonummern.
4. Vertrauen Sie KI-Antworten nicht blind, besonders nicht bei medizinischen, rechtlichen oder finanziellen Themen. Die KI ist eine kluge

Assistentin, aber keine Ärztin, keine Anwältin und keine Steuerberaterin.

5. Lassen Sie sich nicht unter Zeitdruck setzen, weder von E-Mails noch von Anrufern. Seriöse Anliegen vertragen immer eine Bedenkzeit. Betrüger hingegen leben davon, dass Sie sofort handeln, bevor Sie nachdenken.

6. Ignorieren Sie Warnfenster im Browser nicht, die vor unsicheren Webseiten warnen. Wenn Ihr Browser sagt: »Diese Seite ist nicht sicher«, dann nehmen Sie das ernst, und verlassen Sie die Seite.

7. Geben Sie persönliche Informationen nicht leichtfertig auf fremden Webseiten ein. Fragen Sie sich immer: Braucht diese Seite wirklich meinen vollständigen Namen, mein Geburtsdatum und meine Adresse? Oft genügt deutlich weniger.

8. Speichern Sie Ihre Passwörter nicht in einem ungesicherten Dokument wie einer Excel-Tabelle auf Ihrem Computer. Jeder, der sich Zugang zu Ihrem Computer verschafft, hat damit Zugriff auf alles. Verwenden Sie stattdessen einen Passwort-Manager, oder bewahren Sie die Liste an einem sicheren Ort auf.

9. Hören Sie nicht auf, Fragen zu stellen – weder der KI oder Ihren Angehörigen noch sich selbst. Unsicherheit ist kein Zeichen von Schwäche, sondern ein gesunder Schutzinstinkt. Und die beste Antwort auf Unsicherheit lautet: nachfragen.

Ihr Spickzettel für den Anfang

Drucken Sie sich diese beiden Listen aus (sie sind in der Promptsammlung in den Begleitmaterialien zu finden), und legen Sie sie neben Ihren Computer, oder heften Sie sie an die Pinnwand über dem Schreibtisch. In den ersten Wochen werden Sie vielleicht noch öfter draufschauen. Nach einer Weile werden die meisten Punkte zur Selbstverständlichkeit geworden sein. Und genau das ist das Ziel.

Ein Blick nach vorn

Wenn Sie dieses Buch durchgearbeitet haben, wissen Sie mehr über KI-Chatbots als die meisten Menschen um Sie herum. Sie wissen, was ein Prompt ist, wie man KI-Bilder erstellt, wie man einen Vertrag zusammenfasst und wie man sich vor Betrügern schützt. Das sind keine Kleinigkeiten.

KI wird sich in den kommenden Jahren schnell weiterentwickeln. Neue Funktionen werden hinzukommen, manches wird sich ändern, und es wird immer wieder etwas Neues zu entdecken geben. Aber das Fundament, das Sie mit diesem Buch gelegt haben, wird Bestand haben. Die Grundprinzipien bleiben dieselben: klare Fragen stellen, Ergebnisse überprüfen, persönliche Daten schützen und neugierig bleiben.

Abbildung 11.9 *Wie ist es um die Zukunft der KI bestellt?*

Scheuen Sie sich nicht, KI auch in Zukunft als das zu nutzen, was sie ist: ein geduldiger, vielseitiger und jederzeit verfügbarer Helfer, der keine dummen Fragen kennt. Probieren Sie ruhig Dinge aus, die über die Beispiele in diesem Buch hinausgehen. Fragen Sie die KI nach Dingen, von denen Sie noch nicht wissen, ob sie möglich sind. Sie werden oft überrascht sein.

Und wenn Sie einmal nicht mehr weiterwissen, denken Sie an ein wichtiges Prinzip im Umgang mit KI: Es gibt immer einen Weg zurück – und sei es nur, indem Sie einfach einen neuen Chat starten, vielleicht sogar mit einer anderen KI. Nichts, was Sie am Computer tun, ist unwiderruflich. Und nichts, was Sie die KI fragen, ist peinlich. Im Gegenteil: Jede Frage, die Sie stellen, macht Sie ein bisschen schlauer und ein bisschen sicherer im Umgang mit dieser faszinierenden Technologie.

Ich wünsche Ihnen viel Freude dabei!

Glossar

Dieses Glossar wurde mithilfe von Google Gemini und Anthropic Claude erstellt.

Account

Ein Account ist Ihr persönlicher Zugang zu einem Dienst im Internet, vergleichbar mit einem digitalen Personalausweis oder einem Mitgliedskonto. Er besteht in der Regel aus einem Namen und einem Passwort. Nur mit diesem Passwort können Sie auf Ihre privaten Informationen zugreifen und zum Beispiel Ihre E-Mails lesen. Er stellt sicher, dass Ihre Daten geschützt sind und nur Ihnen gehören. Es ist wie Ihr eigener Schlüssel zu einem Dienst im Internet.

App

Eine App (kurz für »Applikation«, englisch für »Anwendung«) ist ein Programm, das Sie auf Ihrem Smartphone, Tablet oder Computer installieren können. Apps werden über den App Store (iPhone) oder den Google Play Store (Android) heruntergeladen. Viele KI-Dienste wie ChatGPT, Claude und Gemini bieten eigene Apps an, mit denen Sie die KI auch unterwegs nutzen können.

Bildgenerierende KI

Eine bildgenerierende KI ist ein Computerprogramm, das aus einer Textbeschreibung (einem Prompt) ein Bild erzeugt. Sie beschreiben in Worten, was Sie sehen möchten, zum Beispiel »ein Haus am See bei Sonnenuntergang«, und die KI erstellt daraus innerhalb weniger Sekunden ein passendes Bild. Bekannte bildgenerierende KIs sind in ChatGPT und Google Gemini integriert. Man spricht auch von »generativer KI«, weil diese Systeme eigenständig neue Inhalte erzeugen.

Browser

Ein Browser ist das Programm, mit dem Sie Internetseiten aufrufen. Bekannte Browser sind Microsoft Edge, Google Chrome, Mozilla Firefox und Safari. Wenn Sie eine Internetadresse wie »chatgpt.com« eingeben, öffnet der Browser die entsprechende Seite. Alle KI-Dienste lassen sich über einen Browser nutzen, ohne dass Sie ein zusätzliches Programm installieren müssen.

Canvas-Modus

Der Canvas-Modus ist eine besondere Funktion von ChatGPT, bei der neben dem gewohnten Chatfenster ein separater Bearbeitungsbereich geöffnet wird. Darin können Sie längere Texte übersichtlich darstellen und einzelne Abschnitte gezielt markieren und bearbeiten lassen, ohne den gesamten Text neu erstellen zu müssen. Der Canvas eignet sich besonders gut für längere Projekte wie Briefe, Artikel oder Reden.

Chat/Chatverlauf

Ein Chat ist ein schriftliches Gespräch zwischen Ihnen und der KI. Alles, was Sie in einem Chat schreiben und was die KI antwortet, wird als Chatverlauf gespeichert. Praktisch daran ist, dass sich die KI innerhalb eines Chats an das Besprochene erinnert und darauf aufbauen kann. Sie finden Ihre gespeicherten Chats in der Seitenleiste des jeweiligen KI-Dienstes.

Chatbot

Ein Chatbot ist ein Computerprogramm, das automatisch Gespräche führt, die denen von Menschen ähneln. Es versteht die eingegebenen Texte und reagiert mit vorbereiteten oder selbst erzeugten Antworten, um Fragen zu klären oder Aufgaben für den Nutzer zu erledigen. Solche Programme werden häufig im Kundenservice oder bei Informationsdiensten eingesetzt, um schnell Hilfe anzubieten. Aber auch viele Anbieter von KI-Tools wie zum Beispiel ChatGPT, Gemini oder Claude verpacken ihre aktuellen *Sprachmodelle* in Chatbots.

Cloud

Der Begriff »Cloud« (englisch für »Wolke«) bezeichnet einen Speicherplatz im Internet. Anstatt Fotos oder Dokumente nur auf Ihrem eigenen Computer oder Smartphone zu speichern, legen Sie diese zusätzlich sicher auf den Großrechnern von speziellen Anbietern ab. Das hat den Vorteil, dass Sie von überall auf Ihre Daten zugreifen können und diese nicht verloren gehen, falls Ihr eigenes Gerät einmal kaputtgehen sollte.

Cutoff-Datum

Das Cutoff-Datum bezeichnet den Zeitpunkt, an dem das Training eines Sprachmodells (wie ChatGPT) abgeschlossen wurde. Es funktioniert wie der Redaktionsschluss einer Zeitung: Die KI »weiß« nur das, was bis zu diesem Tag in ihren digitalen Wissensschatz aufgenommen wurde. Alles, was danach in der Welt passierte, ist ihr aus ihrem eigenen Gedächtnis unbekannt. Ohne Internetverbindung kann sie daher keine Auskunft über aktuellere Ereignisse geben.

Deepfake

Ein Deepfake ist ein täuschend echt aussehendes Bild, Video oder eine Tonaufnahme, die mithilfe von künstlicher Intelligenz erstellt oder manipuliert wurde. So können beispielsweise Personen in Situationen gezeigt werden, in denen sie nie waren, oder ihnen werden Aussagen in den Mund gelegt, die sie nie getätigt haben. Ein bekanntes Beispiel war ein KI-generiertes Bild des Papstes in einer Designerjacke, das viele Menschen zunächst für echt hielten. Deepfakes sind eine ernste Gefahr für die Vertrauenswürdigkeit von Medien.

Dialogmodus

Der Dialogmodus ist eine Funktion, mit der Sie ein gesprochenes Gespräch mit der KI führen können. Sie sprechen Ihre Frage ins Mikrofon, und die KI antwortet per Sprachausgabe, ähnlich wie bei einem Telefonat. In der Regel wird das Gespräch gleichzeitig als Text im Chat mitgeschrieben.

Dieser Modus ist besonders praktisch unterwegs oder wenn das Tippen auf der Tastatur schwerfällt.

Download/Herunterladen

Download (englisch für »herunterladen«) bedeutet, dass Sie eine Datei aus dem Internet auf Ihr eigenes Gerät übertragen. Das kann ein Foto sein, ein Dokument, eine App oder ein Programm. Wenn Sie etwa ein von der KI erzeugtes Bild speichern möchten, laden Sie es per Klick auf ein Pfeilsymbol herunter. Die heruntergeladene Datei landet dann meist im Ordner **Downloads** auf Ihrem Computer oder Smartphone. Das Gegenteil ist der *Upload*, also das Hochladen einer Datei von Ihrem Gerät ins Internet.

DSGVO (Datenschutz-Grundverordnung)

Die DSGVO ist ein europäisches Gesetz, das den Schutz Ihrer persönlichen Daten regelt. Es schreibt Unternehmen vor, wie sie mit Ihren Daten umgehen dürfen, und gibt Ihnen das Recht, zu erfahren, welche Daten über Sie gespeichert werden. Im Zusammenhang mit KI ist die DSGVO wichtig, weil sie festlegt, dass Ihre Eingaben und persönlichen Informationen nicht ohne Weiteres für das Training von KI-Modellen verwendet werden dürfen.

Fake News

Fake News sind absichtlich verbreitete Falschmeldungen, die wie echte Nachrichten aussehen. Sie kursieren vor allem im Internet und in sozialen Medien und sollen Menschen täuschen oder Meinungen manipulieren. Da KI-Systeme mit Texten aus dem Internet trainiert werden, können sie solche Falschinformationen unbeabsichtigt wiedergeben. Deshalb sollten Sie Informationen zu sensiblen Themen wie Gesundheit, Politik oder Finanzen immer kritisch hinterfragen.

Halluzination

Wenn eine KI etwas antwortet, das überzeugend klingt, aber schlicht falsch oder frei erfunden ist, spricht man von einer Halluzination. Die KI erfindet zum Beispiel ein Buch, das gar nicht existiert, oder nennt Fakten, die es nicht gibt. Das passiert, weil die KI keine Vorstellung von »wahr« oder »falsch« hat, sondern Wörter nach statistischer Wahrscheinlichkeit zusammensetzt. Deshalb gilt: Wichtige Informationen immer überprüfen.

Internet-Meme

Ein Internet-Meme (oft kurz »Meme« genannt) ist meist ein lustiges Bild, ein kurzes Video oder ein Text, der sich rasend schnell im Internet verbreitet. Nutzer leiten diese Inhalte über soziale Medien oder WhatsApp weiter und verändern sie oft leicht, um eigene Witze zu machen. Man kann es sich wie einen digitalen, humorvollen Insider-Witz vorstellen, den plötzlich sehr viele Menschen teilen und verstehen.

Iteration

Iteration bedeutet, dass man eine Frage an die KI Schritt für Schritt verbessert, bis das Ergebnis den eigenen Vorstellungen entspricht. Sie stellen eine Frage, lesen die Antwort, überlegen, was noch nicht passt, und formulieren eine verfeinerte Frage. Diesen Kreislauf wiederholen Sie, bis Sie zufrieden sind. Es ist vergleichbar mit dem Anprobieren von Kleidung: Beim ersten Mal passt es selten perfekt, aber mit jedem Versuch wird es besser.

Kontext/Kontextfenster

Als Kontext bezeichnet man alle Informationen, die sich die KI innerhalb eines Chats »merkt«. Wenn Sie der KI zuerst erzählen, dass Sie eine Reise nach Dresden planen, und später fragen: »Welche Restaurants gibt es dort?«, versteht die KI, dass Sie Dresden meinen. Das Kontextfenster hat allerdings eine begrenzte Größe. Bei sehr langen Gesprächen kann es vorkommen, dass die KI ältere Teile des Gesprächs »vergisst«.

Künstliche Intelligenz (KI)

Künstliche Intelligenz (KI) ermöglicht es Computern, Aufgaben zu übernehmen, die normalerweise menschliches Denken erfordern. Dazu gehören das Erkennen von Mustern, das Verstehen von Sprache, das Treffen von Entscheidungen oder das Lösen komplexer Probleme. KI-Systeme lernen aus Daten und Erfahrungen und verbessern ihre Leistung ständig. Sie werden in vielen Bereichen eingesetzt, von Sprachassistenten über medizinische Diagnosen bis hin zu selbstfahrenden Autos.

NotebookLM

NotebookLM ist ein kostenloses KI-Werkzeug von Google, das auf die Arbeit mit eigenen Dokumenten spezialisiert ist. Sie können PDFs, Artikel, Notizen oder andere Texte hochladen und der KI Fragen zu diesen Inhalten stellen. Das ist besonders nützlich, wenn Sie einen langen Vertrag, einen Arztbrief oder andere umfangreiche Dokumente verstehen möchten. NotebookLM kann sogar Zusammenfassungen Ihrer Dokumente als Podcast erstellen.

PDF

PDF steht für »Portable Document Format« und ist ein weit verbreitetes Dateiformat für Dokumente. Der Vorteil von PDF-Dateien ist, dass sie auf jedem Gerät gleich aussehen, egal ob Computer, Tablet oder Smartphone. Verträge, Rechnungen, Arztbriefe und amtliche Schreiben werden häufig als PDF verschickt. Zum Betrachten von PDF-Dateien benötigen Sie ein spezielles Programm wie den Adobe Acrobat Reader, der kostenlos erhältlich ist.

Podcast

Ein Podcast ist eine Serie von Hörbeiträgen, die Sie sich jederzeit über das Internet anhören können. Stellen Sie es sich wie eine Radiosendung auf Abruf vor: Sie sind nicht an feste Sendezeiten gebunden, sondern können die Folgen auf Ihrem Computer, Smartphone oder Tablet starten, wann immer Sie möchten – zum Beispiel beim Kochen oder Spazierengehen. Meistens unterhalten sich darin Menschen über bestimmte Themen wie Nachrichten, Hobbys oder Geschichten.

Prompt

Ein Prompt ist eine Textanweisung, die an ein KI-Modell wie ChatGPT gesendet wird, um eine bestimmte Antwort oder Aktion auszulösen. Dies kann eine einfache Frage, eine Aufforderung, einen Text zu schreiben, oder eine andere Aufgabe sein. Die Klarheit und Qualität Ihres Prompts beeinflusst dabei maßgeblich, wie genau und hilfreich die Antwort der KI ausfällt.

Sprachmodell

Ein Sprachmodell ist ein Programm der künstlichen Intelligenz, das darauf trainiert ist, menschliche Sprache zu verstehen und selbst zu erzeugen. Es lernt, welche Wörter oft aufeinanderfolgen, und berechnet so, welches Wort als Nächstes im Satz wahrscheinlich ist. Diese Technik ist die Grundlage für Anwendungen wie automatische Übersetzungen, Rechtschreibprüfungen oder *Chatbots*, die Fragen beantworten.

Token

Ein Token ist ein kleiner Textbaustein, den eine künstliche Intelligenz bzw. ein *Sprachmodell* als einzelne Einheit betrachtet. Stellen Sie sich Tokens wie Puzzleteile eines Satzes vor: Das können ganze Wörter sein, aber auch nur Silben, Satzzeichen oder Symbole. Der Computer zerlegt Texte in diese kleinen Häppchen, um die Sprache zu analysieren, Muster zu erkennen und Aufgaben wie Übersetzungen zu lösen.

Upload/Hochladen

Upload (englisch für »hochladen«) bedeutet, dass Sie eine Datei von Ihrem Computer oder Smartphone an einen Dienst im Internet übertragen. Bei KI-Chatbots können Sie zum Beispiel Fotos, PDF-Dokumente oder Textdateien hochladen, damit die KI deren Inhalt analysieren kann. Das Gegenteil ist der *Download*, also das Herunterladen einer Datei aus dem Internet auf Ihr Gerät.

Urheberrecht (im KI-Kontext)

Das Urheberrecht schützt geistige Werke wie Texte, Bilder, Musik und Filme vor unerlaubter Nutzung. Im Zusammenhang mit KI stellt sich die Frage, wem die Inhalte gehören, die eine KI erzeugt. Grundsätzlich gelten KI-generierte Texte und Bilder für den privaten Gebrauch als unproblematisch. Vorsicht ist geboten, wenn Sie KI-Inhalte veröffentlichen oder kommerziell nutzen möchten, denn die rechtliche Lage ist noch nicht abschließend geklärt.

Stichwortverzeichnis

A

B

C

K

L

M

N

O

P

Q

R

S